JN431664

# 복지와 경제

김 태 성

청목출판사

# 머리말

널리 알려졌듯이 사회복지학은 응용사회과학이다. 사회복지학은 인근 사회과학인 경제학, 정치학, 사회학, 인류학, 심리학 등에서의 지식들을 종합·응용하여 실천하는 분야이다. 특히 사회복지정책을 공부하는 사람들에게는 이 가운데서 경제학적인 접근 혹은 지식이 중요하다.

본질적으로 볼 때 사회복지학이나 경제학이 추구하는 목표는 동일하다. 둘 다 사회적 자원을 어떻게 배분하는 것이 사회적으로 바람직한가에 주된 관심이 있는 것이다. 다만 여기서 차이가 있다면 경제학은 효율의 가치를 강조하고, 사회복지학은 평등의 가치를 강조한다는 점이다.

그런데 사회복지학이 아무리 평등의 가치를 강조한다 하더라도 효율적인 사회적 자원의 배분의 측면을 무시할 수 없다. 왜냐하면, 사회적 자원이 비효율적으로 배분되다 보면 분배할 자원이 줄어들어 궁극적으로 평등한 사회적 자원의 배분의 목표를 이루는 것이 무의미해질 수가 있기 때문이다. 이러한 이유로 평등과 효율의 가치를 모두 이루기 위하여는 경제와 복지를 분리해서 접근해서는 안 되고 경제와 복지를 통합한 접근방식이 필요한데, 대표적인 예가 '스웨덴 모델'인 것이다. 그리고 사회복지학을 공부하는 사람들에게는 경제와 복지를 통합한 접근방식을 이해하기 위하여는 경제학적인 지식이 필요한 것이다.

이상은 아주 추상적이고 넓은 의미에서 경제학적인 지식의 필요성을 이야기했는데, 세부적이고 구체적인 이유들도 많다. 여기서는 몇 가지만 예를 들어보기로 한다. 사회복지를 위하여는 많은 재원을 필요로 한다. 그렇다고 무조건 재원만 늘린다고 사회복지가 추구하는 목표를 이룰 수 없다. 여기서 중요한 것은 어떠한 재원을 얼마나 늘리는 것이 평등과 효율의 측면에서 바람직한가를 아는 것이다. 이를 위하여는 조세(정책)에 대한 이해가 필요하며 재정학에서의 일정한 정도의 지식이 필요한 것이다.

서구 복지국가들에서는 사회복지는 주로 국가가 주도하여 이루어진다. 왜 이러한가? 이것을 알기 위하여는 사회복지의 재화나 서비스가 시장에서 제공되면 여러 가지 이유로 비효율적이라는 '시장의 실패'에 대한 지식이 필요하다.

흔히들 사회복지를 확대하면 경제성장에 해가 된다고 주장한다. 예를 들면, 사회복지를 확대하면 노동력 공급이 줄거나 저축이나 투자가 줄어 경제성장에 해가 된다는 것이다. 사회복지학을 공부하는 사람들의 입장에서는 이러한 주장이 어떤 측면에서 타당하고 어떤 측면에서 타당하지 않는지를 판단할 능력이 필요하다. 이를 위해서도 경제학적인 지식이 필요한 것이다.

지금까지의 예에서 보듯이 사회복지학을 공부하는 사람들에게는 경제학적인 지식이 중요하다. 그렇다면 어떻게 할 것인가? 이상적으로는 사회복지학을 전공하는 학생들이 경제학을 부전공으로 하게 하던지 아니면 사회복지학과 특히 밀접한 관계가 있는 경제학 과목들(예를 들면, 재정학, 노동경제학, 미시경제학 등)을 의무적으로 이수하게 하는 것이다. 그런데 현실적으로 이 방법은 어렵다. 대부분의 사회복지를 전공하는 학생들이 경제학 과목을 수강하는 것을 기피한다. 그 이유는 경제학 과목의 내용이 어려울 뿐만 아니라, 더 중요한 것은 사회복지와는 거리가 있는 지나치게 '경제학적'이라 불필요하다고 생각하기 때문이다. 그래서 사회복지를 공부하는 학생들에게 꼭 필요한 기본적인 경제학적인 지식을 알기 쉽게 소개할 책이 필요한 것이다. 이 책은 바로 이러한 이유에서 쓰게 되었다.

그렇다면 어떠한 경제학적 지식이 사회복지를 공부하는 학생들에게 필요한가? 필자는 이것에 대하여 많은 고민을 한 끝에 다음의 7개의 영역을 소개하기로 하였다.

먼저 1장의 「복지경제학」에서는 어떠한 사회적 자원의 배분이 사회적으로 바람직한가에 대하여 논의한다. 여기서는 먼저 '완전한' 시장이라는 전제 하에서, 시장에서 어떤 사회적 자원의 배분이 효율적인가를 보여준다. 이어서 설사 시장이 '완전'하다 하더라도 효율적인 배분이 반드시 사회적으로 바람직한(?) 배분이 아닐 수 있다는 점을 논의한다. 이것은 사회구성원들의 가치관에 따라 다를 수 있다는 것을, 사회 전체의 효용을 보여주는 사회무차별곡선을 통하여 보여준다. 마지막으로, 가장 중요한 것은 현실세계에서의 시장이 '완전'하지 못하기 때문에, 즉 많은 '시장 실패'가 있기 때문에 시장에서의 사회적 자원의 배분이 오히려 비효율적일 수 있어 국가에 의한 사회적 자원의 배분의 필요성을 논의한다.

2장의 「공공재와 외부효과」에서는 1장에서의 국가에 의한 사회적 자원의 배분이 필요한 이유인 '시장 실패' 가운데 가장 중요한 공공재와 외부효과에 대하여 논의한다. 특히 복지국가들에서 사회복지는 대부분 국가에 의하여 제공되는데 그 이유는 사회복지 재화나 서비스는 공공재적인 성격을 많이 갖고 있고, 또한 긍정적인 외부효과가 크기 때문이다. 여기서는 공공재나 외부효과가 큰 재화들이 시장에서 제공되면 왜 효율적이지 못한가를 분석하고, 국가에 의하여 제공될 수밖에 없는 이유들을 논의한다.

3장의 「공공선택이론」에서는, 1장과 2장의 결론, 즉 국가에 의한 사회적 자원의 배분의 필요성을 배경으로, 그렇다면 국가에 의한 사회적 자원의 배분은 구체적으로 어떻게 이루어지는가를 논의한다. 널리 알려졌듯이, 시장에서의 사회적 자원의 배분, 즉 제공되는 재화나 서비스의 양과 가격은 자신들의 효용을 극대화하려는 사람들의 개별적인 수요와 공급에 의하여 결정된다. 그렇다면 국가에서 제공되는 재화나 서비스의 양과 가격(예를 들면, 빈곤정책의 규모)은 어떻게 결정되는가? 이러한 재화나 서비스의 양이나 가격은 시장에서 제공되는 재화나 서비스처럼 사람들의 수요에 의하여 결정되기 어렵다. 왜냐하면, 이러한 재화나 서비스는 공공재적인 성격을 갖고 있어 사람들은 수요에 상관없이 동일한 양을 소비할 수 있기 때문이다. 공공선택이론에서는 이렇게 국가에서 제공되는 재화나 서비스의 양과 가격은 민주주의 사회에서는 결국 개별적인 사람들(투표자들)의 집합적인 결정에 의하여 이루어질 수밖에 없다고 본다. 여기서는 이러한 집합적인 결정의 방법들에 대하여 논의한다.

4장과 5장은 조세제도에 관하여 논의한다. 이렇게 두 개의 장에 걸쳐 조세제도에 대한 논의를 하는 이유는 사회복지를 공부하는 학생들에게는 조세에 대한 이해가 특히 중요하기 때문이다. 조세는 그 자체로 사회복지가 추구하는 중요한 목표인 평등의 가치를 구현할 수 있는 중요한 도구일 뿐만 아니라, 사회복지를 위한 가장 중요한 재원이 조세로부터 나오기 때문이다.

먼저 4장에서는 조세와 소득분배와의 관계에 대하여 설명한다. 여기서는 조세가 소득재분배에 미치는 영향을 분석한다. 세금이 부과되면 부과된 재화나 서비스의 가격의 변화를 가져오고 이것은 결국 소득재분배를 발생시킨다. 소득재분배는 또한 조세의 형태에 따라 다르고, 무엇보다도 조세를 실제로 누가 부담하느냐가 중요하다. 소득불평등을 줄인다는 목표 하에 고소득층에 부과된 세금이 실질적으로는 저소득층이 부담하여 소득불평등이 오히려 커질 수 있는 것이다.

이어서 5장에서는 조세와 효율의 관계에 대하여 논의한다. 사회복지의 확대를 반대하는 사람들의 가장 중요한 논리 가운데 하나는 사회복지를 위하여 세금을 늘리면 국가경제나 경제의 효율성에 저해가 된다는 것이다. 세금이 부과되면 사람들의 효용을 줄일 수 있어 사람들의 효용을 극대화하는 방향으로 사회적 자원이 효율적으로 배분되지 않을 수 있다. 또한 세금이 부과되면 어떤 사람들은 일을 적게 하거나, 저축이나 투자를 적게 하여 국가경제에 해를 줄 수 있다. 여기서는 이러한 관점들이 얼마나 타당한지를 논의한다.

6장에서는 비용편익분석적 관점에 대하여 논의한다. 현실적으로 대부분의 사회복지학도들은 사회복지사업들에 대한 엄밀한 비용편익분석을 할 기회가 많지 않다.

또한 가치의 측면에서도 비용편익분석은 효율의 가치를 강조하기 때문에 사회복지가 추구하는 가장 중요한 가치인 평등과 대립된다는 측면에서도 사회복지영역에서는 비용편익분석을 사용하기를 꺼린다.

그럼에도 불구하고 사회복지를 공부하는 사람들도 비용편익분석적인 관점에 대한 이해가 필요하다. 특히 우리나라처럼 사회복지에 사용하는 사회적 자원이 제한되어 있는 상황에서는 더욱 그러하다. 그래서 제한된 자원내에서 가능한 최소한의 비용으로 최대한의 편익을 얻을 수 있는 프로그램들을 개발할 수 있는 능력이 필요한 것이다. 그래서 엄밀한 비용편익분석은 안하더라도 적어도 비용편익분석적 관점으로 사회복지사업들을 이해할 필요성이 중요한 것이다.

7장에서는 사회복지를 확대하면 국가경제에 이로운가 아니면 해로운가를 논의한다. 사회복지가 국가경제에 이로운지 아니면 해로운지는 오래된 논쟁이고 오늘날까지도 여전히 첨예하게 이념적인 대립의 상황에 있다. 그래서 이념적으로 사회복지의 확대를 지지하는 사람들은 사회복지가 국가경제에 이롭다고 주장하고, 반대로 사회복지의 확대를 반대하는 사람들은 사회복지는 국가경제에 해롭다고 주장한다. 사회복지를 확대하면 국가경제에 이로울 수도 있고 해로울 수도 있다. 중요한 점은 사회복지를 공부하는 학생들은 사회복지를 확대하면 국가경제에 어떤 점에서 이롭고 어떤 점에서 해롭다는 것을 이해하는 것이다.

8장의 「성장과 분배」에서는 또 하나의 사회과학의 오랫동안의 논쟁인 성장과 분배의 관계를 다룬다. 성장과 분배를 둘러싼 논쟁은 크게 보면 두 가지다. 하나는, 경제성장만으로도 분배문제를 해결할 수 있느냐의 문제이다. 경제성장만으로 분배문제가 해결된다면 가장 바람직하다. 분배문제를 해결하기 위한 분배정책은 많은 사회적 비용이 들기 때문이다. 그런데 현실적으로 경제성장만으로 분배문제는 해결되기가 어렵다는 점이다.

다른 하나는 분배정책을 확대하면 경제성장에 얼마나 해를 주느냐의 문제이다. 사실 이 문제가 이른바 '분배주의자'와 '성장주의자' 간의 대립의 핵심이라 할 수 있다.

여기서는 이러한 두 가지 논쟁을 소개하고, 마지막으로 성장과 분배의 측면에서 바람직한 분배정책이 무엇인가를 논의한다.

필자가 이 책을 집필하는 데 좋은 장소를 제공해 주신 이윤성 선생님과 이정원 사모님께 특별히 감사드린다. 그리고 글씨가 엉망인 원고를 타이핑하고 교정하느라 고생한 서울대학교 사회복지학과 대학원생인 권은선 양과 이원진 군에게, 그리고 청목출판사의 유성렬 사장님 이하 직원들에게 감사드린다.

2009. 7.

김태성

# 차 례

1
chapter

# 복지경제학

사회복지를 공부하는 사람이라면 전공에 상관없이 누구나 적어도 한번쯤은 사회적 자원이 어떻게 배분되는 것이 바람직한가에 대하여 생각해 보았을 것이다. 그리고 대부분의 사회복지학도들은 사회적 자원이 평등한 쪽으로(골고루) 혹은 사회적인 약자들에게 유리하도록 배분되는 것을 선호한다.

실제로 우리들이 공부하는 사회복지제도들이란 본질적으로 볼 때 자본주의의 시장에서의 일차적인 자원의 분배를 재분배하여 사회적 자원의 배분을 변화시키기 위하여 존재하는 것이다. 예를 들면, 대표적인 사회복지제도인 공공부조제도는 시장에서 결정된 자원의 배분에서는 가난한 사람들에게 이차적인 배분을 통하여 전체의 사회적 자원의 배분의 모습을 바꾸는 것이다. 이렇게 볼 때 사회복지를 공부하는 사람들은 바람직한 사회적 자원의 배분이라는 문제에 대한 좀더 체계적인 이해를 할 필요가 있다.

그렇다면 어떠한 사회적 자원의 배분의 상태가 사회적으로 바람직한가? 예를 들어, 인구가 5,000만인 국가에서 정부의 개입이 거의 없이 시장에서의 자원의 배분에서 부자들에게 주로 사회적 자원이 돌아가서 빈곤한 사람들이 2,000만 명이 존재하는 상태와, 정부가 적극적으로 개입하여 부자들로부터 누진적인 소득세를 대폭 거두어 빈곤정책을 확대하여 빈곤인구를 100만 명 정도로 줄인 상태 가운데 어느 것이 사회적으로 바람직한가?

복지경제학은 바로 이러한 서로 다른 사회적 자원의 배분의 상태들 가운데 어느 것이 바람직한가를 판단하는데 도움을 주는 분야이다. 그렇다면 이 때 판단하는 기준은 무엇인가? 여기에는 어떤 보편타당한 객관적인 기준을 찾는 것은 어렵다. 왜냐하면, 이러한 판단은 사람들이 갖고 있는 가치관에 따라 다를 수밖에 없기 때문이다. 상기의 예에서, 정부의 적극적인 개입이나 평등의 가치를 강조하는 사회복지를 공부하는 사람들은 후자의 상태가 더 바람직하다고 판단하는 반면에, 정부의 개입을 반대하는 사람들-예, 극단적인 자유주의자들(libertarian)은 인구의 40%가 가난한 경제적 상태가 더 바람직하다고 생각한다.

그럼에도 불구하고 바람직한 사회적 자원의 배분에 대하여 많은 사람들이 거론하는 가장 중요한 두 가지의 기준은 평등과 효율이다. 여기서 평등이란 간단히 이야기하면 사회적 자원이 사회구성원들에게 얼마나 골고루 배분되어 있는가를 말한다. 그런데 문제는 실제로 어떤 분배 상태가 평등한가를 판단하는 것은 사람들마다 달라 어떤 객관적인 기준이 없다는 점이다. 즉 평등이라는 개념이 바람직한 사회적 자원의 배분을 판단하는데 중요한 기준이 되지만 구체적으로 어느 정도의 어떠한 평등이 사회적으로 바람직한가를 판단하는 것은 상당히 어려운 일이다. 그래서 전체적으로 볼 때 바람직한 사회적 자원의 배분의 상태를 판단하는 것이 어렵게 되는 것이다.

다른 하나는 효율의 기준이다. 이것은 사회적 자원이 얼마나 낭비없이 사회 전체의 최선의 목표를 이룰 수 있게 배분되는가를 판단하는 기준이다. 비록 어떤 사람들은 평등의 가치를 이루기 위하여 사회적 자원이 비효율적으로 배분되어도 된다고 생각하지만, 대부분의 사람들은 비효율적인 사회적 자원의 배분에 대하여는 반대한다.

이렇게 사회적 자원의 배분의 상태의 바람직성을 판단하는 복지경제학의 가장 중요한 기준은 평등과 효율인데, 지금부터는 복지경제학을 이해하는 데의 출발점으로 가장 기본적이고 그래서 재정학 교과서들에서 자주 소개되는 Edgeworth Box라는 분석도구를 사용하면서 설명하기로 한다.[1)]

## 1. Edgeworth Box

다음처럼 갑과 을 두 사람이 쌀과 옷 두 가지의 재화를 생산하고 소비하는 사회를 상상하자. 이 때 갑과 을 두 사람 사이에 쌀과 옷이 어떻게 배분이 되는 것이 사회적으로 바람직한가?(갑과 을 모두에게 좋은가?)

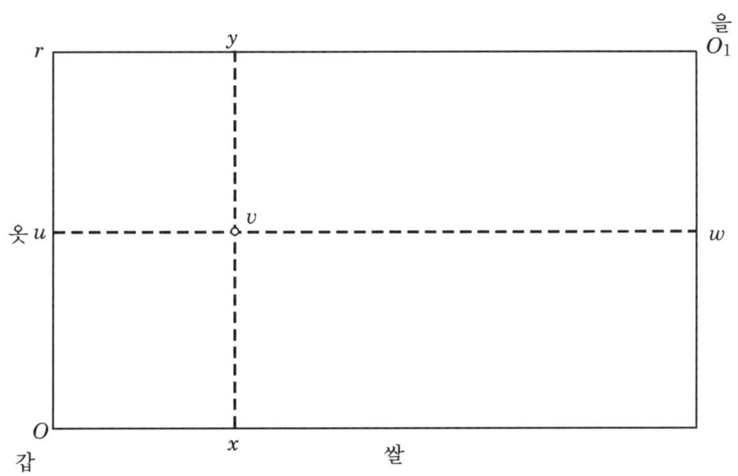


〈그림 1-1〉 Edgeworth Box

1) 여기서는 Rosen(1989)의 분석틀을 이용한다.

이 그림에서 $O_s$는 이 사회에서 사용 가능한 쌀의 양을 나타내고, $O_r$은 옷의 양을 나타낸다. 그리고 갑에 의하여 소비되는 쌀과 옷의 양은 $O$로부터의 거리이고, 을에 의하여 소비되는 쌀과 옷의 양은 $O_1$로부터의 거리이다. 그래서 예를 들면, $v$지점은 갑은 $O_x$의 쌀과 $O_u$의 옷을 소비하는 반면 을은 $O_1y$의 쌀과 $O_1w$의 옷을 소비하는 것을 나타낸다.

여기서 갑과 을은 각기 쌀과 옷에 대한 선호도의 일정한 형태가 있다고 가정하자. 경제학에서는 이것을 이른바 무차별곡선(indifferent curve)으로 설명한다. 무차별곡선에 관한 자세한 설명은 뒤의 Box1을 참조하라. 예를 들면, 〈그림 1-2〉에서처럼 갑은 $OR_2$의 쌀과 $OC_1$의 옷을 소비할 때 얻는 만족감(효용)이 $OR_1$의 쌀과 $OC_2$의 옷을 소비할 때의 만족감과 같은 것이다. 즉, 갑의 무차별곡선상의 어떤 점에서의 쌀과 옷의 배분은 갑에게는 똑같은(indifferent) 행복(효용)을 주는 것이다.

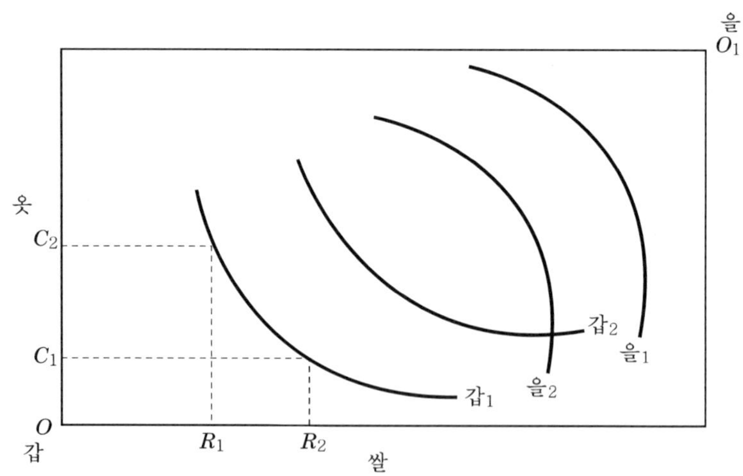


〈그림 1-2〉 무차별곡선

그렇다면 갑$_2$의 무차별곡선의 어떤 지점에서의 갑의 만족감은 어떠한가? 이것은 당연히 갑$_1$의 무차별곡선상의 지점보다 더 많은 행복을 갑에다 가져다준다. 왜냐하면, 그림에서 보듯이 갑$_2$의 무차별곡선은 갑$_1$의 무차별곡선보다 쌀이나 옷 모두에서 더 많이 갑에게 주어지기 때문이다(더 많이 주어졌다고 반드시 행복한 것이 아니라는 주장도 있으나, 대부분의 사람들에게는 그러하기 때문에 무차별곡선은 이러한 가정에서 출발한다. 실제로 국가 간 국민들의 행복감을 조사해 보면, 일인당 국민소득이 낮은 국가의 국민들의 행복감이 잘 사는 국가의 국민들보다 높을 수 있다).

이것은 을에게도 마찬가지며, 을$_2$의 무차별곡선이 을$_1$의 무차별곡선보다 을에게 더 많은 행복(효용)을 준다.

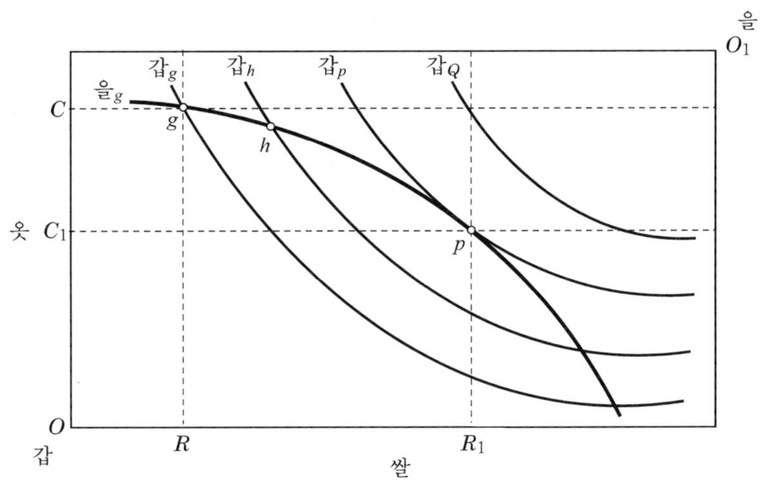


〈그림 1-3〉 을의 효용을 줄이지 않으면서 갑의 효용을 늘리는 상태

이러한 배경에서, 〈그림 1-3〉에서처럼 $g$지점과 같은 쌀과 옷의 배분을 생각해 보자. 이것은 갑에게는 $OR$의 쌀과 $OC$의 옷을 소비하는 것이고, 을에게는 $O_1R$의 쌀과 $O_1C$의 옷을 소비하는 상태

를 나타낸다.

여기서 다음과 같은 질문을 생각해 보자. $g$점과 같은 갑과 을 사이에서의 쌀과 옷의 배분상태가 사회적으로 바람직한가? 이것보다 더 바람직한 배분은 없는가? 다른 말로 이야기하면 을의 행복감을 줄이지 않으면서 갑의 만족을 더 올릴 수 있는 상태로 재배분하는 것이 가능한가?

우선 생각해 볼 수 있는 것이 $h$지점 상태로의 배분이다. 이 지점은 을의 무차별곡선상에 있기 때문에 을의 행복감은 그대로이고, 반면에 갑$_h$의 무차별곡선은 갑$_g$의 무차별곡선보다 갑에게 더 많은 만족감을 주기 때문에 $h$지점의 쌀과 옷의 배분이 $g$지점보다 더 바람직하다.

이런 식으로 볼 때 을의 만족을 줄이지 않으면서 갑의 만족을 최대한 크게 할 수 있는 쌀과 옷의 배분은 어떠한 지점인가? 이것은 $p$점의 쌀과 옷의 배분상태이다. 즉 을의 무차별곡선과 갑의 무차별곡선이 접하는 지점인 것이다. 이 지점에서 갑과 을 모두 만족을 극대화할 수 있는 것이다. 다른 말로 표현하면, 이 지점 이상으로 갑의 만족을 늘리기 위해서는 을의 행복감이 줄어야 한다. 그림에서, 갑$_Q$의 무차별곡선은 갑의 행복을 늘리지만 그렇게 하기 위해서는 을의 행복이 줄어야 한다. 즉 $p$점처럼의 배분이 다른 사람의 행복을 줄지 않으면서 어떤 사람의 행복을 극대화할 수 있는데, 이것은 흔히들 파레토 효율적인(Pareto efficient)배분이라 한다. 즉 갑과 을이 사는 이 사회에서는 갑에게 $OR_1$의 쌀과 $OC_1$의 옷이 배분되고, 을에게 $O_1R_1$의 쌀과 $O_1C_1$의 옷이 배분되는 것이 파레토 효율적, 즉 사회적으로 바람직한 것이다. 다른 말로 이야기하면, 자원의 배분이 파레토 효율적이 아니라는 것은 다른 어떤 사람의 행복을 해치지 않으면서도 어떤 사람의 행복을 늘릴 수 있는데 이것을 못한 상태를 말한다.

그래서 파레토 개선(Pareto Improvement)이라는 용어가 등장하는데 이것은 다른 어떤 사람의 행복이 줄지 않게 하면서 어떤 사람의 행복을 늘릴 수 있게 하는 사회적 자원의 재배분을 말한다. 그림에서는 $g$점의 배분으로부터 $h$점의 배분, $h$로부터의 $p$로의 재배분을 말한다.

그렇다면 이 사회에서 $p$지점의 배분이, 처음의 $g$지점의 배분에서 시작해서 얻을 수 있는 유일한 파레토 효율적인 배분인가? 그렇지 않다.

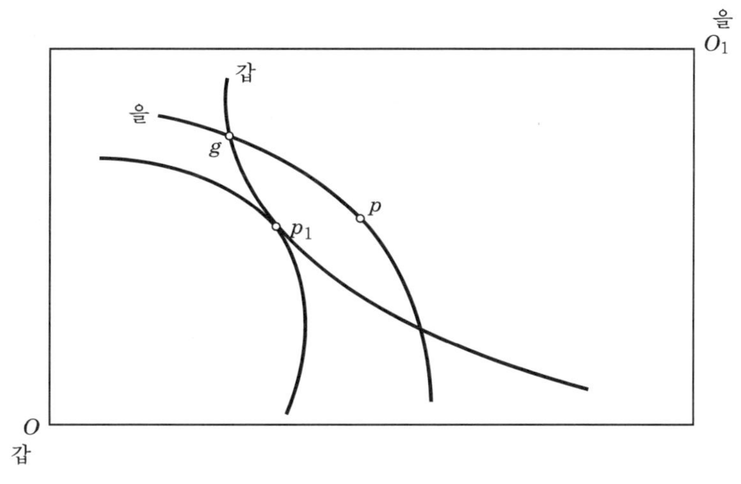


〈그림 1-4〉 갑의 효용을 줄이지 않으면서 을의 효용을 늘리는 상태

〈그림 1-4〉에서처럼, 이번에는 갑의 효용을 줄이지 않으면서 을의 효용을 늘릴 수 있는 배분이 있을 수 있다. 이것은 상기의 경우처럼, $p_1$지점의 배분이 그러한데, $p_1$ 이상의 지점에서는 갑의 배분을 줄이지 않고는 을의 행복을 늘릴 수 없는 것이다. 즉 $p_1$지점의 배분이 파레토 효율적인 것이다.

지금까지는 한 사람(갑과 을)의 행복상태는 변하지 않으면서 다른 사람의 효용은 늘릴 수 있는 자원의 배분에 관하여만 이야기하였다. 그렇다면 갑과 을 모두의 효용을 늘릴 수 있는 자원의 배분은 없는가?

〈그림 1-5〉에서의 $p_2$지점의 배분이 둘 다의 효용을 높일 수 있는 지점이다. $p_2$는 갑의 효용이 $g$지점에서보다 증가한 것이고, 을도 마찬가지로 효용이 늘어난다. 즉 $p_2$지점의 배분은 파레토 효율적인 것이다.

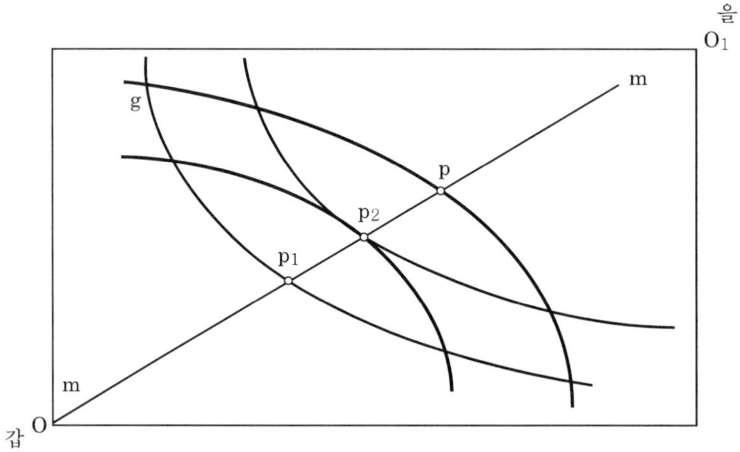


〈그림 1-5〉 계약곡선

이렇게 이해할 때, 이 사회에서는 $g$지점처럼의 자원의 배분상태에서 파레토 효율적인 배분으로 사회적 자원을 재배분할 수 있는 여지가 많은 것이다. 그림에서처럼 $mm$선상에 있는 모든 배분이 파레토 효율적인 배분이라 할 수 있다. 경제학에서 이러한 곡선을 흔히 계약곡선(Contract Curve)이라 부른다.

이것을 경제학 용어를 사용하면, 어떤 배분이 파레토 효율적이기 위해서는 사람들의 한계대체율(marginal rate of substitution)이 같아야 한다는 것을 의미한다. 이 예에서, 갑이 쌀과 옷을 교환하려는 비율과 을이 쌀과 옷을 교환하려는 비율이 같아야 한다. 이 비율이 동일하다는 것은 두 사람의 만족감이 같다는 것을 의미한다. 예를 들면, 갑은 쌀 1말과 옷 2벌의 교환에서 만족하는데, 을은 이러한 교환에 만족하지 않는다면 즉 한계대체율이 다르다면 그러한 교환은 파레토 효율적이지 않은 것이다.

## 〈Box 1〉 무차별곡선에 대한 설명

어느 사회나 사람들이 원하는 것에 비하여 사용할 수 있는 사회적 자원은 제한되어 있다. 사람들이 원하는 대로 자원을 무제한적으로 사용할 수 없는 것이다. 그래서 사람들의 취향(tastes)에 따른 선택이 중요해진다. 또한 사람들은 이러한 자원들(재화나 서비스들)을 사용하면서 만족을 얻고, 더 많이 사용하면 만족이 더 커진다. 경제학에서는 이러한 만족을 효용(utility)이라 부른다.

이러한 배경 하에 다음의 예를 보라. 여기서 갑이라는 사람이 사과와 배를 선택하는 경우이다. 그림에서 보듯이, 갑은 $a$지점에서처럼 5개의 사과와 7개의 배를 소비하는 것을 선택해서 일정한 만족(효용)을 얻는다. 그렇다면 $b$지점은 어떠한가? 이것은 더 많은 사과와 배를 소비할 수 있기 때문에 $a$지점보다 더 많은 만족을 준다. 반면에 $g$지점은 $a$지점보다 만족을 덜 준다. 즉 북동쪽 방향의 지점은 더 많은 만족을 주고, 반면에 남서쪽 방향은 만족을 덜 준다.

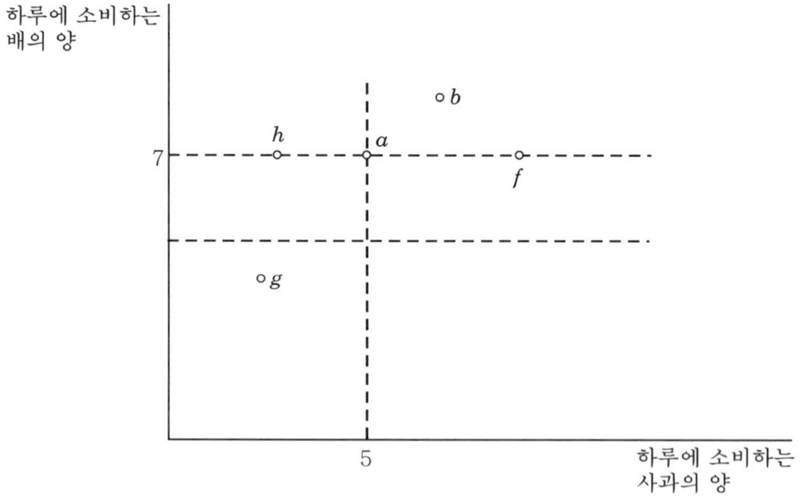


지금까지는 $a$지점보다 만족을 더 주거나 덜 주는 지점을 설명하였다.

그렇다면 $a$지점과 동일한 만족을 주는 지점은 어디인가? 만일 그림에서처럼 갑이 사과를 1개가 준 4개만 소비하고, 대신에 배의 소비가 2개가 늘어 9개를 소비할 때 동일한 만족을 얻을 수 있다면 $b$점이 $a$점과 동일한 만족을 주는 지점인 것이다.

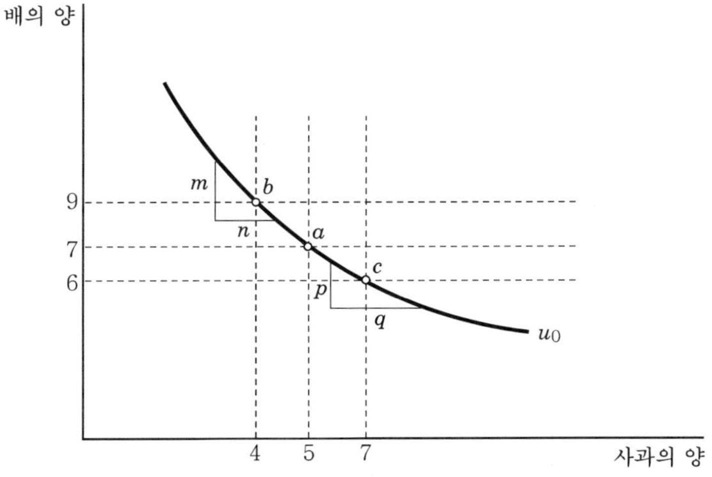


이렇게 동일한 만족을 주는 지점은 무수히 많을 수 있다. 그래서 이번에는 7개의 사과와 6개의 배를 소비하는 $c$점도 $a$점처럼 동일한 만족을 줄 수 있다. 그래서 이러한 동일한 만족을 주는 점들을 연결한 것이 이른바 무차별곡선(indifferent curve)인 것이다. 즉 이 곡선상의 점들에서는 갑에게는 차별(?)이 없이 동일한 만족(효용)을 주는 것이다.

여기서 중요한 것이 무차별곡선의 기울기(slope)인데, 이것은 사람들이 어떤 재화를 다른 재화로 교환하려는 비율을 나타낸다. 예를 들면, 그림에서 $b$지점의 기울기는 $\frac{m}{n}$인데, 이것은 갑이 $m$의 배를 희생하는 대신 얻고자 하는 사과의 양인 것이다. 이러한 이유로, 무차별곡선의 기울기의 절대값은 흔히들 한계대체율(marginal rate of substitution)이라 부른다.

그런데 그림에서 보듯이 이러한 한계대체율은 점점 줄어든다. 즉 c점에서의 $\frac{p}{q}$가 b점의 $\frac{m}{n}$보다 작은 것이다. 이것은 왜 그러한가? 이유는 간단하다. 그림에서 보듯이 갑은 $b$지점에서는 배의 소비량이 사과에 비하여 많다. 그래서 사과를 더 얻는 대신에 많은 수의 배를 포기할 의도가 있는 것이다. 그래서 한계대체율(배를 위한 사과의)이 높은 것이다. 반면에 $c$점에서는 이번에는 사과가 많고 배가 적은 상황이다. 사과를 얻기 위하여 많은 양의 배를 희생하려고 안 하는 것이다. 이렇게 무차별곡선에 따라, 한계대체율이 줄어드는 것을 흔히 '줄어드는 한계대체율(diminishing marginal rate of substitution)'이라 한다.

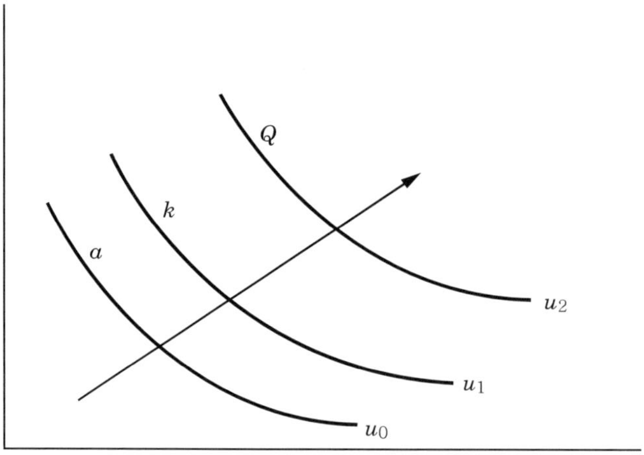


그렇다면 이러한 무차별곡선은 얼마나 많을까? 지금까지는 $a$지점을 출발점으로 해서 나온 $U_0$이라는 무차별곡선을 설명했는데, 이 밖에 무수한 지점을 출발점으로 하면 무차별곡선은 무수히 많을 수 있다. 그래서 $k$지점을 출발점으로 하면 $U_1$, $Q$지점을 출발점으로 하면 $U_2$의 무차별곡선이 있듯이 어떤 출발점으로 하느냐에 따라 무차별곡선은 무수히 많을 수 있다.

여기서 중요한 점은 무차별곡선이 북동쪽으로 가면 갈수록 사람들에게 주는 만족도(효용)가 더 커진다는 점이다. 그래서 $U_2$는 $U_1$보다, $U_1$은 $U_0$보다 높은 효용을 주는 것이다. 그래서 갑이 자신의 효용을 극대화하려면, 그는 가능한 한 높은 무차별곡선에 도달해야 하는 것이다. 이렇게 모든 무차별곡선을 보여주는 것이 '무차별지도(indifferent map)'라 불리는데 '무차별지도'를 통하여 사람들의 선호(preference)를 알 수 있는 것이다.

### 〈Box 2〉 예산제약선(예산선)에 대한 설명

위에서 설명했듯이 무차별곡선은 북동쪽으로 갈수록 사람들의 효용을 증가시킨다. 그러나 사람들의 무차별곡선이 계속 북동쪽으로 올라갈 수는 없다. 왜냐하면 사람들에게 만족을 주는 재화나 서비스를 구입할 수 있는 돈(예산)이 제한되어 있기 때문이다. 그래서 무차별곡선을 이해하기 위하여는 예산제약에 대한 이해가 필요하다.

먼저 예를 들어 보자. 상기의 예에서, 사과 1개 값이 2,000원이고 배 1개 값이 1,000원이라 하고 갑의 하루 수입이 2만원이라고 하자. 이 경우에 갑은 몇 개의 사과와 배를 구입할 수 있을까? 이것은 다음과 같은 공식에서 결정된다.

$$2{,}000 \times \text{사과} + 1{,}000 \times \text{배} = 20{,}000\text{원}$$

그래서 예를 들면, 갑이 사과를 5개 사면 배를 10개 살 수 있거나, 혹은 사과를 6개 사면 배를 8개 살 수 있다. 극단적으로, 사과를 10개 사면 배는 하나도 살 수 없고, 배를 20개 사면 사과를 하나도 살 수 없다. 이것은 그림으로 표시하면 다음과 같다.

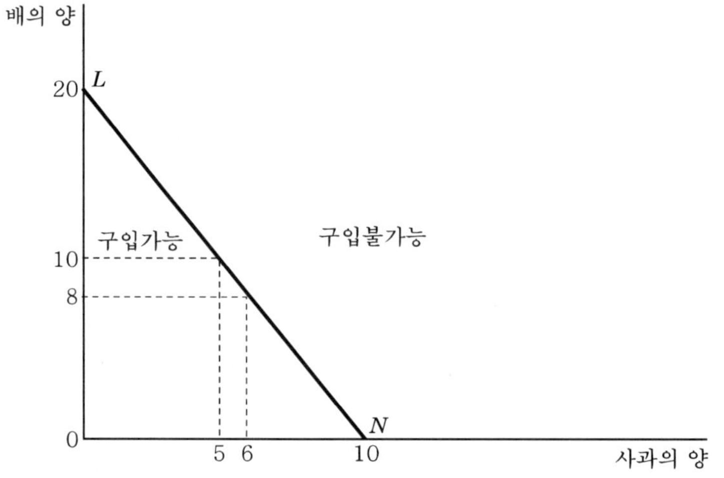


이 그림에서 $LN$선이 예산제약선이다. 그래서 갑은 이 예산선 상 혹은 아래에서는 사과와 배를 적절한 조합으로 구입할 수 있다. 그러나 이 예산선의 위쪽에서의 사과와 배를 구입할 수 없다. 여기에서는 갑의 수입(예산)을 초과하기 때문이다.

이렇게 예산선은 주어진 갑의 소득과 사과와 배의 가격하에서 갑이 소비할 수 있는 기회를 보여준다. 그렇다면, 소득과 재화의 가격이 변하면 예산선은 어떻게 바뀌는가? 먼저, 소득이 바뀔 경우를 생각해보자. 예를 들면, 갑의 소득이 만원으로 반으로 줄었다면 예산선은 어떻게 되는가? 이것은 상기의 공식이 다음처럼 바뀌는 것이다.

$$2{,}000 \times \text{사과} + 1{,}000 \times \text{배} = 10{,}000\text{원}$$

이제는 소득이 줄었기 때문에 살 수 있는 사과와 배의 양이 줄어, 전과 달리 최대 구입량은 사과가 5개이고, 배는 10개이다. 이것은 그림으로 표시하면 다음과 같다.

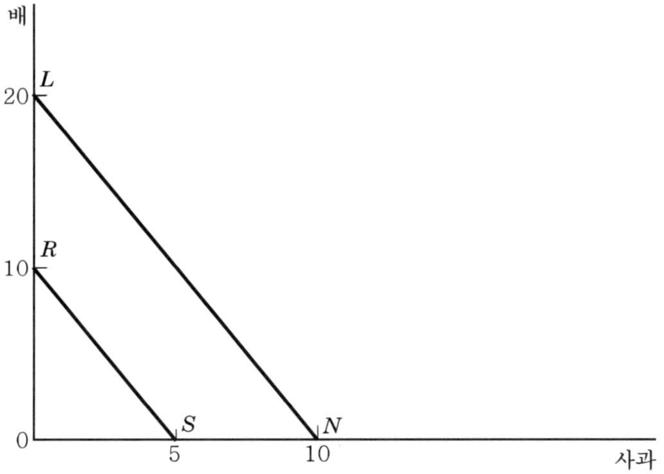


그래서 원래의 $LN$의 예산선과 기울기는 변하지 않으면서 평행선으로 아래로 내려오는 $RS$선이 된다. 반면에 소득이 늘면 예산선은 원래의 예산선 우측으로 평행 이동하게 되는 것이다.

그렇다면 사과와 배의 가격이 변하면 예산선은 어떻게 되는가? 만일 사과의 값이 1,000원으로 올랐다면 어떻게 되는가? 이렇게 되면 이제 갑이 구입할 수 있는 사과의 최대 구입량은 5개로 되고, 반면 배의 구입량은 20개가 되어 다음의 그림처럼 예산선이 변한다.

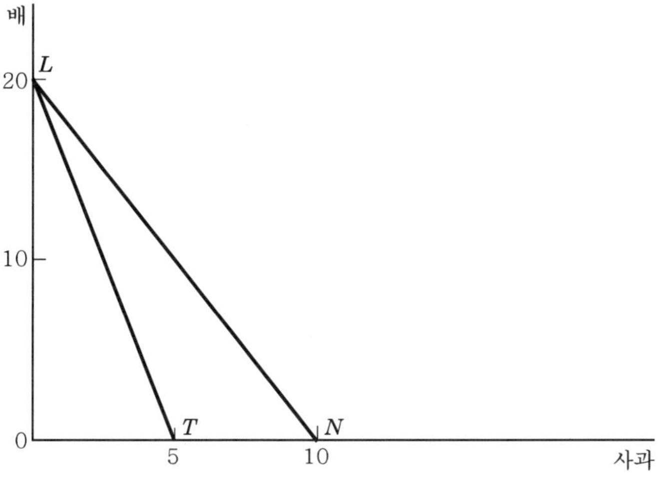

그래서 예산선은 $LT$가 되고, 이 때 기울기는 전에 2였던 것에 비하여 4가 된다. 즉, 전에는 사과 1개와 배 2개를 교환할 수 있었는데 이제는 사과 1개에 배 4개가 교환될 수 있는 것이다.

### 〈Box 3〉 무차별곡선과 예산선

지금까지 무차별곡선과 예산선을 따로 설명하였다. 그래서 무차별곡선은 사람들의 선호, 즉 무엇을 하기를 원하는가를 보여준다면, 예산선은 사람들이 무엇을 할 수 있는가를 보여준다고 할 수 있다. 그래서 사람들이 실제로 무엇을 하는가를 알기 위하여는, 예산선과 무차별곡선을 함께 보아야 한다.

다음의 그림은 무차별곡선과 예산선을 함께 나타낸 것이다.

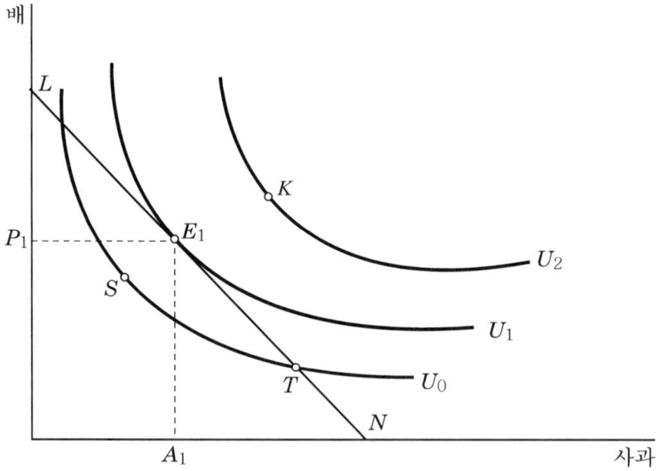


문제는 갑의 예산범위 내에서 갑의 효용을 극대화할 수 있는 사과와 배의 구입량을 결정하는 것이다. 먼저 무차별곡선 $U_2$상에 있는 $K$지점의 사과와 배의 구입량을 생각해보자. 이 지점은 갑의 효용을 가장 높일

수 있는 그래서 갑이 가장 원하는 바이다(무차별곡선이 가장 동북쪽에 위치해 있다). 갑이 $K$점의 사과와 배를 소비할 수 있을까? 답은 '아니다'이다. 이유는 간단하다. 돈(예산)이 안 되기 때문이다. 그림에서 보듯이 이 지점은 갑의 예산선 $LN$의 밖에(우측) 있기 때문이다.

다음으로 $S$점을 생각해 보자. 이 지점은 갑의 예산선 내에 있기 때문에 가능하다. 그러나 이 지점은 예산선 아래에 있기 때문에 갑은 더 많은 사과와 배를 구입할 수 있는 기회를 잃는 것이다.

그렇다면 $T$지점은? 이 점은 예산선 상에 있기 때문에 갑이 수입 모두를 사용할 수 있는 지점이다. 그러나 이 지점은 갑의 효용을 극대화할 수 없다. 왜냐하면, $T$점이 위치한 $U_0$무차별곡선보다 동북쪽으로 더 위에 위치한 $U_1$이라는 무차별곡선이 있기 때문이다.

그래서 $E_1$지점, 즉 $A_1$의 사과와 $P_1$의 배를 구입하는 지점에서 갑의 효용은 극대화가 된다. 이 지점은 예산선 상에 있기 때문에 구입이 가능할 뿐만 아니라 $U_1$의 무차별곡선상에 있기 때문에 $U_0$의 무차별곡선보다 위에 있기 때문에 효용을 높일 수 있기 때문이다.

이렇게 볼 때, 효용을 극대화할 수 있는 공식을 도출할 수 있다. 앞에서 언급했듯이, 무차별곡선의 기울기는 배와 바꿀 수 있는 사과의 한계대체율이고, 예산선의 기울기는 사과의 값을 배의 값으로 나눈 절대값이다. 그래서 $E_1$처럼 무차별곡선이 예산선과 접한다는 것은 다음의 공식으로 나타낼 수 있다.

$$\text{배와 바꿀 수 있는 사과의 한계대체율} = \frac{\text{사과의 값}}{\text{배의 값}}$$

## 2. 생산가능곡선(Production Possibilities Curve)

지금까지는 재화의 공급(상기의 예에서 쌀과 옷)이 고정되어 있는 것으로 가정하였다. 그러나 현실세계에서는 생산요소의 투입량이 변하면 재화의 공급은 변동할 수 있다. 예를 들면, 주어진 자원에서 쌀을 더 만들면 옷의 생산은 줄어드는 것이다. 생산가능곡선이란, 그림의 예처럼, 주어진 쌀의 생산량에서 극대화할 수 있는 옷의 생산량을 나타내는 곡선이다.

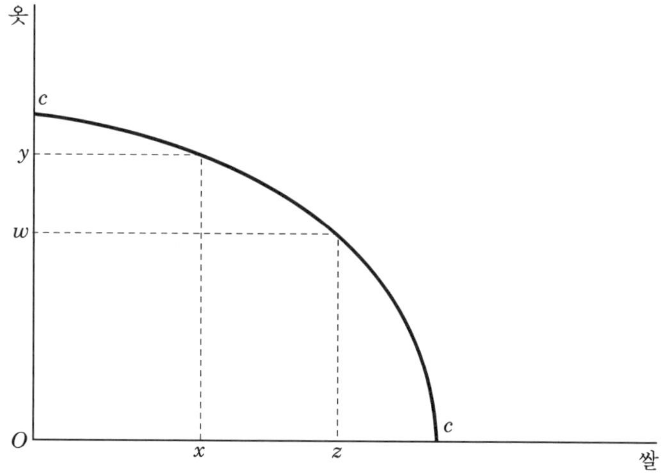


〈그림 1-6〉 생산가능곡선

그림에서 보듯이 이 사회에서는 $OX$의 쌀을 생산하면 $OY$의 옷을 생산할 수 있다. 만일 쌀의 생산량을 $OZ$으로 늘리면, 즉 쌀에 투입되는 생산요소를 늘리면, 옷에 투입되는 생산요소가 줄기 때문에 옷의 생산량은 $OW$로 줄게 된다. 즉 쌀의 생산량을 $XZ$만큼 늘리면, 옷의 생산량은 $YW$만큼 줄어야 한다. 그래서 $XZ$의 거리에 대한 $YW$의 거리의 비율을 경제학에서는 흔히 한계생산변환율(marginal rate of transformation)이라 한다. 이것은 이 사회에서 쌀을 옷으로 변환시키는 비율을 나타내는 것이다. 그래서 한계대체율이 무차별곡선의 기울기라면, 한계변환율은 생산가능곡선의 기울기인 것이다.

한계변환율은 다른 말로 이야기하면 한계비용(marginal cost)으로 나타낼 수 있다. 여기서 한계비용이란 어떤 재화를 하나 더 만들 때 추가되는 비용을 말한다. 상기의 예에서, 쌀을 $XZ$만큼 더 생산하려면 $WY$의 옷의 생산량을 포기해야 되는데, 이 때 $WY$가 쌀을 $XZ$만큼 더 생산할 때 추가되는 한계비용인 것이다. 그래서 생산가능곡선의 기울기란 결국 $WY$를 $XY$로 나눈 값, 즉 쌀을 더 만드는 데 필요한 한계비용을 옷을 더 만드는 데 필요한 한계비용으로 나눈 값인 것이다. 그런데 생산가능곡선의 기울기가 한계변환율이기 때문에, 결국 쌀을 옷으로 변환하는 한계변환율은 쌀을 더 만드는 데 필요한 한계비용을 옷을 더 만드는 데 필요한 한계비용으로 나눈 값과 같아야 하는 것이다.

그렇다면 이렇게 재화의 생산량이 변할 수 있을 때의 효율적인 자원의 분배(Pareto efficiency)의 필요조건은 무엇인가? 앞에서 재화(옷과 쌀) 생산량이 고정되어 있을 때의 파레토효율의 필요조건은 갑의 옷을 위한 쌀의 한계대체율이 을의 한계대체율과 같아야 한다고 이야기하였다. 따라서 생산량이 변할 때의 파레토효율의 필요조건은 당연히 옷을 위한 쌀의 한계변환율이 갑의 한계대체율과 을의 한계대체율과 같아야 하는 것이다.

이것을 알기 쉽게 숫자로 설명해 보자. 갑의 옷을 위한 쌀의 한계대체율이 1/3이고, 옷을 위한 쌀의 한계변환율은 2/3이라 하자. 한계변환율이 2/3이라 함은 주어진 자원에서 3단위의 쌀을 포기해야만 2단위의 옷을 만들 수 있다는 것을 의미한다. 반면에 갑의 한계대체율이 1/3이라 함은, 갑이 3단위의 쌀을 잃을 경우 그의 원래의 만족(효용)을 유지시키기 위하여는 단지 1단위의 옷만 얻을 수 있으면 된다는 것을 의미한다.

따라서 갑은 3단위의 쌀을 포기하는 대신 2단위의 옷으로 변환된다면 더 만족해질 수 있는 것이다. 즉 한계대체율이 한계변환율과 같아질 때까지는, 을의 효용을 줄이지 않으면서 갑의 만족을 더 높일 수 있는 것이다. 다른 말로 이야기하면, 이 경우는 갑이 덜 만족한 상태에서 사회적 자원이 배분되었기 때문에 파레토 효율적이지 못한 것이다. 즉 파레토 효율적인 배분이 되기 위하여는 갑의 한계대체율이 1/3이라면, 한계변환율이 1/3이 되어 3단위의 쌀을 포기해야만 1단위의 옷을 만들 수 있는 생산가능의 상태가 되어야 하는 것이다.

### 파레토 효율적인 배분이 사회적으로 바람직한가?

지금까지 이론적인 측면에서 파레토 효율적인 자원의 배분이 발생하기 위한 필요한 조건들에 관하여 설명하였다. 그렇다면 현실세계의 시장에서의 자원의 배분이 효율적인가? 일반적으로 경제학－특히 복지경제학(welfare economics)－의 기본전제는 '어떤 조건들'만 충족이 되면 경쟁적인 시장은 사회적 자원을 '자동적'으로 파레토 효율적으로 배분한다고 본다.

이렇게 본다면 시장경제에서 정부의 역할은 최소한에 머물러야 한다. 그래서 시장에서의 경쟁이 작동할 수 있도록 사유재산을 보호하기 위하여 법과 질서를 유지하거나, 외부로부터 침입을 막기 위한 국방서비스를 제공하는데 그쳐야 한다. 실제로 시장경제의 우월성을 지나치게 강조하는 사람들－이른바 '시장만능주의자들'－은 이렇게 최소한의 정부의 개입만이 필요하다고 주장한다.

과연 그러할까? 현실세계는 훨씬 복잡하여, 사람들이 갖고 있는 사회적 자원의 바람직한 배분에 대한 입장(가치관)은 다양하여 효율만이 사회적 자원의 바람직한 배분을 위한 유일한 기준은 아니다. 그래서 정부의 역할은 훨씬 더 클 수 있다.

앞에서 설명한 '계약곡선(contract curve)'의 예를 들어 설명해 보자.

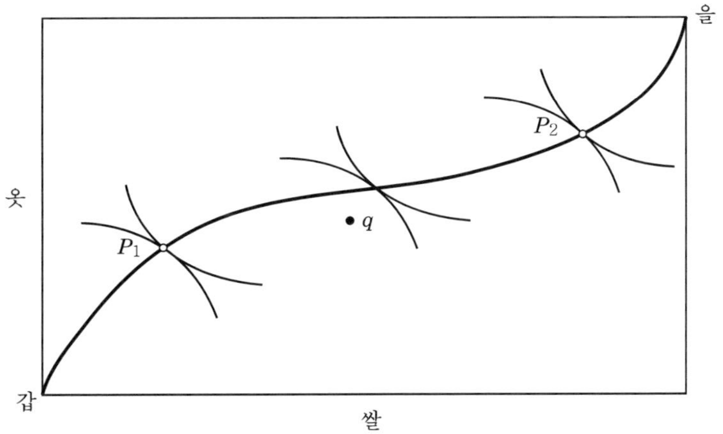


〈그림 1-7〉 평등 대 효율

먼저 $P_1$지점의 배분과 $q$지점의 배분을 비교해 보자. $P_1$지점에서는 갑은 을에 비하여 쌀과 옷 모두를 적게 차지하나, 앞에서 설명했듯이 '계약곡선' 상에 있기 때문에 효율적인 배분이다. 반면에 $q$지점은 비효율적인 배분이나 갑과 을이 평등하게 쌀과 옷을 갖는다.

그렇다면 $P_1$과 $q$의 배분 가운데 어느 것이 더 바람직한가? 이것은 '바람직하다'라는 것이 무엇을 의미하고 사회구성원들이 어떻게 판단하느냐에 달려 있다(적어도 민주주의 사회에서 사회적 자원의 배분은 사회구성원들에 의하여 결정된다고 가정한 경우에). 그래서 만일 대다수의 사회구성원들이 평등한 분배보다는 효율을 선호한다면 $P_1$의 배분이 이루어질 것이고, 반대로 비록 효율적인 배분은 아니더라도 평등한 분배의 가치를 선호한다면 $q$지점으로 결정될 것이다.

이것을 현실세계에 적용해 보면, 아주 거칠게 이야기하면, 예를 들면 미국과 같이 시장의 역할을 유달리 강조하는 사회에서는 $P_1$ 지점이 선호될 것이고, 반대로 스웨덴처럼 평등의 가치를 강조하는 사회에서는 $q$지점이 선호될 것이다.

어찌 되었건 여기서 중요한 점은 사회적 자원을 어떻게 배분하는 것이 사회적으로 바람직하냐를 결정하는 기준은 파레토 효율이 유일한 것이 아니라는 것이다. 이것은 사회구성원들의 가치판단에 달려있는 것이다.

그렇다면 사회구성원들의 가치판단은 어떻게 결정되는가? 이것은 결국 사람들이 자원의 배분을 통해서 얻을 수 있는 효용의 분배가 얼마나 공정한가에 대한 판단이다. 상기의 계약곡선의 예에서, 파레토 효율적인 배분인 $P_1$지점에서는 갑의 효용이 을보다 낮고, 반면에 $P_2$지점에서는 갑의 효용이 을보다 크다. 한편 파레토 효율적인 배분이 아닌 $q$지점에서는 갑과 을의 효용이 같다.

그렇다면 사회전체로 볼 때 어떤 지점의 배분이 가장 바람직한가? 이것을 알기 위하여는 이른바 사회복지함수(social welfare function)에 대한 이해가 필요하다. 사회복지함수란 사회전체의 복지가 개별구성원들의 복지(효용)에 따라 어떻게 결정될 수 있는가를 보여준다. 즉 개별구성원들의 복지(효용)가 늘어나면 사회전체의 복지도 커지는 것이다.[2)]

그런데 개별 사람들이 재화들을 소비하는 데서 얻을 수 있는 효용이 무차별곡선을 나타내듯이, 사회전체의 효용도 사람들의

2) 사회복지함수에 관하여는 뒤에서 자세히 논의한다.

효용 사이의 무차별곡선을 보여준다. 이것을 흔히 사회무차별곡선(social indifference curve)이라 하는데, 이것이 의미하는 것은 주어진 사회전체의 효용에서 어떤 사람의 효용이 늘어나면 다른 사람의 효용이 줄어야 하는 것이다.

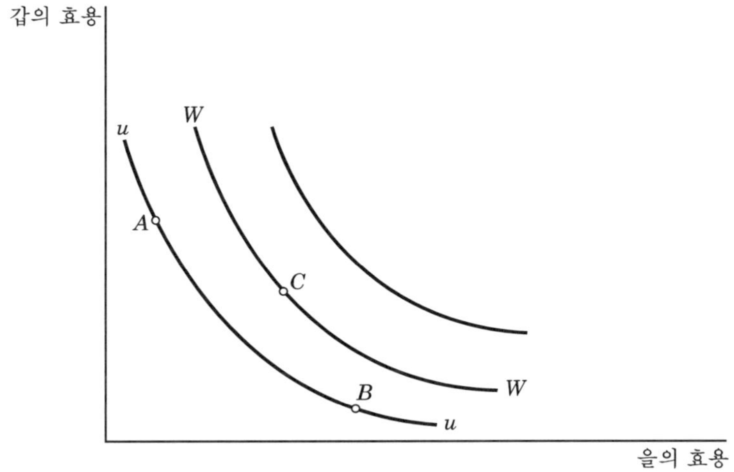


〈그림 1-8〉 사회무차별곡선

그래서 〈그림 1-8〉에서처럼, $uu$의 사회무차별 곡선상의 모든 점들은 사회전체의 효용에 있어서 동일하다. 즉 사회전체로 볼 때 사람들의 효용이 어떻게 배분되느냐에 상관없이 동일한 효용을 갖고 있는 것이다. 예를 들면, $A$지점에서는 갑의 효용이 크고 을의 효용이 낮고, $B$지점에서는 을의 효용이 크고 갑의 효용이 낮으나, 사회전체로 볼 때는 동일한 효용을 갖고 있는 것이다.

개인무차별곡선이 북동쪽으로 갈수록 개인의 효용이 커지듯이, 사회무차별곡선도 마찬가지로 그렇다. 그래서 $ww$ 사회무차별곡선상의 점들이, $uu$ 사회무차별곡선상의 점들보다 사회전체의 효용이 높은 것이다. 따라서 $A$지점의 배분이 파레토 효율적이고, $C$지점의 배분이 파레토 효율적이 아니더라도, 사회전체로 볼 때 $C$지점의 배분을 선택할 것이다. 왜냐하면 $C$지점에서의 사회전체의 효용이 $A$지점보다 높기 때문이다.

지금까지는 '어떤 조건'이 충족되어, 적절히 작동하는 경쟁시장이 파레토 효율적인 자원의 배분을 발생시킨다 하더라도, 이것이 반드시 사회적으로 바람직하지 않다는 점을 설명하였고, 그래서 시장에만 의존해서는 안 되고 국가의 개입을 통하여 사람들의 효용의 공평성을 이루어야 할 필요성을 논의하였다.

지금부터는 현실세계에서는 시장은 '어떤 조건'을 충족시키지 못하기 때문에 사회적 자원의 배분을 시장에만 맡겨두면 비효율적으로 배분될 수 있는, 그래서 정부가 개입해야 할 근거가 되는 이른바 '시장의 실패(market failure)'에 관하여 설명하고자 한다.

## 3. 시장의 실패(Market Failure)

현실세계의 시장은 완벽하지 못하다. 그래서 어떤 경우에는 자원의 배분을 시장에만 맡겨두면 비효율적으로 배분된다. 그렇다면 어떤 요인들 때문에 시장은 자원의 효율적인 배분에 실패하여 국가가 개입해야만 되는가? 대표적인 시장의 실패의 요인은 독점, 공공재, 외부효과, 정보의 문제, 역의 선택, 도덕적 해이 등이다. 여기서는 이러한 요인들에 관하여 간략히 설명하고자 한다.

### (1) 독점

일반적으로 어떤 경제주체가 시장력(market power)을 갖고, 시장에서 거래되는 재화의 가격에 영향을 줄 능력이 있으면, 그러한 재화의 배분은 비효율적으로 이루어진다. 대표적인 예가 시장에서 어떤 재화를 독점적으로 공급하는 경우다. 이렇게 재화의 공급자가 하나이면, 경쟁이 없는 상태에서, 재화의 공급을 수요에 비하여 적게 제공하게 되면 재화의 가격을 한계비용보다 높일 수 있다. 이렇게 되면 자원의 배분은 수요에 비해 적게 배분되는, 즉 비효율적으로 이루어지는 것이다.

### (2) 공공재

일반적으로 사람들이 시장에서 구입하는 재화나 서비스에 대하여는 자신들의 선호를 숨기지 않는다. 쌀 1말이 만원이면, 만원을 지불하고 쌀을 구입하여 소비하면 되는 것이다. 이 경우 다른 사람은 이 쌀을 소비할 수 없는 것이다. 이것을 흔히 소비의 경쟁성(rivalness consumption)이라 부른다.

반면에 공공재는 소비에 있어서 경쟁적이지 못하다. 대표적인 예가 등대이다. 일단 등대 불이 켜지면 주의의 모든 배가 등대 불빛을 이용할 수 있는 것이다. 그래서 등대 불빛에 대한 선호가 있는데도 불구하고 이러한 선호를 숨기고 비용을 지불하지 않고도 등대 서비스를 이용할 수 있는 것이다. 모든 사람이 이러한 동기를 갖고 있기 때문에 결국 등대와 같은 공공재는 시장에만 맡겨두면 사람들이 원하는 만큼 만들어지지 않게 되어 비효율적이 되는 것이다.

### (3) 외부효과

사람들이 시장에서 거래행위를 할 때 다른 사람들의 복지에 이득을 주거나 해를 주면 그것에 대하여 대가를 받거나 지불해야 한다. 그런데 어떤 경우에는 그렇지 않을 수가 있다. 예를 들면, 우리의 이웃의 어떤 사람이 자선을 해서 이웃의 가난한 사람들이 줄어들면 자선을 안 한 사람들도 범죄행위가 줄어들거나 집값의 상승 등으로 이득을 얻을 수 있는데도 자선을 한 사람에게 대가를 지불하지 않아도 된다. 이렇게 다른 사람들의 복지에 영향을 주는 행위가 시장 밖에서 이루어지는 것을 외부효과(externality)라 한다.

이렇게 외부효과가 나타나면, 자원의 배분은 비효율적이 된다. 상기의 예에서, 가난한 사람들을 줄이기 위한 자선행위가 충분히 이루어지지 않을 것이다. 내가 안 해도 남이 하면 나는 대가를 지불하지 않고도 이득을 볼 수 있기 때문에 사람들이 자선을 할 동기가 약해지기 때문이다.

### (4) 정보의 문제

사람들이 시장에서 재화나 서비스를 팔거나 구입할 때는 충분한 정보를 바탕으로 거래행위를 하여야만 그러한 재화나 서비스들이 효율적으로 배분된다. 그렇데 어떤 경우에는 재화나 서비스에 대한 정보를 구하기가 어렵거나 비싸면 사람들은 합리적인 결정을 하기가 어려울 수가 있다. 이렇게 불완전한 정보의 상황에서 시장에서 거래를 하게 되면 자원의 배분은 비효율적이 된다.

예를 들면, 일반적으로 사람들은 의료서비스를 이용할 때 필요한 정보들을 많이 갖고 있지 못하다. 의료서비스에 대한 정보는 구하기도 어렵고 비싸기 때문이다. 이러한 상황에서 의료서비스의 이용을 시장에만 맡겨두면 의료서비스는 비효율적으로 배분이 될 수 있는 것이다.

### (5) 역의 선택

오늘날 어떤 나라에서도 실업보험은 시장에서 상품으로 판매하지 않고 있다. 왜 이러할까? 일반적으로 보험이란 어떤 위험의 발생을 대비하기 위하여 구입하는 상품이다. 여기서 중요한 것은 보험회사의 입장에서는 보험가입자들의 위험발생에 대한 정보이다. 그래서 정보가 충분하면 적절한 보험료를 보험가입자들에 부과하면 되기 때문에 보험상품으로 판매할 수 있다.

그런데 어떤 경우에는 보험회사들이 가입자들의 위험발생에 대한 정보를 충분히 갖고 있지 못한다. 대표적인 예가 사람들이 실업할 가능성에 대한 정보이다. 사람들이 실업을 당할 확률에 대한 정보를 구하기가 어렵다. 왜냐하면, 실업은 본인의 행위에 크게 달려 있기 때문이다. 실업보험 가입자가 보험금을 받기 위하여는 '실업'을 자초할 수 있는 것이다.

이렇게 보험회사가 가입자들의 실업확률에 대한 정보를 충분히 갖고 있지 않은 상황에서는, 실업할 가능성이 높은 사람들만 실업보험상품을 구입하려고 할 것이고, 이렇게 되면 보험료는 비싸질 수밖에 없고, 이것은 다시 실업할 가능성이 매우 높은 사람들만 남게 되는 악순환을 되풀이하게 만들어 결국 이러한 상품은 시장에서 판매할 수 없게 되는 것이다.

이러한 이유로 실업보험은 국가가 모든 사람들을 강제로 가입시키는 사회보험만으로 존재하는 것이다. 강제로 가입시키면 역의 선택의 문제는 발생하지 않기 때문이다.

### (6) 도덕적 해이

일반적으로 보험의 대상인 어떤 위험들의 발생은 외향적으로 결정되어야 한다. 그런데 어떤 경우에는 그러한 위험의 발생이 보험가입자들의 행위에 의하여 영향을 받을 수 있는데 이것을 도덕적 해이(moral hazard)라 한다. 예를 들면, 자동차보험에 가입하면 자동차사고를 예방할 행위가 줄어들 수 있어 사고가 날 확률이 높아지는 것이다.

이렇게 도덕적 해이가 존재하면 위험발생은 많아지고 결국 보험료는 높아져서 위험발생의 가능성이 높은 사람들만 보험에 가입하게 되어 궁극적으로 시장에서 상품으로 판매하기가 어렵게 된다.

## 4. '바람직한' 분배란?

지금까지 원론적인 수준에서 '완전한' 시장이라는 가정 하에 사회적 자원의 효율적인 배분이 어떻게 이루어지는가를 설명하였고, 효율적인 배분과 대비하여 평등적인 배분의 상태가 어떠한 것인지를 보여주었다. 그리고 현실세계에서의 시장은 완전하지 않아 많은 시장실패가 있어 시장에서의 사회적 자원의 배분이 효율적이지 못하기 때문에 국가에 의한 사회적 자원의 배분이 필요하다는 점을 설명하였다.

이렇게 국가가 사회적 자원의 배분에 개입한다 했을 때, 우리가 당면하는 질문은 어떠한 분배의 상태가 사회적으로 바람직한가의 문제다. 이것을 알기 위하여는 먼저 사회복지함수(social welfare function)에 대한 이해가 필요하다. 여기서 사회복지란 사회구성원들의 집합적인 복지 - 안녕(well-being), 효용(utility) 등 - 의 수준, 쉽게 이야기하면 사회구성원들이 얼마나 잘 사는지를 나타낸다.[3] 그래서 복지경제학에서는 사회복지함수를 흔히 다음과 같이 표현한다.

$$SW = f(u_1, u_2, \cdots u_n)$$

즉 사회복지의 수준은 사회구성원들의 효용의 함수로 나타내는 것이다. 그런데 여기서의 문제는 사회구성원들의 개별적인 효용의 수준을 어떻게 평가하느냐인데 이것은 사람들의 가치판단에 의하

3) 이러한 개념의 사회복지는, 사회복지학에서 일반적으로 정의하는 사회복지의 개념보다 훨씬 광범위하다.

여 결정될 수밖에 없다는 점이다. 예를 들면, 월 1,000만원의 소득이 있는 사람의 효용의 수준과 월 100만원의 소득이 있는 사람의 효용의 수준을 똑같이 취급할 것인지 아니면 달리 평가할지의 문제인데, 이것은 사람들의 가치판단에 따라 다를 수밖에 없다. 이 문제에 관한 사람들의 가치판단은 다양하나, 여기서는 두 가지의 대표적인(?) 가치판단을 소개하고자 한다.

### 1) 공리주의적 가치관(utilitarian social welfare function)

공리주의적 가치관에서의 기본적인 가정은 사회구성원 가운데 어떤 한 사람이라도 효용이 증가하면, 다른 조건이 같다면, 사회복지의 수준은 높아진다는 것이다. 다른 말로 표현하면 어떤 사람의 효용을 증가시키면서 다른 사람의 효용은 감소시키지 않는 어떤 정책은 사회복지의 수준을 증가시키는 것이다. 이것을 식으로 표현하면 다음과 같다.

$$SW = u_1 + u_2 + \cdots + u_n$$

여기서 보듯이 공리주의적 가치관에서는 사회복지의 수준은 사람들의 효용을 단순히 합한 것으로 결정되는 것이다. 그리고 이렇게 단순히 합한 사회복지의 수준이 높으면 바람직한 것으로 보는 것이다. 즉 여기서는 사회구성원들 사이의 효용 수준의 차이를 무시하는 것이다.

예를 들어 보자. 10명이 사는 두 사회가 있다고 하자. $A$라는 사회는 8명이 매우 가난하여 각자 1단위만큼의 효용을 갖고 있고, 나머지 2명은 매우 부유하여 각자 100단위의 효용을 갖고 있다. 반면에 $B$라는 사회는 평등하여 10명 모두가 동일한 수준의 소득을 갖고 있어 각자 20단위의 효용을 누리고 있다. 이 두 사회 가운데 어느 사회가 더 바람직한가? 공리주의적 가치관에 따르면 $A$사회다. 왜냐하면, $A$사회의 사회복지의 수준(208단위)이 $B$사회의 사회복지의 수준(200단위)보다 높기 때문이다.

이렇게 볼 때 공리주의적 가치관에서는 정부의 소득재분배정책(부자에게 세금을 부과해서 이 돈으로 빈자에게 주는 것)은 사회복지 수준을 높이는데 별 의미가 없다. 왜냐하면, 이러한 정책에 의하여 빈자의 효용은 늘어나나, 그 대가로 부자의 효용이 줄어들기 때문에 전체 사회복지의 수준은 변하지 않기 때문이다.

흥미로운 것은 이러한 공리주의적 가치관에서도 몇 가지의 가정하에서는 이론적으로 정부의 평등을 추구하는 소득재분배정책은 사회복지의 수준을 극대화할 수 있다. 가정은 세 가지다. 첫째는, 사람들은 동일한 효용함수를 갖고 있고, 이것은 소득수준에서만 차이가 있다(예를 들면, 1,000만원의 소득이 있는 사람들은 동일한 효용함수를 갖고 있고, 이것은 100만원의 소득이 있는 사람들의 효용함수와는 다른 것이다). 둘째는, 이러한 효용함수는 소득이 올라갈수록 누리는 한계효용이 체감하는 성격을 갖고 있다. 셋째는, 생산가능한 총소득은 고정되어 있다.

이러한 가정 하에서는, 단순히 합하는 공리주의적 사회복지함수에서도 정부가 완전한 평등을 위하여 소득을 재분배하는 것이 사회복지 수준을 극대화할 수 있다. 다음의 갑과 을 두 사람이 사는 사회를 보자. 〈그림 1-9〉에서 $OO'$는 이 사회에서 가능한 총소득의 양을 나타낸다. 갑의 소득은 $O$로부터 우측방향으로의 거리로 나타내고, 을의 소득은 $O'$로부터 좌측방향으로의 거리로 나타낸다. 따라서 $OO'$선상의 어떤 점은 갑과 을 사이의 소득분배의 모습을 보여준다. 예를 들어, $a$점은 갑은 $Oa$의 소득을 갖고 있고, 을은 $O'a$의 소득을 갖고 있어 을이 갑보다 소득이 많다는 것을 보여준다. 여기서 우리가 알고자 하는 것은 이 사회의 사회복지의 수준을 극대화하는 점이 어디 있냐는 것이다.

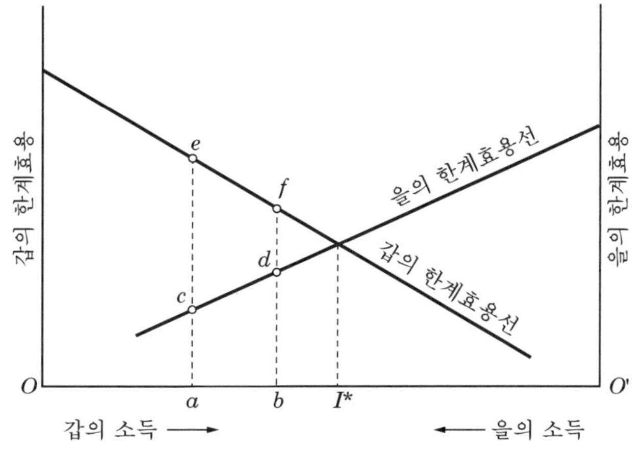


〈그림 1-9〉 평등한 소득분배

한편 갑의 소득의 한계효용은 $O$점 이상에서의 수직 상의 거리로 나타낼 수 있는데, 한계효용이 체감한다는 가정 하에 소득 수준에 따른 한계효용선은 그림처럼 아래 방향으로 기울어지는 모습을 취한다(예를 들면 갑이 $a$의 소득 수준에서는 $ae$의 한계효용을 갖고 있으나 소득 수준이 $b$로 증가되면 $bf$의 한계효용을 가져 그만큼 줄게 되는 것이다). 마찬가지로 을의 한계효용은 $O'$로부터의 수직 상의 거리로 나타나 그림처럼의 을의 한계효용선이 결정된다. 여기서는 첫 번째의 가정, 즉 갑과 을이 동일한 효용함수를 갖고 있다는 가정 하에 갑과 을의 한계효용선의 모습(기울기)은 같다.

이러한 상황에서 갑의 시장소득(정부의 소득재분배정책 이전의 소득)이 $Oa$이고 을의 소득은 $O'a$이라고 가정하자. 이 때 정부의 소득재분배정책에 의하여 갑과 을 사이에 소득이 재분배된다면 어떻게 될까? 갑과 을 두 사람의 효용의 합, 즉 이 사회의 사회복지의 수준이 늘어날까? 아니면 줄어들까?

예를 들어, 국가가 $ab$만큼의 소득을 을로부터 거두어 갑에게 준다면 어떻게 될까? 이것은 명백히 을의 효용을 줄이고 갑의 효용을 늘린다. 여기서 중요한 것은 갑과 을 두 사람의 효용의 합이 어떻게 되느냐이다. 이 경우 을이 갑보다 부자이기 때문에, 한계효용이 체감한다는 가정 하에, 을의 효용 감소가 갑의 효용 증가보다 작기 때문에 두 사람의 효용의 합은 전보다 늘어나는 것이다.

그림으로 설명하면 $ab$만큼의 소득을 갑에게 준다면 갑의 효용은 $abfe$ 면적만큼 는다. 반면에 $ab$만큼의 소득을 빼앗긴 을의 효용은 $abdc$ 면적만큼 준다. 그래서 이 두 사람의 효용의 합은 $cdfe$만큼 늘어나는 것이다.

상기의 논의가 의미하는 것은, 사람들 사이의 소득이 불평등하고, 한계효용이 불평등하면, 사람들의 효용의 합은 조금이라도 더 가난한 사람들에게 소득을 분배하면 늘어나는 것이다. 그림에서는 $I^*$지점, 갑의 소득과 을의 소득이 같고 두 사람의 한계효용이 같은 지점에서 사회복지 수준이 극대화되는 것이다. 즉 완전한 소득평등이 이루어져야 사회복지수준은 극대화되는 것이다.

이렇게 사람들의 효용을 단순히 합한 결과인 사회복지 수준을 극대화하기 위하여는, 몇 가지의 가정 하에서는, 완전한 평등을 이루는 소득재분배가 가장 바람직하다는 강력한 결론이 나온다. 문제는 이러한 결론이 얼마나 현실적인가이다. 이것은 결국 이러한 결론을 이끌어낸 가정들이 얼마나 현실적인가의 문제로 귀착된다.

우선 사람들이 동일한 효용함수를 갖고 있다는 가정은 현실적으로 증명하기 어렵다. 예를 들면, 똑같이 500만원의 소득이 있는 사람들이 500만원으로부터 똑같은 효용을 얻는지를 아는 것은 불가능하다. 왜냐하면, 효용은 객관적으로 측정하기 어렵기 때문이다.

또한 소득이 높아질수록 그것의 한계효용은 줄어든다는 가정도 현실적으로 많은 경우에 맞지 않는다. 일반적으로 우리가 어떤 재화를 소비할 때, 소비의 양이 늘어나면 그 재화로부터의 한계효용은 줄어들 수 있으나, 전체로서의 소득의 경우는 다를 수 있다. 많은 사람들은(특히 욕심이 많은 사람들) 끝없이(?) 자신들의 소득을 높이려고 하고 이때 한계효용은 줄지 않는 것이다.

이렇게 소득은 한계효용이 감소하지 않는다면, 즉 모든 소득 수준에서 같다면, 그림에서처럼 갑과 을의 한계효용선은 아래로 기울기가 있는 선이 아닌 동일한 수평선이 된다. 이 경우 부자인 을의 소득을 줄여 빈자인 갑에 준다 하더라도, 사회복지의 수준(갑과 을의 효용의 합)은 그대로이다. 왜냐하면, 을의 효용의 감소의 크기는 갑의 효용의 증가의 크기와 같기 때문이다. 즉 갑과 을의 효용의 합의 정도는 소득분배의 형태와 무관한 것이다. 다른 말로 표현하면 정부의 소득분배정책으로 사회복지의 수준은 변화시킬 수 없는 것이다.

마지막으로 생산가능한 사회의 총소득이 고정되어 있다는 가정도 현실적으로 문제가 있다. 이 가정에 따르면, 정부가 소득을 재분배하더라도 사회의 전체 소득은 변하지 않는다는 것이다. 그러나 이렇게 소득이 재분배되는 과정에서 사람들의 행위가 변하여 전체 소득이 줄어들 수 있다. 예를 들면, 상기의 예에서 정부가 을에게 세금을 부과하여 갑에게 소득을 이전하는 과정에서 을이나 갑이 일을 적게 할 수 있어 전체 소득이 줄 수 있는 것이다. 왜냐하면, 사람들의 효용은 소득(일을 해서 얻는)뿐만 아니라 여가에 의하여도 결정된다. 그래서 사람들은 자신들의 효용을 극대화하기 위하여 소득(일)과 여가를 적절히 선택하게 되는데, 소득재분배의 과정에서 어떤 사람들은 일 대신에 여가를 택하는 것이 자신들의 효용이 더 높아질 수 있는 것이다.

상기의 예에서, 소득재분배정책 이전에 을은 월소득이 1,000만원이었는데 소득재분배정책으로 400만원의 세금을 부과하여 이 돈으로 월소득이 100만원인 갑에게 준다면, 을은 이제 일을 적게 하여 월소득을 500만원으로 줄이고, 갑도 더 일을 안 해도 소득은 늘어나기 때문에 100만원의 소득을 유지하면 사회의 총소득은 1,100만원에서 600만원으로 줄게 되는 것이다.

그렇다고 모든 사람들이 상기의 갑과 을처럼 행위를 하는 것은 아니다. 어떤 사람들은 아무리 세금이 많아도 여전히 일을 많이 하여 소득이 줄지 않는다. 이러한 사람들은 여가보다는 일(소득)로부터의 효용이 더 큰 것이다. 이렇게 볼 때 소득재분배정책으로 사람들의 행위가 변하여 사회 전체의 소득이 어떻게 얼마나 변하는지는 실증적인 연구들을 통해서만 알 수 있다(여기에 대하여는 이 책의 5장과 6장을 참조하라).

어찌되었든 지금까지 논의했듯이 완전한 평등이 가장 바람직하다는 주장의 근거가 된 세 가지의 가정들이 현실적으로 문제가 있다면, 단순히 사람들의 효용들의 합인 사회복지의 수준을 극대화하는 방법으로 완전한 평등을 이루는 것은 비현실적이고 바람직하지도 않다.

## 2) 평등주의적 가치관

지금까지 논의한 공리주의적 가치관에서는, 사람들의 효용을 단순히 합한 사회복지의 수준을 극대화하는 것이 바람직하다고 보았다. 그리고 이러한 가치관에서는 사람들의 효용의 차이를 무시하여, 사회는 사람들의 효용이 어떻게 분배되는가는 무시한다. 그래서 어떤 사람으로부터 한 단위의 효용을 뺏어 다른 사람에게 주었을 때 사회의 효용의 합은 변하지 않아 결국 사회복지의 수준도 변하지 않는다고 보는 것이다.

반면에 평등주의 가치관에서는 사람들의 효용의 차이를 고려하여 누리는 효용이 낮은 사람들의 효용을 높이고, 효용이 높은 사람들의 효용을 낮추는 것이 사회적으로 더 바람직하다고 본다. 이러한 사회복지함수는 다음과 같이 표시할 수 있다.

$$SW = \alpha_1 u_1 + \alpha_2 u_2 + \cdots + \alpha_n u_n$$

이것은 앞의 공리주의적 가치관에서 단순히 사람들의 효용을 합하는 것이 사회복지 수준이 되는 것과 달리, 사람들마다 서로 다른 가중치를 부여받는다. 그래서 어떤 사람의 효용이 1단위 증가할 때, 사회가 그 사람에게 부여하는 가중치($\alpha$)만큼 사회복지의 수준은 높아지는 것이다.

일반적으로 소득이 높은 사람들이 누리는 효용의 수준은 소득이 낮은 사람들이 누리는 효용의 수준보다 크다. 공리주의적 가치관에서는 두 계층의 효용의 차이를 무시한 반면에, 평등주의적 가치관에서는 효용 수준이 낮은 사람들의 효용이 높아지는 것이 사회적으로 더 바람직하다고 본다. 그래서 효용이 낮은 사람들에게는 큰 가중치를 주고, 효용이 높은 사람들에게는 작은 가중치를 부여하는 것이 사회복지의 수준을 높이는 것이라고 보는 것이다.

평등주의적 가치관에서도 어느 정도의 효용을 가진 사람들에게 어느 정도의 가중치를 부과하는 것이 바람직한가는 논란인데, 극단적인 방법은 롤스(J. Rawls)가 주장하는 이른바 '최소극대화의 원칙(maximin criterion)'이다. 이 원칙에 의하면 가장 효용이 낮은 사람들에게만 가중치를 부여하고 다른 사람들에게는 가중치를 주지 않는 것이다. 이 경우 사회복지의 수준은 가장 효용이 낮은 사람들의 효용이 얼마나 높아졌느냐에 달려 있는 것이다.

이렇게 효용이 낮은 사람들에게 더 높은 가중치를 주어 이들의 효용의 수준을 높이는 것은 평등한 분배를 지향한다. 그러나 이러한 평등주의적 가치관도 본질적으로 볼 때 공리주의적 틀을 크게 벗어나지 못한다. 왜냐하면, 여기서도, 비록 가중치를 둔다 하더라도, 개인들의 효용의 합인 사회복지의 수준을 '바람직한' 분배의 기준으로 삼기 때문이다.

개인적인 효용의 합을 극대화하는 것이 반드시 바람직한 사회적 자원의 분배는 아니다. 왜냐하면, 개인적인 효용이라는 개념 자체가 추상적이고 애매하여 측정하기가 어렵기 때문이다. 예를 들면, 위에서 가정한 것과 달리 경우에 따라 소득이 높은 사람들의 효용이 소득이 낮은 사람들의 효용보다 낮을 수도 있다.

그렇다면 개인적인 효용의 기준 이외에 무엇으로 '바람직한' 분배를 판단할 수 있는가? 여기에는 어떤 보편적으로 받아들여지는 기준이라는 것은 없고 사람들마다의 다양한 관점만이 있을 뿐이다. 그래서 어떤 사람들은 극단적인 결과의 완전한 평등을 '바람직한' 분배라고 보는 반면, 그 반대의 입장에서는 소득을 발생시키는 과정이 공정하면 그것의 결과는 그대로 두는 것이 바람직하다고 본다. 전자의 경우에는 정부의 적극적인 재분배정책이 필요하나, 후자의 경우에는 불필요하다.

대부분의 사람들은 이 양극단 사이에 위치할 것이다. 그래서 어떤 사람들은 가장 잘사는 20%의 사람들의 소득이 가장 못사는 20%의 사람들의 소득보다 4배 정도 많은 것이 바람직하다고 보는 반면, 어떤 사람들은 그 비율이 10배 정도는 되어야 된다고 본다. 현실세계의 예를 들면, 대략적으로 전자의 소득분배의 모습을 보이는 국가는 스웨덴이고, 후자의 예는 미국이다. 어떤 나라의 소득분배의 모습이 바람직한가? 이것은 관점에 따라 다를 뿐이다. 귀하의 관점은?

### 3) 효율적인 소득재분배가 가능한가?

위에서 논의한 것은 단순히 사람들의 효용을 합하던 아니면 효용이 낮은 사람들에게 가중치를 주어 효용수준을 높여주어서 합하던 사람들의 효용의 합인 사회복지의 수준을 높이는 것이 바람직하다는 것이다. 그런데 이러한 주장의 기본적인 가정은 어떤 사람들의 소득을 뺏어서 다른 사람들에게 주는 소득재분배는 뺏긴 사람의 효용은 줄고, 얻는 사람들의 효용은 는다는 것이다. 이렇게 볼 때 일반적인 소득재분배는 결코 파레토효율적인 것이 아니다. 왜냐하면, 일반적으로 사람들은 이기적이고 자신들의 효용은 자신의 소득 수준에 의해서만 주로 결정되는 경향이 있기 때문이다.

그러나 상기의 가정이 모든 경우에 맞는 것은 아니다. 어떤 경우에는 사람들은(특히 부자들) 이타적이고, 그래서 자신들의 효용이 자신들의 소득만에 의해서 결정되는 것이 아니고, 다른 사람들의(가난한 사람들) 소득 수준에 의해서도 결정될 수 있는 것이다. 이 경우 소득재분배는 파레토효율적일 수 있다(Hochman and Rodgers, 1969).

예를 들면, 부자인 을이 자신의 소득의 일부를 빈자인 갑에게 줄 때 을은 자신의 선행으로 빈자인 갑이 빈곤에서 벗어나는 것을 보고 만족(효용)을 얻고, 이 만족은 자신이 그만큼 소비를 못해서 발생하는 만족의 상실보다 클 수 있다. 동시에 갑은 소득이 늘어 그만큼 효용이 늘어나는 것이다. 이렇게 되면 갑과 을 모두 소득재분배에 의하여 효용이 늘어나게 되어 효율적인 재분배가 이루어지는 것이다.

이 때 만일 부자인 을이 가난한 사람들을 도와주고 싶은 마음은 있는데 정보의 부족으로 누구를 어떻게 도와줄 수 있는 방법을 모른다면 정부가 나서서 을에게 세금을 부과하여 갑에게 소득이전을 하는 것이 효율적인 것이다.

이러한 논리를 따르면, 결국 소득재분배는 일종의 공공재로 볼 수 있다(Thurow, 1971). 왜냐하면 사회구성원들의 효용은 그 사회가 얼마나 평등한가에 영향을 받기 때문이다. 만일 사회구성원 모두가 자신들이 사는 사회의 소득분배가 좀더 평등한 것으로부터 자신들의 효용이 증가한다고 가정하자. 이 때 개별적인 사람들은 자신들의 소득만으로는 사회 전체의 소득분배의 모습을 변화시키기는 어렵다. 그래서 사람들의 집합적인 행위가 필요하다. 그래서 정부가 나서서 정부의 공권력으로 부자인 사람들에게 강제로 세금을 거두어 가난한 사람들에게 재분배하는 것이 효율적인 것이다.

이것은 현실세계에서 민간부문에서의 자발적인 재분배는 크지 않고 대부분의 소득재분배는 국가에 의하여 강제로 이루어진다는 사실에서 뒷받침된다. 실제로 유럽의 복지국가들에서의 민간부문에서의 자발적인 재분배는 극히 미미하고, 자발적인 재분배가 가장 활성화되어 있는 미국에서도 자발적인 재분배는 국가에 의한 재분배보다 훨씬 작다.

2
chapter

# 공공재와 외부효과

## 1. 공공재

어떤 재화나 서비스를 어느 정도나 국가가 제공해야 하는가? 이러한 질문은 어느 국가에서나 공공정책을 둘러싼 논쟁들 가운데 핵심적이다. 오늘날 대부분의 서구의 복지국가들에서는 사회복지의 재화나 서비스들을 대부분 국가가 제공하고 있다. 왜 그러한가? 정치적인 혹은 이념적인 다양한 이유들이 있지만 가장 중요한 것은 사회복지의 재화나 서비스는 공공재적인 성격을 많이 갖고 있기 때문이다.

순수한 의미의 공공재는 소비에 있어 비경쟁적이고 비배타적인 성격을 갖고 있다. 즉 일단 재화가 제공되면, 사람들이 그 재화를 소비하는 데 있어 추가비용이 없고, 그 재화를 사용하는 것을 막지도 못한다. 대표적인 예가 등대이다. 등대 불이 일단 켜지면 모든 배들이 그 불빛을 추가비용 없이 이용할 수 있고, 어떤 배도 그 불빛을 사용하는 것을 막지도 못한다.

이것을 다른 말로 표현하면, 공공재는 그것의 소비의 혜택이 사회구성원 모두에 의하여 공유될 수 있는 재화를 말한다. 이렇게 정의를 내리면 '공정한 소득분배', 즉 사회구성원들이 골고루 잘 사는 상태도 공공재적인 성격을 갖고 있다고 할 수 있다. 왜냐하면, 소득이 공정하게 분배되면 모든 사람들이 '좋은' 사회에 살고 있다는 것으로부터 만족을 얻을 수 있고, 어떤 사람도 그러한 혜택을 갖는 것을 배제할 수 없기 때문이다.

또한 정직이나 신뢰 등도 공공재적인 성격을 갖고 있다. 왜냐하면, 모든 사람들이 시장에서의 거래에서 정직하다면, 사회구성원 모두가 거래비용의 감소라는 혜택을 얻을 수 있고, 이러한 혜택은 비배타적 비경쟁적으로 주어지기 때문이다.

국가가 제공하는 서비스들 가운데 공공재적인 성격이 강한 것은 국방서비스다. 외부의 적으로부터 내국민을 보호하는 이러한 서비스의 혜택은 특정한 사람들을 배제하고 특정한 사람들만을 위하여 경쟁적으로 제공되지 않고 사회구성원 모두가 혜택을 볼 수 있기 때문이다.

사회복지 서비스도 이러한 성격을 갖고 있다. 예를 들면, 국가가 가난한 사람들에게 급여를 하여 가난한 사람들이 줄어든다면 이것의 혜택은 사회구성원 모두에게 돌아갈 수 있는 것이다. 다시 말하여, '좋은 사회'에 살고 있는 것으로부터 모두 만족할 수 있는 것이다.

### 공공재를 어떻게 얼마나 제공하는 것이 효율적인가?

공공재의 효율적인 제공의 조건을 이해하기 위하여는, 먼저 시장에서 사유재가 어떻게 효율적으로 제공되는가에 대한 이해가 필요하다. 갑과 을이라는 두 사람이 살고 있는 사회에서, 시장에서 거래되는 옷과 쌀이라는 두 가지의 사유재가 있다는 것을 가정하자.1)

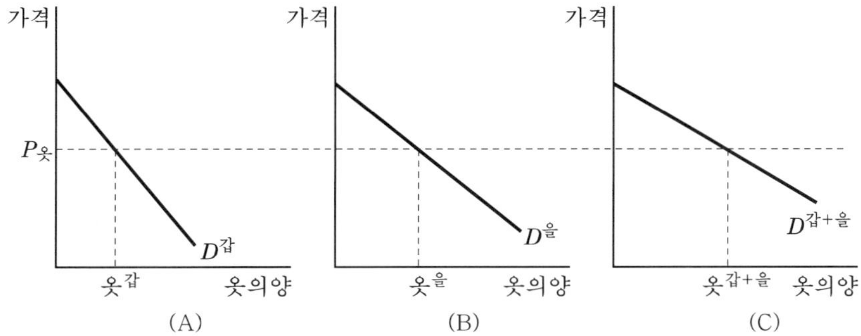


〈그림 2-1〉 사유재의 수요곡선

〈그림 2-1〉에서처럼, 옷의 양은 수평축에서 보여지고, 옷의 가격은 수직축에서 측정된다. 갑의 옷에 대한 수요곡선은 그림 A에서의 $D^{갑}$선이다. 이것은 가격변화에 따른 갑의 옷에 대한 수요의 변화를 보여준다. 마찬가지로 그림 B에서는 을의 옷에 대한 수요곡선을 나타낸다. 그렇다면 옷에 대한 시장에서의 수요곡선(market demand curve)은 어떻게 결정될까? 이것은 단순하여, 갑과 을이 옷의 모든 가격에서 원하는 양들을 합하면 된다. 그래서 그림 C에서처럼, 옷에 대한 시장수요곡선은 $D^{갑+을}$이 되는 것이다.

1) 이하의 설명은 Rosen(1989)의 분석틀에 의존한다.

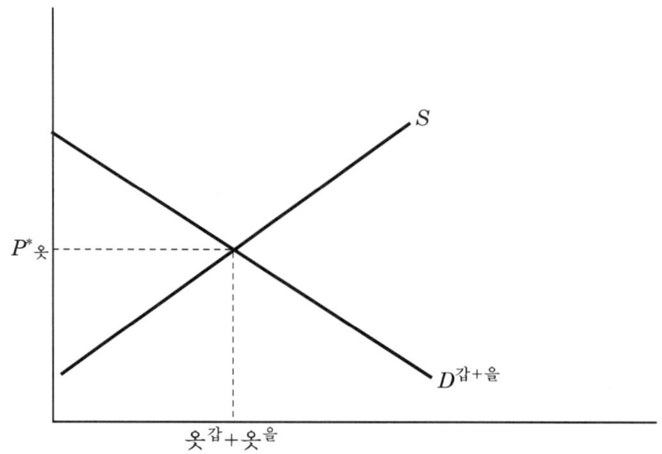


〈그림 2-2〉 사유재의 효율적 배분

이러한 시장에서의 갑과 을의 옷에 대한 수요곡선에다 시장에서의 옷의 공급곡선을 〈그림 2-2〉처럼 나타내면, 시장에서의 균형점은 수요와 공급이 일치되는 $P^*_{옷}$ 가격이고, 이 가격에서 갑과 을은 각자 자신의 효용을 극대화하는 옷의 양을 구입한다.

이러한 균형점에서 이 사회에서의 옷의 가격과 양은 파레토 효율적으로 배분이 된다. 1장에서 자세히 설명했듯이 그 이유는 다음과 같다. 자신의 효용을 극대화하려는 사람이라면, 옷과 쌀 가운데 어느 것을 얼마나 구입할 것이냐는 결정에서 쌀에 대한 옷의 한계대체율(marginal rate of substitution, MRS)을 쌀 가격대비 옷의 가격의 비율과 일치시킨다. 즉 $MRS_{옷쌀} = P_{옷}/P_{쌀}$ 이다. 그런데 여기서 쌀과 옷의 상대적 가격이 중요하기 때문에, 효용을 극대화하기 위한 조건은 결국 $MRS_{옷쌀} = P_{옷}$ 이 된다. 즉 옷의 가격이 사람들이 쌀 대신에 옷을 대체하려는 정도(비율)를 나타내는 것이다.

〈그림 2-2〉에서의 균형점에서 보듯이, 갑과 을 모두 한계대체율(MRS)을 옷의 가격과 일치시켰고, 옷을 공급하는 생산자도, 쌀 대신에 옷을 만들어내는 옷의 한계변형률(marginal rate of transformation, MRT)을 옷의 가격과 일치시킨다. 즉 균형점에서 갑의 $MRS$ = 을의 $MRS$ = 생산자의 $MRT$가 되고, 이것이 파레토 효율적 배분의 필요조건이다. 그리고 이러한 필요조건은 시장이 경쟁적이고 완전하게 작동하면 자동적으로 이루어진다.

지금까지는 쌀이나 옷과 같이 시장에서 거래되는 사유재가 어떻게 효율적으로 배분되는가를 설명하였다. 그렇다면 공공재도 시장에서 효율적으로 배분이 될 수 있는가? 결론부터 이야기하면 답은 아니다 이다. 지금부터 그 이유를 설명한다.

갑과 을 두 사람이 폭죽놀이를 즐기는 것을 상정하자. 이 경우 폭죽놀이는 일종의 공공재이다. 왜냐하면, 갑이 폭죽놀이를 즐긴다 해서(소비한다 해서), 을이 폭죽놀이를 소비하는 데 추가비용이 없고, 또한 즐기는 것을 막지도 못한다. 즉 폭죽놀이는 소비에 있어 비경쟁적이고 비배타적인 것이다.

소비되는 폭죽놀이의 양은 터뜨려지는 폭죽의 숫자에 의하여 측정될 수 있다. 〈그림 2-3〉의 A에서처럼, 갑의 폭죽소비량은 수평축에서 나타나고, 폭죽의 가격은 수직축에서 측정된다.

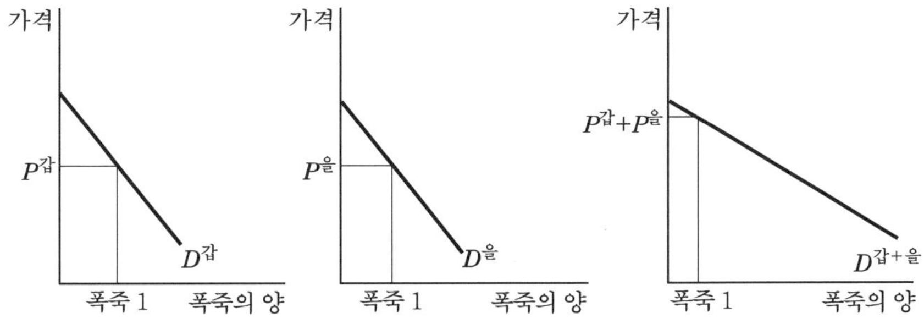


〈그림 2-3〉 공공재의 수요곡선

여기서 갑의 폭죽에 대한 수요곡선은 $D^{갑}$이고, 을의 수요곡선은 $D^{을}$이다. 그렇다면 이 두 사람의 집단적인 폭죽에 대한 수요는 어떻게 결정되는가? 앞의 예에서, 사유재인 옷에 대한 집단적인 수요는 사람들의 수요량을 단순히 합하면 되었다. 그래서 갑과 을 두 사람이 동일한 가격에서 서로 다른 양의 옷을 소비할 수 있다.

반면에 폭죽에 의하여 만들어지는 폭죽놀이라는 서비스는 갑과 을 두 사람에게 동일한 양으로 소비될 수밖에 없다. 갑이 10개의 폭죽을 터뜨린 폭죽놀이를 소비하면, 을도 마찬가지로 동일한 양이 터뜨려진 폭죽놀이를 즐길 수밖에 없다. 그래서 이 경우에는 갑과 을 두 사람이 집단적으로 폭죽에 대하여 얼마나 지불할 것인가를 알기 위하여는 갑과 을 각자가 주어진 폭죽의 양에 대하여 지불할 의사가 있는 가격을 합해야 한다.

그림 A에서, 갑의 폭죽에 대한 수요곡선은 갑이 폭죽의 양을 소비할 때 폭죽당 $P^{갑}$을 지불할 의사가 있다는 것을 보여주고, 그림 B에서, 을은 같은 양의 폭죽1을 소비할 때 $P^{을}$을 지불할 의사가 있다는 것을 보였다. 따라서 동일한 폭죽1의 양에 대하여 두 사람이 집단적으로 지불할 의사가 있는 가격은 $P^{갑}+P^{을}$이다.

여기서 사유재와 공공재가 비교가 된다. 앞에서 논의한 사유재의 경우, 모든 사람들이 동일한 *MRS*를 갖고 있으나, 서로 다른 양을 소비한다. 그래서 수요의 양은 서로 다른 양을 수평적으로 합하면 결정된다. 반면에 공공재의 경우에는, 모든 사람들이 동일한 양을 소비하는 대신, 서로 다른 *MRS*를 갖는 것이다. 그래서 사람들의 동일한 양에 지불할 가격을 수직적으로 합하는 것이다.

그렇다면 효율적인 폭죽의 양은 어떻게 결정되는가? 이것은 갑과 을이 한 단위의 폭죽에 대하여 지불할 비용과 그 단위를 만들어내는 데의 한계비용과 일치하는 점에서 결정된다.

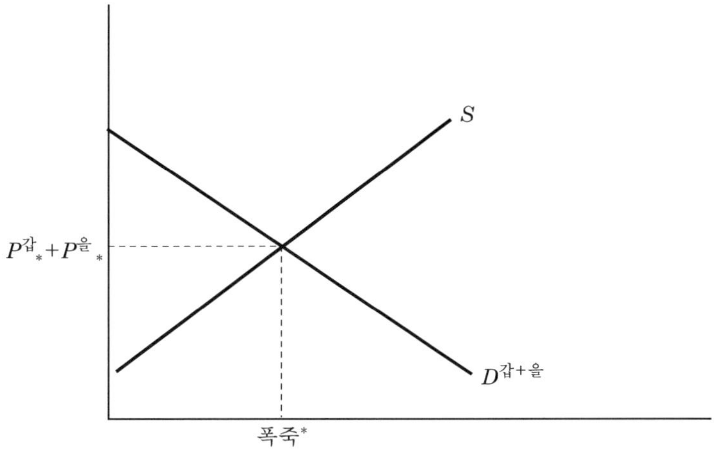


〈그림 2-4〉 공공재의 효율적인 배분

〈그림 2-4〉에서처럼 폭죽에 대한 갑과 을의 수요곡선과 한계비용곡선 S가 만나는 점인 $P_*^{갑} + P_*^{을}$의 가격에서 폭죽*의 양으로 결정된다.

이것은 앞의 사유재에 대한 논의에서처럼 한계대체율로 표현하면, $P^{갑}$은 갑의 쌀에 대한 폭죽의 한계대체율($MRS^{갑}$)이고, $P^{을}$은 을의 쌀에 대한 한계대체율($MRS^{을}$)이다. 그래서 $P^{갑} + P^{을} = MRS^{갑} + MRS^{을}$이다. 한편 공급, 즉 생산측면에서 보면, 폭죽의 가격은 쌀을 폭죽으로 바꾸는 한계변형률($MRT$)인 것이다. 그러므로, 그림에서의 수요와 공급곡선이 만나는 균형점은 $MRS^{갑} + MRS^{을} = MRT$로 표시될 수 있다.

이것은 시장에서 사유재의 효율적인 배분을 위한 조건과 대비가 된다. 앞에서 언급했듯이, 사유재가 효율적으로 배분되기 위하여는 모든 사람들이 동일한 한계대체율을 갖고 또한 이것은 한계변형율과도 같아야 된다. 반면에, 공공재의 경우는 사람들의 한계대체율의 합이 한계변형율과 같아야 한다. 이것의 이유는, 공공재는 모든 사람들이 동일한 양을 소비할 수밖에 없기 때문에, 효율적으로 배분되기 위하여는 제공되는 재화에 사람들이 두는 가치의 총합이 그것이 제공될 때의 사회에 주는 비용($MRT$)과 같아야 하기 때문이다.

완전한 시장이라는 가정에서는, 앞에서 언급했듯이, 사유재는 효율적으로 배분될 수 있다. 같은 조건에서 그림에서처럼 공공재인 폭죽의 양(폭죽*)이 효율적으로 결정될 수 있는가? 이것은 갑과 을이 폭죽놀이에 대한 진정한 선호를 얼마나 내보일까에 달려 있다.

사유재의 경우 경쟁적이고 완전한 시장에서 거래될 때, 사람들은 그 재화에 두는 가치를 숨길 동기가 없다. 그래서 수요와 공급이라는 기제에 의하여 적정한 가격과 수요 양의 균형점이 만들어지는 것이다.

그러나 비배타적인 공공재의 경우, 사람들은 그들의 진정한 선호를 숨길 동기가 충분히 있다. 지금의 폭죽놀이의 예에서, 갑은 폭죽놀이에 관심이 없는 것처럼 해서 을로 하여금 폭죽을 구입하여 터뜨리게 해도 갑은 폭죽놀이를 즐길 수 있다. 이렇게 다른 사람에게 재화나 서비스에 대하여 지불하게 하면서 자신도 그것의 혜택을 볼 수 있는 것을 무임승차현상(free-rider problem)이라 한다. 이렇게 무임승차현상이 있으면, 을도 갑처럼 무임승차를 하려고 한다. 그래서 결국 아무도 지불하려고 하지 않는다. 그래서 공공재의 경우는 시장에서의 배분에 맡겨두면 효율적인 공급이 이루어지지 않는 것이다. 다른 말로 이야기하면, 사유재와 달리 그림에서의 균형점이 시장에서 자동적으로 형성이 되지 않는 것이다.

따라서 공공재에 대한 사람들의 진정한 선호를 알 수 없는 상황에서는, 결국 국가가 나서 사람들에게 강제로 그 재화에 지불하게 하여 제공할 필요가 있는 것이다. 이래야만 무임승차문제를 피할 수 있고 적정한 수준의 공공재가 제공될 수 있는 것이다.

오늘날 선진산업국가들에서 국가가 주로 제공하는 대표적인 서비스는 국방서비스와 사회복지서비스이다. 왜 이 두 가지의 서비스는 국가가 주로 제공하는가? 이것을 앞의 폭죽놀이의 분석틀을 사용하여 설명하면 다음과 같다. 마찬가지로 갑과 을 두 사람이 사는 사회를 상정하자. 두 사람 모두 국방서비스를 필요로 한다. 그래서 〈그림 2-5〉처럼 갑과 을의 국방서비스에 대한 수요곡선을 나타낼 수 있다.

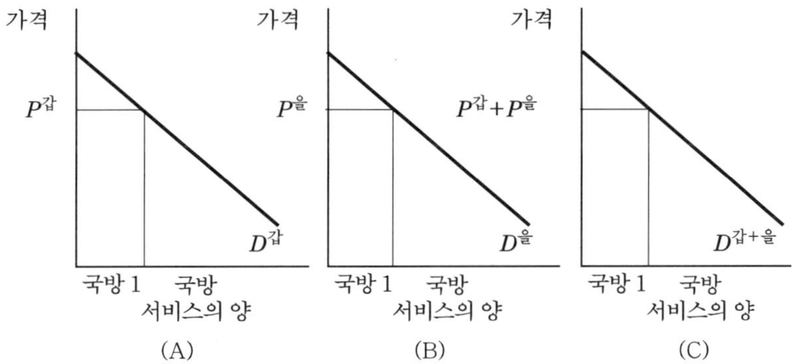


〈그림 2-5〉 국방서비스의 수요곡선

그런데 국방서비스는 갑과 을 모두 동일한 양을 소비할 수밖에 없기 때문에, 두 사람이 집합적으로 국방서비스에 대하여 얼마나 지불할 것인가를 알기 위하여는 갑과 을 각자가 주어진 국방서비스에 대하여 지불할 의사가 있는 가격을 합해야 한다. 즉 $P^{갑}+P^{을}$이다. 그런데 문제는 갑과 을 모두 국방서비스에 대한 진정한 수요를 숨길 수 있다는 점이다.

즉 무임승차현상 때문에 갑이나 을은 각자 자신의 진정한 국방서비스에 대한 수요를 숨겨 상대방이 모두 지불하도록 할 동기가 충분히 있는 것이다. 이렇게 되면 그림에서처럼 $P^{갑}+P^{을}$의 집합적인 가격이 형성이 되지 않아 국방서비스는 제공될 수가 없는 것이다. 그렇기 때문에 국가가 나서 갑과 을에게 국방서비스에 대하여 강제로 지불하게 하여(세금을 부과하여) 제공할 수밖에 없는 것이다.

사회복지서비스의 경우도 마찬가지다. 사회복지서비스가 제공되었을 때 사회구성원 모두는 동일한 양의 혜택(소비)을 입는다. 그래서 여기서도 무임승차현상이 발생하여, 시장에 맡겨두면 적정한 양의 사회복지서비스가 제공되기 어렵다. 그래서 국가가 나서서 국민들에게 세금을부과하여 그 혜택에 대하여 지불하게 하려면 모든 사람들이 만족할만한 정도의 사회복지서비스가 제공될 수 있는 것이다.

## 2. 외부효과

국가가 나서서 사회복지의 재화나 서비스를 제공해야 하는 또 하나의 이유는 사회복지의 재화나 서비스는 긍정적인 외부효과를 많이 발생시키기 때문이다. 그래서 외부효과에 대한 이해가 필요하다.

오늘날과 같이 복잡한 사회에서는 사람들은 서로 의존하여 영향을 주면서 살아가기 때문에 어떤 사람들의 행동이 다른 사람들의 복지에 영향을 준다. 이 때 대개의 경우 이러한 영향은 시장가격의 변화를 통하여 해결된다. 예를 들면, 평소에 주로 밥을 먹던 많은 사람들이 이제 주로 빵을 선호하게 되면, 쌀에 대한 수요는 줄고 빵에 대한 수요는 늘어 쌀값은 떨어지고 빵값은 올라, 결국 쌀을 생산하는 사람들의 소득은 줄고 빵을 만드는 사람들의 소득은 늘어난다.

이렇게 어떤 사람들의 행위의 변화로 다른 사람들의 복지에 영향을 주어도 상대적인 가격의 변화로 해결되기 때문에, 이 경우 경제적인 효율성의 측면에서 아무런 문제없이 시장기제에서 해결될 수 있다.

그러나, 어떤 경우에는 어떤 사람들의 행위가 다른 사람들의 복지에 시장기제 밖에서, 즉 시장가격의 변화가 없이, 영향을 줄 수 있다. 예를 들면, 아무도 소유하지 않는 강의 상류에서 공장을 운영하는 갑이라는 사람이 공장폐기물을 강에 버리면, 강의 하류에서 고기잡이로 먹고 사는 을에게 해를 준다. 이 경우 갑의 행위는 시장가격의 변화 없이 을의 복지에 영향을 주는 것이다.

외부효과란 어떤 사람들의 행위가 다른 사람들의 복지에 영향을 주는데 그것이 시장기제 밖에서 이루어질 때 나타난다. 이렇게 시장가격의 변화가 없이 이루어지기 때문에 외부효과가 발생하면 사회적인 자원은 비효율적으로 배분이 이루어진다. 시장실패가 나타나기 때문에 국가가 개입할 필요가 생기는 것이다.

외부효과는 흔히 부정적인 외부효과와 긍정적인 외부효과가 있다. 대부분의 사람들은 외부효과라 할 때 부정적인 외부효과를 생각하는데 이것은 상기의 예에서처럼 어떤 사람들의 행위로 다른 사람들의 복지에 해를 끼치는 것을 말한다.

반면에 긍정적인 외부효과란 어떤 사람들의 행위로 다른 사람들의 복지에 시장기제 밖에서 이득을 주는 것을 말한다. 사회에서는 긍정적인 외부효과도 많이 발생한다. 예를 들면, 우리 이웃의 어떤 사람이 이웃의 가난한 사람들을 도와주면 다른 사람들도 무형, 유형의 이득을 볼 수 있는 것이다(집값의 상승, 범죄율의 감소, 가난한 집의 아동들의 인적 자본의 향상으로 인한 여러 가지의 이득 등). 그래서 어떤 사람들은 이러한 긍정적인 외부효과를 흔히 '이웃효과'라 부르기도 한다(Friedman, 1964).

이렇게 볼 때 공공재는 개념적으로 일종의 외부효과라 할 수 있다. 특히 어떤 사람들의 행위로 사회구성원 대부분이 시장기제 밖에서 이득을 볼 수 있으면 그러하다. 즉 외부효과의 정도가 매우 크면 공공재의 개념과 같아지는 것이다.

### 외부효과가 발생하면 왜 국가가 개입해야 하는가?

이것의 이유는 간단하여, 부정적인 외부효과의 경우는 어떤 사람들이 그러한 효과를 발생시키는 행위를 지나치게 많이 하여 시장기제에만 맡겨두면 사회적 자원이 비효율적으로 배분이 되기 때문이다. 반면에 긍정적인 외부효과의 경우는 어떤 사람들의 행위가 충분히 이루어지지 않아 사회적으로 바람직한 정도의 재화나 서비스가 제공되지 않기 때문이다.

이것을 〈그림 2-6〉으로 설명하면 다음과 같다. 먼저 부정적인 외부효과의 경우를 보자.

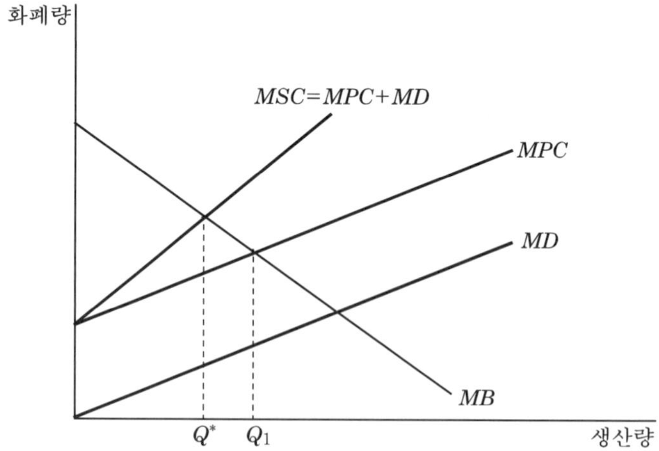


〈그림 2-6〉 부정적인 외부효과

여기서는 상기의 예의 강의 상류에서 공장을 운영하는 갑과 강의 하류에서 고기잡이로 먹고 사는 을의 경우를 분석한다. 여기서 수평축은 갑의 공장에서 만들어내는 재화의 양이고, 수직축은 화폐양이다. $MB$곡선은 갑의 생산량이 늘어날 때 얻을 수 있는 한계이득이다. 즉 여기서는 생산량이 증가하면 그것으로부터의 한계이득이 줄어든다고 가정한다.

한편 곡선 $MPC$는 갑이 생산요소에 지불하는 한계사적비용(marginal private costs)으로, 이것은 생산량이 늘어나면 증가하는 것으로 가정한다.

그런데 여기서 중요한 점은, 갑이 제품을 생산해내면 을의 복지에 해를 주는 오염물질을 발생시킨다는 점이다. 그리고 이러한 오염물질은 갑의 생산량이 늘어날수록 증가한다. $MD$곡선은 생산량에 따라 배출되는 오염물질에 의한 을에게 주는 한계피해(marginal damage)이고, 이것은 생산량이 늘어날수록 증가한다.

이러한 상황에서 갑이 자신의 이익을 극대화하기 위하여는 얼마만큼 생산할 것인가? 갑은 당연히 자신에게 돌아오는 한계이득이 자신이 부담하는 한계비용을 넘는 지점까지는 생산량을 늘린다. 이것은 그림에서 $MPC$곡선과 $MB$곡선이 만나는 지점, 즉 $Q_1$까지 생산량을 늘린다는 것을 의미한다.

이렇게 개인적인 입장과 달리, 사회전체적인 관점에서 보면 생산량은 사회에 주는 한계이득이 사회에 주는 한계비용을 넘는 한도내에서 결정되어야 한다. 여기서 중요한 것은 사회에 주는 한계비용인데 이것은 두 가지 형태로 이루어진다. 하나는 곡선 $MPC$에서 보여지는 갑이 생산요소에 투입한 비용이고, 다른 하나는 곡선 $MD$에서 보여지는 갑이 을에게 주는 피해이다. 따라서 사회에 주는 한계비용은 $MPC + MD$이다.

그래서 그림에서 보듯이, 한계사회비용곡선(marginal social

costs)은 생산량에 따른 *MPC*와 *MD*를 합한 것으로 나타난다. 즉 *MSC*곡선이다. 따라서 사회적 관점에서의 효율적인 생산량은 *MSC*곡선과 *MB*곡선이 만나는 점인 $Q^*$이다. 즉 국가의 개입 없이 갑과 을에게만 맡겨두면, 즉 시장에만 맡겨두면, 갑은 $Q^* - Q_1$ 만큼 생산량을 늘려 사회적 자원을 비효율적으로 사용되는 결과를 낳는다. 따라서 이 문제를 해결하기 위하여는 국가가 나서 갑에게 벌금(세금)을 물리든지, 강의 사용에 대한 규제를 하든지 하여 생산량이 지나치게 증가할 것을 막아 사회전체로 볼 때 효율적인 생산량인 $Q^*$을 이끌어내야 하는 것이다.

지금까지는 부정적인 외부효과를 분석하였다. 그렇다면 긍정적인 외부효과는 어떠한가? 여기서는 두 가지의 예를 들어 설명하고자 한다. 많은 국가들에서 국가가 대학이나 연구소 등에 연구개발비를 지원한다. 이것의 이유는 어떤 사람들의 연구개발에 의하여 많은 긍정적인 외부효과가 발생하기 때문이다. 이것은 다음의 〈그림 2-7〉에서 분석할 수 있다.

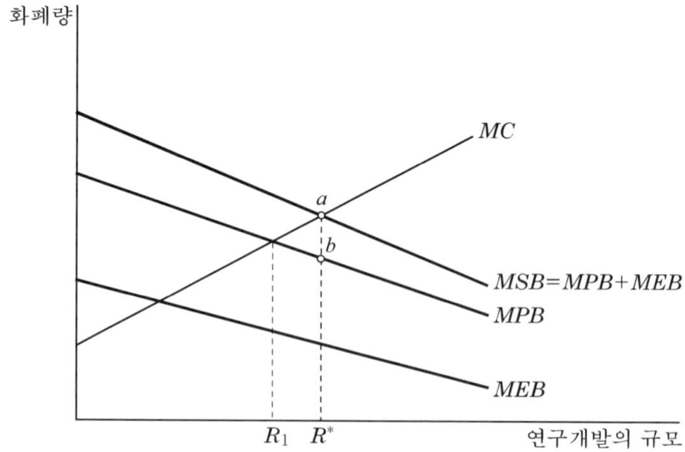


〈그림 2-7〉 긍정적인 외부효과

어떤 과학자가 연구개발을 하는 것을 상정하자. 이 과학자가 연구개발을 할 때 자신에게 돌아오는 한계이득은 $MPB$곡선으로 나타낼 수 있고, 반면에 이러한 연구개발을 할 때 드는 한계비용은 $MC$곡선으로 나타낼 수 있다. 이때 자신의 이익을 극대화하기 위하여는 이 과학자는 $MC$곡선과 $MPB$곡선이 만나는 지점인 $R_1$만큼의 연구개발을 할 것이다.

그런데 이러한 과학자들의 연구개발의 성과물은 산업계에 도움을 주어, 일반기업들이 이러한 연구성과물을 사용하는 데 비용을 지불하지 않으면서도 자신들이 만들어내는 재화들을 더 싸게 만들 수 있게 할 수 있다. 이렇게 일반기업들에게는 외부효과로 발생하는 한계이득이 주어질 수 있는데 이것은 그림에서처럼 $MEB$(marginal external benefit)으로 나타낼 수 있다. 따라서 사회전체의 관점에서 보면 이 과학자의 연구개발로 얻을 수 있는 한계사회이득 곡선은 과학자 자신이 얻는 이득인 $MPB$와 일반기업들이 외부효과 덕택으로 얻는 이득인 $MEB$의 합인 $MSB$(marginal social benefit)곡선인 것이다.

따라서 사회적으로 효율적인 연구개발의 양은 $MSB$ 곡선과 $MC$ 곡선이 만나는 $R^*$인데, 국가가 개입하지 않고 개인들에게만 맡겨두면 $R_1$정도의 불충분한 연구개발이 이루어지는 것이다. 이 문제는 어떻게 해결해야 하나? 앞의 부정적인 외부효과의 경우에는, 지나치게 많이 만들어내는 것을 세금을 부과하여 생산량을 줄이나, 여기서처럼 긍정적인 외부효과가 있는 경우에는 반대로 정부가 과학자에게 지원(subsidy)을 통하여 연구개발 활동을 더 많이 하게 해야 한다. 즉 그림에서처럼 $MSB$와 $MPB$의 차이인 $ab$의 거리만큼 국가가 지원하면 과학자의 연구개발량은 사회적으로 효율적인 양이 되는 것이다.

오늘날 모든 서구의 복지국가들에서는 대부분의 사회복지의 재화나 서비스를 국가가 제공하고, 민간부문의 개인, 기업, 재단 등의 자선행위에 의한 사회복지 재화나 서비스의 제공은 극히 미미하다. 이것의 이유는 여러 가지가 있을 수 있지만 긍정적인 외부효과의 현상 때문이기도 하다. 이것을 상기의 연구개발의 경우처럼 분석될 수 있다.

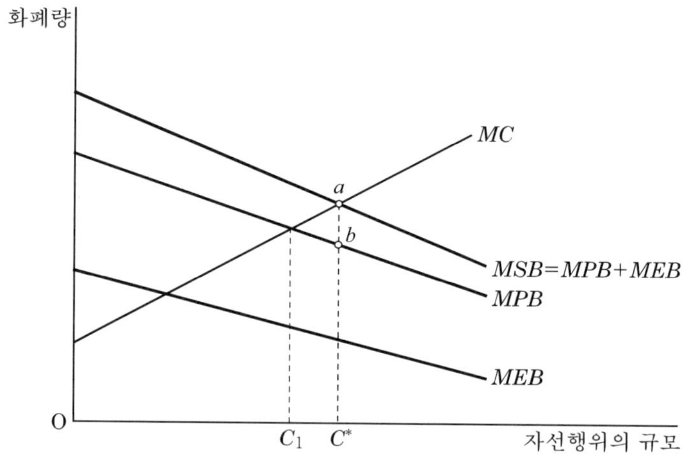


〈그림 2-8〉 자선행위의 외부효과

어떤 자선사업가가 가난한 집안의 아동들을 위하여 장학금을 주는 자선행위를 상정하자. 우선 이 자선사업가가 자선행위를 하여 자신에게 돌아오는 이득은 무엇일까? 이것은 가난한 아동들이 자신이 준 장학금을 받아 교육을 잘 받아 인적 자본이 향상되어 국가경제에 기여하고, 건전한 시민으로 성장하여 반사회적인 행위들이 줄어드는 이득들이라 할 수 있다. 이것은 〈그림 2-8〉에서 $MPB$ 곡선으로 나타낼 수 있다. 반면에 이러한 자선행위를 하는데도 일정한 정도의 비용이 드는데 이것을 $MC$곡선으로 나타낼 수 있다. 따라서 자신의 이득을 극대화하기 위하여는, 이 자선사업가는 $C_1$ 양의 자선행위를 할 것이다.

그런데 이 자선사업가의 행위는 자신에게 뿐만 아니라 사회구성원 모두에게 이득을 줄 수 있다. 가난한 아동들의 교육수준이 높아지면 사회구성원 모두에게 유형, 무형의 이득이 주어지는 것이다. 이러한 외부효과로 발생하는 이득은 $MEB$곡선으로 나타낼 수 있다.

따라서 사회전체로 보면, 이 사람의 자선행위로 인한 사회전체의 이득은 자선사업가 개인에게 돌아오는 이득인 $MPB$와 다른 사회구성원들에게 주어지는 이득인 $MEB$의 합인 $MSB$선인 것이다. 그래서 $MSB$선과 $MC$선이 만나는 지점인 $C^*$의 자선행위가 사회적으로 효율적인 양이다. 그런데 개인들에게 맡겨주면 $C_1$정도의 불충분한 자선행위가 이루어지는 것이다. 이것이 오늘날 많은 국가들에서의 민간부문의 자선행위의 규모가 크지 않은 이유인 것이다.

그렇다면 어떻게 해야 하는가? 앞의 연구개발의 경우에는 국가가 과학자들에게 연구개발비를 지원하면 해결되었다. 왜냐하면, 그 경우에서의 외부효과의 이득을 보는 사람들은 특정한 일반기업 등으로 제한되기 때문이다.

반면에 가난한 아동을 위한 장학금을 주는 자선행위에서 발생하는 외부효과는 사회구성원 모두에게 영향을 주기 때문에, 이것은 일종의 공공재의 성격을 갖는다고 할 수 있다. 따라서 이 경우에는 국가가 직접 대규모로 가난한 아동들에게 장학금을 주는 것이 사회전체적인 이득이 가장 크게 나타날 수 있는 것이다.

3
chapter

# 공공선택이론

1장에서 논의했듯이 현실세계에서 사회적 자원은 상당부분 정부에 의하여 배분될 수밖에 없다. 실제로 오늘날 선진산업국가들, 특히 많은 유럽의 복지국가들에서는 국내총생산의 50% 가까이 혹은 그 이상의 재화나 서비스는 국가에 의하여 제공된다. 그렇다면 국가에 의한 사회적 자원의 배분은 어떻게 이루어지는가? 원론적으로 볼 때 민주주의 사회에서는 국가에 의한 사회적 자원의 배분은 사회구성원들에 의하여 결정된다고 볼 수 있다. 그렇다면 구체적으로 어떻게 결정되는가? 공공선택이론은 바로 이러한 문제를 다루는 분야이다.

널리 알려졌듯이 시장에서 제공되는 재화나 서비스의 양과 가격은 자신들의 효용을 극대화하려는 사람들의 개별적인 수요에 의하여 결정된다. 재화에 대한 수요가 많으면 공급되는 양이 늘어나고, 수요가 줄면 재화의 양은 줄고, 이러한 수요와 공급에 의하여 적정한 재화의 가격도 결정되는 것이다. 또한 시장에서 제공되는 재화나 서비스에 대한 사람들의 소비의 양은 각자의 효용을 극대화하는 점에서 서로 다르게 된다.

그렇다면 국가에서 제공하는 재화나 서비스의 양과 가격은 어떻게 결정되는가? 예를 들면, 국방서비스나 빈곤정책의 규모는 어떻게 결정되는가? 이러한 재화나 서비스의 양은 시장에서 제공되는 재화나 서비스처럼 사람들의 수요에 의하여 결정되기 어렵다. 왜냐하면, 이러한 재화나 서비스는 공공재적인 성격을 갖고 있어 사람들은 수요에 상관없이 동일한 양을 소비할 수 있기 때문이다. 예를 들면, 국방서비스는 한 나라의 모든 국민들에게 적으로부터의 보호라는 서비스를 동일하게 제공하고, 빈곤정책은 가난한 사람들이 줄어 발생하는 여러 가지 이득들을 모든 국민들에게 제공하는 것이다.

즉 공공재적인 성격을 갖고 있는 재화나 서비스들의 소비의 비배타성이라는 속성 때문에 이러한 재화나 서비스에 대한 사람들의 수요를 알 수가 없다. 더 정확히 말하면, 사람들이 이러한 재화나 서비스에 대한 수요가 많더라도 이러한 수요를 숨겨도 그 재화를 소비하는데 아무런 문제가 없기 때문이다.

그렇다면 어떻게 결정되는가? 공공선택이론에서는 이렇게 시장에서 제공되지 않는 재화나 서비스의 양과 가격은 민주주의 사회에서는 결국 개별적인 사람들의 선호의 집합적인 결정에 의해서 이루어질 수밖에 없다고 본다.

오늘날 대부분의 선진산업국가들에서 국가에 의하여 제공되는 재화나 서비스의 50% 이상이 사회복지의 재화나 서비스이다. 그래서 사회복지를 공부하는 사람들에게는 사회복지의 재화나 서비스의 양과 가격이 어떻게 국민들 사이에 집합적으로 결정되는가를 알기 위하여는 공공선택이론에 대한 이해가 중요하다.

민주주의 사회에서 정부가 제공하는 재화나 서비스의 양이나 가격에 대한 집합적인 결정이 이루어질 수 있는 방법은 여러 가지가 있을 수 있으나 크게 보면 두 가지 형태로 나눌 수 있다. 하나는 사회구성원들이 직접 투표하여 결정하는 직접민주주의 방식이고, 다른 하나는 국민들이 대표를 뽑아 결정하는 대의민주주의 방식이다. 오늘날 전 세계적으로 볼 때 직접민주주의 방식으로 결정하는 경우는 많지 않고 대부분의 국가들에서 대부분의 집합적인 결정은 대의민주주의 방식에 의한다.

그럼에도 불구하고 직접민주주의 방식이 민주주의 사회에서의 집합적인 결정의 핵심적인 기본적인 원리를 보여 주기 때문에 이것에 대한 이해가 중요하다.

직접민주주의 방식도 두 가지로 나눌 수 있는데, 하나는 만장일치(unanimity rule)의 방식이고, 다른 하나는 다수결(majority)의 방식이다. 현실세계에서는 만장일치의 방식은 드물고 대부분은 다수결의 방식에 의하여 결정된다. 그럼에도 불구하고 만장일치의 방식을 이해하는 것은 집합적인 결정의 기본적인 틀을 보여준다는 점에서 중요하다.[1)]

## 1. 직접민주주의

### 1) 만장일치 방식

원론적으로 볼 때 정부가 제공하는 재화나 서비스의 양이나 가격은 모든 국민들의 효용을 극대화하기 위하여는 모든 국민들에 의한 만장일치의 동의에 의하여 결정되어야 한다. 이것이 가능한가? 이것은 린달(Lindahl)이라는 경제학자에 의하면 이론적으로 가능하다.

1) 여기서의 논의도 Rosen(1989)의 분석틀을 바탕으로 한다.

다음의 갑과 을 두 사람이 사는 국가에서 빈곤정책의 규모를 결정해야 하는 예를 들어 보자. 국가가 빈곤정책을 확대하기 위하여는 세금을 올려야 하는데 여기서 갑과 을 두 사람은 빈곤정책에 대한 선호(수요)가 다르다. 이렇게 두 사람의 빈곤정책에 대한 선호(수요)가 다를 때 두 사람 모두 동의하는 빈곤정책의 규모는 어떻게 결정되는가?

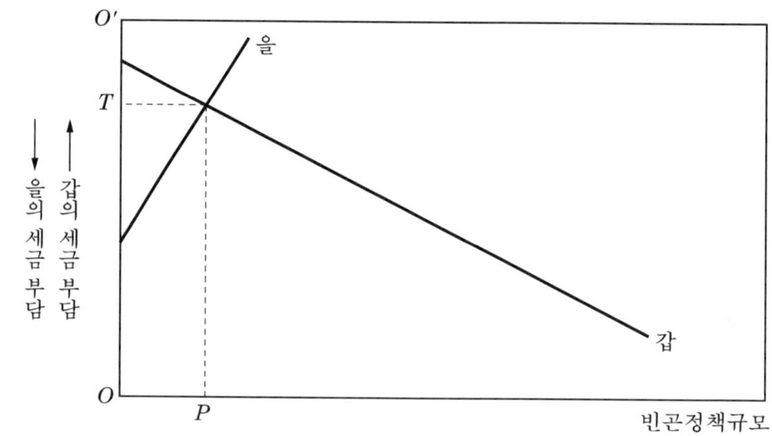


〈그림 3-1〉 린달 모형

〈그림 3-1〉에서 보듯이 갑과 을의 빈곤정책의 확대에 대한 수요곡선이 다른 것에서 보여지듯이 입장이 다르다. 갑과 을 모두 빈곤정책에 대한 세금부담이 많아지면 빈곤정책을 확대하는 것에 대한 선호가 줄어든다. 그러나 갑이 을에 비하여 빈곤정책에 대하여 더 선호하는 입장이다(이것은 갑의 빈곤정책에 대한 수요곡선이 을의 그것에 비하여 더 완만한 것에서 보여진다). 즉 갑이 을에 비해서 빈곤정책의 확대를 위하여 세금부담이 늘어나도 빈곤정책에 대한 선호가 덜 줄어드는 것이다. 즉 갑은 $OT$만큼을 부담하여도, 즉 을의 $O'T$만큼의 세금부담보다 더 많이 부담해도 빈곤정책을 확대하려고 하는 것이다.

이러한 상황에서는 갑은 $OT$의 세금부담 하에 OP만큼의 빈곤정책을, 을은 $O'T$만큼의 세금부담에서 $OP$만큼의 빈곤정책을 선호하며 두 사람 모두의 합의하에 $OP$의 빈곤정책의 양이 결정될 수 있는 것이다.

상기의 예가 현실세계에서 가능한가? 한마디로 불가능하다. 가장 중요한 이유는 사람들의 국가의 빈곤정책에 대한 진정한 수요를 알 수 없기 때문이다. 즉 그림에서처럼의 갑과 을의 수요곡선을 알 수가 없는 것이다. 이것은 사람들이 빈곤정책에 대한 수요를 숨길 수 있어 다른 사람들로 하여금 더 많은 세금을 부담하도록 행위할 수 있기 때문이다. 모든 사람들이 이렇게 행위를 한다면 모두가 합의를 하는 균형점을 찾는 것은 불가능해진다. 그림의 경우에서는 실제로 갑은 빈곤정책에 대하여 을에 비하여 더 호의적이지만 자신의 세금부담을 줄이기 위하여 빈곤정책에 비판적인 것처럼 행위를 할 수 있고 을도 마찬가지로 행위를 한다면 그림과 같이 갑이 $OT$의 세금을 부담을 하고 을은 $O'T$의 세금부담을 해서 $OP$의 빈곤정책의 규모를 합의 하에 결정하는 것은 불가능해지는 것이다.

두 번째 이유는, 설사 사회구성원 모두가 빈곤정책에 대한 진정한 수요를 보인다 해도 모두가 합의하는 빈곤정책의 규모를 찾아내기 위해서는 그 과정이 복잡하고 비용도 많이 들어 현실적으로 불가능하기 때문이다. 실제로, 현실세계에서 국가의 정책이 국민 모두가 참여하여 모두가 합의하는 방식으로 결정되는 예는 거의 없다.

이렇게 국가가 제공하는 재화나 서비스의 양을 결정할 때 사회구성원 모두가 참여하여 모두가 합의하는 결정을 끌어내는 것은 현실적으로 불가능하다. 그렇다면 어떤 방법이 있는가? 현실세계에서는 대부분의 결정은 다수결로 이루어진다. 즉 다수(과반수)의 사람들이 선호하는 것으로 결정하는 것이다.

### 2) 다수결의 방식

다수결로 결정하는 방법도 사람들이 국가가 제공하는 재화나 서비스에 대한 진정한 수요를 보이지 않으면 결정되기 어렵다. 여기서는 편의상 사람들이 진정한 수요(선호)를 나타낸다는 가정 하에 논의를 전개하고자 한다.

먼저 다음의 예를 보자. 세 사람의 투표자로 구성된 사회에서 국가에 의한 빈곤정책의 확대여부를 놓고 다수결로 결정하는 상황이다. 〈그림 3-2〉처럼, 세 사람의 투표자들의 빈곤정책의 확대에 대한 선호를 나타낼 수 있다.

| 투표자의 선택 | 갑 | 을 | 병 |
|---|---|---|---|
| 1순위 | A | C | B |
| 2순위 | B | B | C |
| 3순위 | C | A | A |

〈그림 3-2〉 다수결로 결정되는 투표자 선호

여기서 $A$는 빈곤정책을 '조금' 확대하자는 안이고, $B$는 '중간 정도'의 확대, $C$는 '크게' 확대하자는 안이다. 이것에 의하면, 갑은 빈곤정책을 가능한 한 작게 확대하는 것을 선호하는 사람이고, 을은 가능한 한 크게 확대하는 것을 선호하고, 병은 갑과 을의 중간적인 입장을 취하는 사람이다.

이러한 상황에서 다수결의 방법으로 빈곤정책의 확대여부를 결정한다면 결과는 어떻게 될 것인가? 먼저 $A$안과 $B$안을 놓고 투표를 한다면 어떻게 될까? 이 경우 다수결로 결정된다면 $B$안이 채택된다. 왜냐하면, 갑은 $A$를 선택하더라도, 을과 병이 $B$안을 지지하기 때문이다(을이 가장 선호하는 안은 $C$안이지만, 여기서는 $A$안과 $B$안 사이의 선택이기 때문에 을은 차선으로 $B$를 지지한다).

그렇다면 $B$안과 $C$안 사이의 투표라면 어떻게 될 것인가? 이 경우에도 병과 갑이 $B$안을 지지하여 다수결로 $B$안이 채택된다. 이렇게 $B$안이 투표 안건에 오르기만 하면, 안건 상정의 순서에 상관없이, 즉 $B$안과 $C$안 사이의 선택이냐 $A$안과 $B$안 사이의 선택이냐를 놓고 어떤 것을 먼저 투표할 것이냐에 상관없이, $B$안이 항상 채택되는 것이다. 이것은 갑, 을, 병 세 사람의 빈곤정책의 확대여부에 대한 선호가 논리적 일관성을 갖고 있다는 것을 의미한다.

그러나 다수결의 방법이 위와 같이 항상 논리적 일관성을 보이는 명확한 결과만을 보여주는 것은 아니다. 이것은 다음의 〈그림 3-3〉과 같은 상황을 보면 알 수 있다.

| 투표자의 선호 | 갑 | 을 | 병 |
|---|---|---|---|
| 1순위 | A | C | B |
| 2순위 | B | A | C |
| 3순위 | C | B | A |

〈그림 3-3〉 순환에 이르는 투표자 선호

이 경우에 표결안건이 $A$와 $B$의 선택이라면, 다수결에 의하여 $A$안이 선택되고, $B$안과 $C$안 사이의 선택이라면 B가 선택되고,

마지막으로 $A$와 $C$ 사이의 선택이라면 $C$가 채택된다. 그런데 이러한 결과는 갑, 을, 병 세 사람의 집합적인 결정의 논리적 일관성이 없다. 이것의 이유는 다음과 같다.

$A$와 $B$ 사이의 선택인 첫 번째의 표결에서 집합적인 결정에서 빈곤정책을 '조금 확대하자는 안이 '중간' 정도로 확대하자는 안보다 선호되었고, 두 번째 표결에서는 '중간' 정도로 확대하자는 안이 '크게' 확대하자는 안보다 선호되었다. 이러한 두 번의 표결로 볼 때 세 사람의 빈곤정책의 확대여부에 대한 집합적인 결정의 논리적 일관성은 빈곤정책을 '크게' 확대하는 것에 반대하는 입장이어야 한다. 즉 세 번째 표결이 $A$안과 $C$안의 선택에서, '조금' 확대하자는 $A$안이 '크게' 확대하자는 $C$안보다 선호되어야 한다. 그런데 표결의 결과는 '크게' 확대하자는 $C$안이 채택된 것이다.

이렇게 갑, 을, 병 각 개인들의 선호와 투표행위는 논리적으로 일관성이 있는데도 불구하고, 안건들이 집합적인 다수결의 방법으로 결정할 때는 논리적 일관성이 없게 되는 현상이 나타나는데 이것을 '투표의 역설(voting paradox)'이라 한다.

이러한 상황에서는 투표의 순서와 방법이 중요해진다. 만일 $A$안과 $B$안 사이의 표결을 먼저 하고 여기서 채택된 안을 $C$안과 최종 표결하는 투표방법에서는 $C$안이 최종 결정된다. 왜냐하면, $A$와 $B$ 사이에서는 $A$가 선택되고, $A$나 $C$의 선택에서는 $C$가 선택되기 때문이다.

반면에 $B$안과 $C$안 사이의 투표를 먼저하고 여기서 채택된 안을 $A$안과 최종 표결하는 방법에서는 $A$가 최종 채택된다($B$와 $C$ 사이에서는 $B$가 선택되고 $B$와 $A$의 선택에서는 $A$가 결정된다). 이렇게 투표의 순서를 어떻게 하느냐에 따라, 다수결로 결정하는 방법에서는 빈곤정책을 '조금' 확대하는 안과 '크게' 확대하는 안 모두가 결정될 수 있는 것이다.

이렇게 다수결의 방식에서는 투표의 순서와 방법이 중요하기 때문에 이것들을 누가 어떻게 결정하느냐가 현실적으로 더 중요할 수 있다. 이것을 흔히 '아젠다 조정(agenda manipulation)'이라 하는데, 이것은 민주주의 사회에서는 결국 정치적인 힘에 의해서 결정된다. 그래서 정치적인 힘이 큰 집단이 빈곤정책을 크게 확대하기를 원한다면 투표 순서와 방법을 첫 번째의 방식으로 정할 것이고, 반대로 빈곤정책을 작게 확대하기를 원하면 두 번째 방식을 택할 것이다.

다수결의 방식에서 또 하나의 흥미로운 현상은 이른바 '순환(cycling)'이라는 것이다. 이것은 두 가지 안건씩 짝을 지어 투표를 하게 되면 어떠한 결정도 없이 끊임없이 진행될 수 있는 현상을 말한다. 위의 예에서 $A$와 $B$ 사이의 투표에서는 $A$가 채택된다. 이 때 $C$와 $A$ 사이에 투표를 하면 $C$가 채택된다. 그리고 $C$와 $B$ 사이에 표결은 $B$가 채택되고, $B$와 $A$ 사이의 표결에서는 $A$가 채택되어, $A$, $B$, $C$안들 사이의 어떠한 결정도 없이 계속 표결이 이루어질 수 있는 것이다. 이러한 투표방식에서는 결국 $A$, $B$, $C$안들 모두를 원하지 않고 현상유지를 원하는 측의 입장이 반영될 수 있다.

그렇다면 이러한 '투표의 역설'과 같은 현상들은 왜 나타나는가? 가장 중요한 이유는 안건들에 대한 사람들의 선호구조의 차이에서 비롯된다. 먼저 그림을 보자.

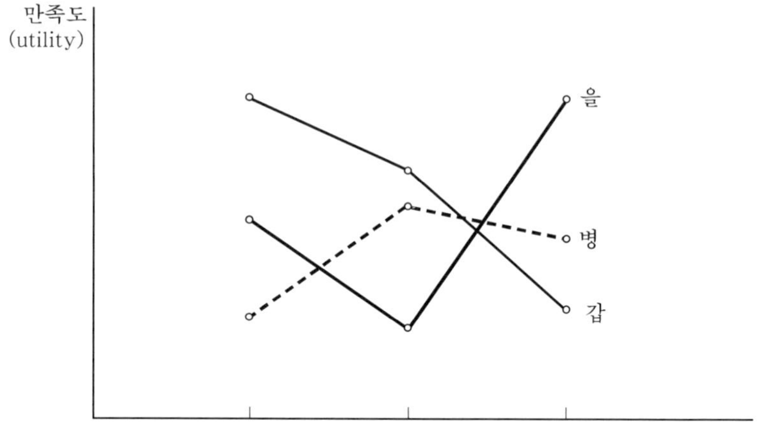


〈그림 3-4〉 투표자의 선호구조

〈그림 3-4〉에서 보듯이, 갑은 빈곤정책을 가능한 한 '작게' 확대하는 것을 원하는 선호구조를 갖고 있고, 선호의 일관성이 있다. 그래서 '작게' 확대하는 것($A$)에 가장 큰 만족을 보이고, 그 다음으로 '중간'($B$) 정도로 확대하는 것을, 마지막으로 '크게'($C$) 확대하는 것을 가장 덜 선호한다.

일반적으로 사람들의 선호구조에서 가장 선호하는 지점을 '봉(peak)'이라 하는데 '봉'이 하나이면 다른 선호지점들이 '봉'보다 낮게 되는데 이 경우에는 선호의 일관성이 있다. 반면에 '봉'이 두 개 이상이면 선호의 일관성이 없음을 보여준다. 예를 들면, 갑은 빈곤정책을 '작게' 확대하자는 $A$안에서 단일한 '봉'이 나타나 $B$안이나 $C$안보다 만족감이 가장 크다. 또한 병도 $B$안에서 단일 '봉'을 보여 $A$안이나 $C$안보다 가장 큰 만족감을 보인다.

문제는 을의 선호구조이다. 을은 $A$안과 $C$안에서 두 개의 '봉'을 보여 일관성이 없는 선호구조를 보인다. 이 사람은 $A$안과 $B$안 사이에서는 빈곤정책을 '조금' 확대하는 것에 더 만족감을 보이나, $B$안과 $C$안 사이에서는 빈곤정책을 '크게' 확대하는 것을 더 선호하는 것이다. 즉 이 사람은 빈곤정책의 확대여부에 대한 선호에서 논리의 일관성이 없는 것이다.

앞에서 설명한 '투표의 역설'의 현상은 바로 을의 선호구조의 비일관성 때문이다. 이렇게 을의 비일관적인 선호구조 때문에 갑, 을, 병 세 사람의 집합적인 결정이 다수결로 결정될 때 비일관성을 보이는 것이다. 이것은 사람들이 모두 단일 '봉'을 갖고 있는 선호구조를 보인다면, 다수결의 방식에 의해서도 항상 일관적인 결정을 내릴 수 있다는 것을 의미한다. 즉 투표의 역설 현상이 나타나지 않는다. 이것은 〈그림 3-5〉의 경우에서 보여준다.

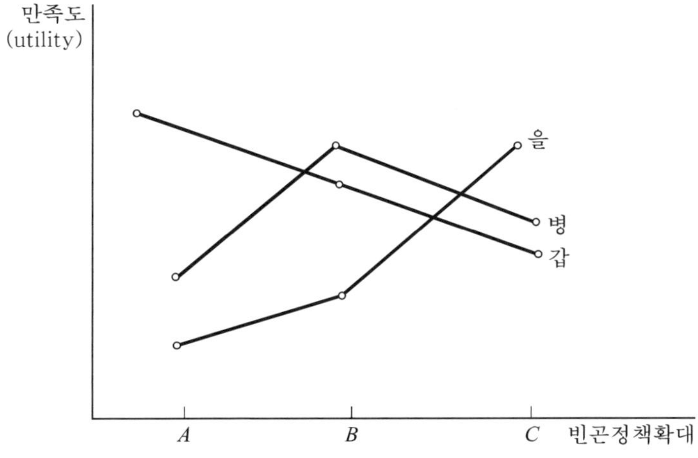


〈그림 3-5〉 단일 봉의 투표자의 선호구조

그림에서 보듯이, 갑은 $A$안에서 을은 $C$안에서, 병은 $B$안에서 모두 단일 '봉'을 보여, 모두가 빈곤정책의 확대여부에 대한 선호에서 논리의 일관성을 보이는 것이다.

그렇다면 이러한 다수의 '봉'을 갖는 것이 현실적으로 어떤 의미를 갖고 있는가? 이것이 반드시 비논리적인가? 앞의 예에서, 을은 빈곤정책을 크게 확대하는 안과 작게 확대하는 안을 중간 정도로 확대하는 안보다 선호한다. 이러한 선호구조가 일견 일관성이 없는 것처럼 보이지만 현실적으로 많은 경우 이러한 선호구조가 나타날 수 있고, 또한 이것이 반드시 '비논리적'인 것도 아니다.

을의 선호구조는 다음과 같이 설명될 수 있다. 을은 우선 빈곤이 줄어드는 것을 바라는 입장이다. 그런데 빈곤을 줄이기 위하여는 국가에 의한 빈곤정책을 확대하는 방법도 있지만, 민간부문에서의 역할도 중요할 수 있다. 그래서 만일 민간부문에서의 다양한 방법을 통하여 빈곤이 줄어들 수 있다면, 국가의 빈곤정책을 확대할 필요성은 줄어든다. 반대로 민간부분의 역할이 적다면, 국가의 빈곤정책은 확대할 필요성이 커진다. 을은 이러한 입장을 보이는 것이다. 그래서 민간부문의 역할이 작은 상황에서는 국가가 빈곤정책을 확대하는 안을 선호하고, 반대로 민간부문이 역할이 크면 국가의 빈곤정책을 확대하는 것을 반대하는 것이다. 즉, 을 같은 사람들은 국가이던 민간부문이던 상관없이 빈곤문제를 잘만 해결할 수 있으면 된다고 보는 입장이다. 따라서 이러한 사람들을 어정쩡한 상황, 즉 국가의 빈곤정책을 중간 정도로 확대하고 민간부문의 역할도 중간 정도인 상황을 원하지 않는 것이다. 이렇게 중간을 싫어하고 양극단을 선호하는 현상은 현실세계에서도 많이 나타난다.

상기의 예에서는, 빈곤정책의 확대의 정도라는 단일차원에서 결정할 상황인데, 현실세계에서의 투표안건은 대개의 경우 이러한 단일차원에서의 선택이 아니다. 따라서 이러한 경우에는 다수의 '봉'을 가지는 선호구조가 나타날 가능성이 훨씬 크다.

예를 들면, 사회복지예산으로 사용할 여러 가지의 대안들에 대한 사람들의 선호구조는 〈그림 3-6〉에서처럼 다수의 '봉'을 갖는 모습을 보일 것이다.

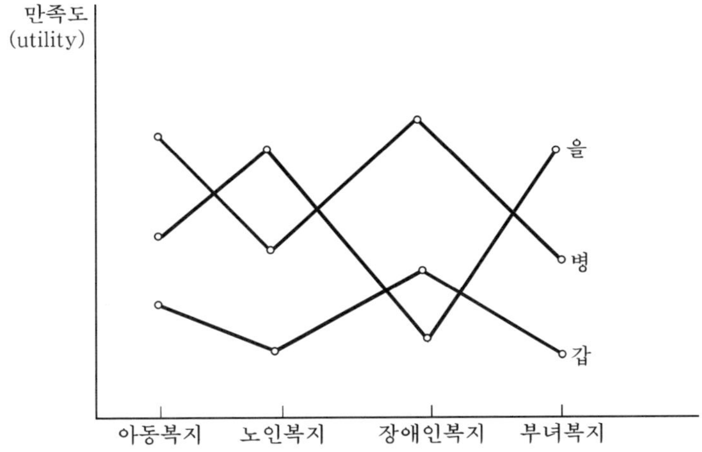


〈그림 3-6〉 다수의 봉을 갖는 투표자의 선호구조

이렇게 결정해야 할 안건이 단일차원이 아니면 투표자들의 선호구조는 다수의 '봉'을 갖게 되어, 투표자들의 선택의 결과를 논리적으로 설명하기 어려운 경우가 많다.

그렇다면 결정해야 할 안건이 단일차원이고, 투표자들의 선호구조가 모두 하나의 '봉'을 갖고 있다면, 결과가 논리적으로 일관성이 있고 또한 결과는 예측 가능한가? 일반적으로 이러한 상황에서는 투표의 결과는 중위투표자가 선호하는 것으로 결정되는데 이것을 중위투표자정리(median voter theorem)라 한다.

여기서 중위투표자(median voter)란 투표자들이 단일차원의 안건에 관한 선호에서 중간에 위치한 것을 선호하는 투표자를 말한다. 예를 들면, 어떤 정책의 확대의 정도라는 단일차원의 안건에 대한 결정에서, 투표자들 가운데 반은 중위투표자보다 더 확대하기를 원하고, 반은 중위투표자보다 작게 확대하기를 원하게 된다. 이러한 상황에서는 투표자들의 선호구조가 하나의 '봉'을 갖고 있고, 다수결의 방법으로 결정한다면, 항상 중위투표자가 선호하는 것으로 결정되는 것이다.

예를 들어 설명해 보자. $A, B, C, D, E$ 다섯 사람으로 구성된 사회에서 사회복지를 얼마나 확대해야 하는 안을 놓고 투표를 하여 다수결로 결정해야 하는 상황이다. 〈그림 3-7〉과 같이 다섯 사람의 사회복지지출에 대한 선호의 상황에서 다수결로 결정한다면 어느 정도로 확대하는 것이 채택될 것인가?

| 투표자 | 사회복지지출(GDP 대비 지출) |
|---|---|
| A | 5% |
| B | 10% |
| C | 15% |
| D | 20% |
| E | 25% |

〈그림 3-7〉 투표자들의 사회복지 지출에 대한 선호

중위투표자 정리에 따르면 답은 투표자 $C$가 선호한 15%이다. 그 이유는 다음과 같다.

우선 5%의 지출과 10%의 지출은 15%의 지출과 비교했을 때 선호하는 투표자의 숫자가 적다. 왜냐하면, 15%의 지출은 $C$를 포함하여 $D$, $E$ 모두 5%와 10% 지출보다 선호하기 때문이다($D$, $E$ 두 사람은 가능한 한 많이 지출하는 것을 원하기 때문이다). 한편 지출이 15%를 넘어서면 $A$, $B$, $C$ 세 사람이 반대하여 다수결로 부결된다. 결과적으로 5명 가운데 다수(여기서는 3명)가 선호하는 것은 15%의 지출이고, 이것은 중위투표자 $C$가 선호하는 것이기도 하다.

엄밀하게 말하면, 이러한 중위투표자 정리는 단일차원의 안건에서 투표자들의 선호구조가 하나의 '봉'을 보일 때에만 적용될 수 있어 현실세계에서의 많은 안건들에 대한 결정을 예측하는 데 한계가 있다. 그럼에도 불구하고 현실세계에서의 많은 정책들은 크게 보면 중위투표자 정리에 의하여 설명될 수 있다.

중위투표자 정리가 의미하는 것은 어떤 안건들에 대한 결정을 할 때 중간의 입장을 취하는 사람들이 선호하는 것이 채택될 가능성이 높다는 것이다. 이렇게 '중간'의 입장을 보이는 사람들은 사회계층으로 분류하면 대개 중간층에 속한다고 할 수 있다. 그래서 대부분의 국가정책들은 중위투표자 정리에 따르면 중간층이 원하는 것(중간층에게 이익이 가장 큰 것)이 채택될 가능성이 높고, 실제로 많은 실증적인 연구들에 의하면 국가정책들의 주된 수혜자는 중간층이라는 것이다(Page, 1983).

사회복지정책의 경우도 그러하다. 흔히들 사회복지정책들의 주된 수혜자는 저소득층이라고 생각하는데 사실은 그렇지 않다. 사회복지정책들로부터 급여를 받는 사람들 가운데 가장 많은 수의 사람들이 중간층에 속한다. 오늘날 서구의 복지국가들의 사회복지정책들 가운데 지출액이나 수급자의 숫자에서 가장 큰 것이 노령연금, 건강보험, 산재보험, 산업보험 등의 4대 사회보험인데, 이것들의 수급자들 가운데 다수는 중간층에 속한다.

또한 국가에 의한 교육서비스나 아동이 있는 모든 가족에게 급여를 하는 가족수당의 주된 수급자들도 중간층이다.

반면에 상류층과 저소득층은 복지국가정책의 주된 수급자가 아니다. 상류층은 자신들이 낸 세금과 비교한다면 사회복지정책으로부터 수혜를 받는 것이 거의 없다고 볼 수 있다. 사회복지정책들 가운데 어떤 것들은 저소득층에게만 급여를 하는 것들이 있는데 이러한 것들의 규모는 크지가 않아, 전체적으로 볼 때 저소득층에게만 급여되는 지출액은 크지가 않다. 예를 들면, 저소득층만을 대상으로 하는 대표적인 정책이 공공부조인데 대부분의 복지국가들에서 공공부조에의 지출액은 GDP의 3% 미만이다(전술한 사회보험에는 GDP의 15% 이상을 사용한다).

복지국가 발전의 역사를 통해 볼 때도 20세기에 들어와서 복지국가가 크게 확대되기 시작한 것도 과거의 구빈법 전통 하에 빈곤층 중심의 사회복지정책에서 벗어나 대상자를 중간층으로 확대되었기 때문에 가능해진 것이다. 단순히 말한다면, 복지국가는 중간층이 선호해서 이루어진 것이고 따라서 중간층을 위한 사회복지지출이 가장 많을 수밖에 없는 것이다.

### 3) 정치적 결탁(Log-rolling)

지금까지 단순한 다수결의 방식에 관하여 논의하였다. 그런데 다수결의 방식은 몇 가지 단점들이 있는데 대표적인 것이 투표자들의 정책에 대한 선호의 강도가 무시된다는 점이다. 다시 말하면 특정한 정책에 대한 투표자들의 선호의 여부만 반영되지 그 선호가 강한지 혹은 약한지는 투표결과에 반영되지 않는 것이다.

전술한 예에서 투표자들은 빈곤정책을 결정하는 데 있어 빈곤정책을 '조금', '중간', '크게' 확대할 것인지 세 가지 가운데 하나를 선택하게 되어 있다. 이때 한 사람은 빈곤정책을 '크게' 확대하는 것을 강력히 원하는 반면에, 다른 두 사람들은 빈곤정책 그 자체에 별 관심이 없는 상태에서 '조금' 혹은 '중간'정도의 확대에 선호를 보이기는 하지만 그 것의 강도가 매우 약하다(이 사람들은 빈곤정책이 확대되거나 안 되거나에 큰 신경을 쓰는 사람들이 아니다). 이러한 상황에서 만일 단순한 다수결의 방식으로 빈곤정책은 '조금' 혹은 '중간' 정도로 확대하는 것으로 결정된다면 이것이 진정한(올바른) 결정이라고 할 수 있는 것인가?

정치적 결탁(Log-rolling)의 방식은 바로 이러한 단순한 다수결의 방식에 의한 결정의 단점을 어느 정도 해결할 수 있다. 이것은 투표자들 사이에 투표(votes)를 교환(?)할 수 있게 하여 투표자들의 정책들에 대한 선호의 강도를 나타나게 하여 정책결정에 반영하는 방법이다.

예를 들면, 갑, 을, 병 세 사람이 사는 지역사회에서 갑은 사회복지관을 설립할 것을 강력히 원한다. 반면에 을과 병은 사회복지관 이외의 다른 프로그램에 더 우선순위를 두고 있으나, 사회복지관을 설립하는 것에 대한 반대의 강도가 낮아 절대적으로 반대하는 것은 아니다. 이때 정치적 결탁의 방법을 통해 갑이 을이나 병에게 접근하여 이들이 우선순위를 두고 있는 프로그램들을 지지해 주는 조건으로 을이나 병으로 하여금 사회복지관 설립에 지지표를 얻어낼 수 있는 것이다.

이러한 표의 교환(vote trading)의 방식은 마치 시장에서 재화의 교환을 통하여 사유재들의 효율적 배분이 이루어지는 것처럼 '공공재'(국가정책에 의하여 제공되는 재화)의 효율적인 배분을 이루게 하여 사회 전체적으로 이득을 줄 수 있다. 이것은 다음의 예에서 볼 수 있다.

갑, 을, 병 세 사람이 사는 지역사회에서 세 가지 정책을 두고 투표를 하여 어떤 것을 선택할지를 결정하는 상황이다. 〈그림 3-8〉에서 보듯이 갑은 사회복지관 설립을 강하게 원한다. 숫자 200이 의미하는 것은 사회복지관을 설립하면 그 만큼 자신에게 돌아오는 이득이 크다는 것이다. 유사하게 을은 도서관 설립을, 병은 공원 설립을 강하게 원한다. 여기에서 주목해야 할 점은 이 세 가지가 모두 설립이 되어도 지역사회 전체로 볼 때 바람직한 것이다. 왜냐하면 총 사회이득이 비용보다 크기 때문이다.

| 정책 | 투표자 | | | 총 사회이득 |
|---|---|---|---|---|
| | 갑 | 을 | 병 | |
| 사회복지관 | 200 | −50 | −60 | 90 |
| 도서관 | −40 | 150 | −30 | 80 |
| 공원 | −100 | −60 | 400 | 240 |

〈그림 3-8〉 사회 전체의 효용을 높일 수 있는 정치적 결탁

그러나 이 세 가지 프로그램을 놓고 세 사람이 투표를 해서 단순한 다수결의 방식으로 결정한다면 어떤 프로그램도 채택될 수 없다. 왜냐하면, 갑은 사회복지관을 강하게 원하지만, 을과 병이 반대하기 때문에 다수결로 결정하면 사회복지관 설립은 부결되기 때문이다(을과 병은 그림에서 보듯이 사회복지관을 설립해서 얻는 이득보다 비용이 더 큰 것이다). 마찬가지로, 을은 도서관을 강하게 원하나 갑과 병이 반대해서, 병은 공원을 강하게 원하나 갑과 을이 반대해서 부결되는 것이다.

이렇게 세 가지 프로그램이 모두 채택되는 것이 사회 전체적으로 볼 때 바람직한데도 불구하고, 단순한 다수결의 방식에서는 아무것도 채택이 안 되는 상황이 발생할 때 필요한 것이 표의 교환의 방식이다.

만일 갑이 을과 결탁하여 을이 사회복지관 설립을 지지해 주고 갑은 그 대가로 을이 원하는 도서관 설립을 지지한다면, 다수결로 사회복지관과 도서관 모두 설립할 수 있는 것이다. 이때 주목할 것은 갑과 을 모두 이득을 얻을 수 있다는 점이다. 갑은 사회복지관으로 200의 이득을 보고, 도서관 설립으로 40의 손해를 보나 전체적으로 160의 이득을 얻을 수 있는 것이다. 을도 유사하게 도서관

으로 150의 이득을, 사회복지관으로 50의 손해를 보나 전체적으로 100의 이득을 얻을 수 있다. 같은 방법으로 갑과 병이 결탁하면 표의 교환을 통하여 사회복지관과 공원을 모두 세울 수 있는 것이다. 이렇게 되면 갑, 을, 병 각자가 자신들이 원하는 프로그램들은 모두 이룰 수 있을 뿐만 아니라, 지역사회 전체로 볼 때도 이득이 되는 것이다.

그렇다면 이렇게 표의 교환의 방법으로 투표자들 개인의 이득과 사회전체의 이득 모두를 항상 이룰 수 있는가? 그렇지 않다. 오히려 현실세계에서의 많은 프로그램들은 정치적 결탁의 표의 교환으로 특정 프로그램을 요구하는 개인이나 집단들에게는 이득이 되나, 사회 전체적으로 볼 때는 손해가 되는데도 불구하고 채택이 되는 경향이 크다. 즉 개인이나 집단들은 서로 돌아가면서 프로그램들을 만들어 이득을 챙기나, 사회전체로 볼 때 이러한 프로그램들은 사회적 자원을 낭비하는 것이다.

다음의 예를 보자. 이 경우에도 전처럼 세 사람의 투표자들이 세 가지 프로그램을 채택할 것인지에 관하여 표결을 하여 결정하는 상황이다. 그런데 이 경우는 전과 달리 세 가지 프로그램을 모두 채택하지 않는 것이 사회적으로 바람직하다. 왜냐하면 세 가지 프로그램들 모두 사회적 이득보다 사회적 비용이 더 크기 때문이다. 그럼에도 불구하고 이 세 가지 프로그램들은 정치적 결탁으로 모두 채택될 수 있다. 그 이유는 다음과 같다.

| 정책 | 투표자 | | | 총 사회이득 |
|---|---|---|---|---|
| | 갑 | 을 | 병 | |
| 사회복지관 | 200 | −110 | −105 | −15 |
| 도서관 | −40 | 150 | −120 | −10 |
| 공원 | −270 | −140 | 400 | −10 |

〈그림 3-9〉 사회 전체의 효용을 낮출 수 있는 정치적 결탁

전과 마찬가지로, 갑이 을에게 접근하여 을이 사회복지관 설립을 지지하면 을이 원하는 도서관 설립을 지지한다고 약속을 하면, 다수결에 의하여 사회복지관과 도서관 모두를 채택할 수 있다. 이 경우에 갑은 사회복지관의 설립으로 200의 이득을 얻을 수 있고, 도서관의 설립으로 40의 손해를 볼 수 있으나 전체적으로 160의 이득을 얻을 수 있고, 을도 마찬가지로 도서관으로 150의 이득, 사회복지관으로 110의 손해를 보다 전체적으로 40의 이득을 얻을 수 있는 것이다.

마찬가지로 을과 병의 표 교환으로 도서관과 공원이 채택될 수 있다. 을은 병과 결탁하면 10의 이득을 얻고, 병은 280의 이득을 얻을 수 있기 때문이다. 이렇게 해서 세 가지 프로그램은 모두 채택될 수 있는 것이다.

그러나 이 경우에는 갑과 병의 결탁은 이루어질 수 없다. 왜냐하면 갑은 병이 원하는 공원에 매우 부정적이어 자신이 원하는 사회복지관을 설립했을 때 얻을 수 있는 이득보다 손해가 더 크기 때문이다. 갑은 사회복지관으로 200의 이득을 얻으나 공원의 설립으로부터 270의 손해를 보는 것이다.

이것이 의미하는 것은 투표자들이 결탁하여 표의 교환으로 다수

가 되면 결탁한 사람들은 자신들이 원하는 프로그램들을 얻을 수 있어 이득을 볼 수 있지만 결탁하지 않은 사람들은 손해를 볼 수 있다는 점이다. 이렇게 되면 사회 전체적으로 손해가 되는데도 불구하고 결탁한 사람들을 위한 프로그램들은 만들어질 수 있는 것이다.

지금까지 논의했듯이 단순한 다수결의 방법이나 정치적 결탁의 방식 모두가 반드시 사회적으로 바람직한 결과를 가져오는 것은 아니다. 그렇다면, 민주주의 사회에서 개인들의 선호(preference)를 반영하면서 집합적으로 논리적으로 일관성이 있으면서 사회적으로 바람직한 결과를 도출할 수 있는 결정을 하는 것이 가능한가?

이것에 관하여는 많은 논의들이 있는데 대표적으로 에로우(Arrow)는 이른바 불가능성 정리(impossibility theorem)에서 집합적인 결정을 할 때는 몇 가지 기준을 충족시켜야 하는데 이러한 기준들 모두를 충족시키는 방법은 없다고 주장한다. 즉 민주주의 사회에서 사람들이 투표에 의하여 집합적으로 어떤 결정을 내릴 때, 집합적으로 논리적이고 일관된 결정을 내리는 것은 불가능하다는 것이다.

쉽게 이야기하면, 사회구성원들이 자신들의 효용을 극대화하는 선호들의 집합체가 과연 사회전체로 볼 때 바람직한가를 판단하는 어떤 기준들이 있어야 하고, 이러한 기준들은 민주주의 사회에서는 집합적으로 결정되어야 하는데 이러한 결정이 불가능하다는 것이다. 따라서 그러한 기준들은 사회전체의 선호를 나타내는 것이 아니다. 단지 사람들의 선호의 형태가 바람직한가 아닌가를 따지는 하나의 윤리적 잣대에 불과하다는 것이다.

예를 들면, 앞에서 설명한 것처럼 사회복지함수(social welfare function)는 개인들의 선호(효용)의 형태가 바람직한가를 판단하는 하나의 기준이다. 그래서 민주주의 사회에서는 사회복지함수를 선택하기 위하여는 집합적으로 결정되어야 한다. 그런데 에로우(Arrow)의 불가능성 정리에 의하면 이러한 결정이 불가능하다는 것이다. 즉 사회복지함수라는 것이 존재할 수 없다는 것이다. 그래서 사회복지함수라는 것은 사회전체의 선호를 나타내는 것이 아니라, 다양한 경제적 상태들의 바람직성에 관한 윤리적 관점을 나타내는 하나의 방법이라는 것이다.

## 2. 대의민주주의(representative democracy)

지금까지의 논의는 사회복지정책과 같은 국가에 의한 정책들은 국민들의 선호(요구)에 따른 직접적인 투표에 의하여 결정된다는 가정 하에 이루어졌다. 이러한 가정은 국가는 공공정책을 결정하는데 있어 아무런 역할이 없이 단지 국민들의 선호를 수동적으로 그대로 반영하여 결정한다는 것을 의미하는데 이것은 비현실적이다.

민주주의 사회에서는 국민들의 선호가 어떤 형태로든 어느 정도 반영될 수 있다. 그렇다고 해서 국가의 정책들이 국민들의 선호에 의해서 직접적으로 결정되는 것은 아니다. 국가의 정책들은 정부-더 정확히 말하면 통치하는 사람들-에 의하여 주로 결정된다고 보는 것이 더 현실적이다. 그래서 국가의 정책들이 어떻게 결정되는가를 이해하기 위하여는 국민을 대표하여 선출된 정치가와 정책들을 입안하고 집행하는 관료들의 행위에 대한 이해가 중요하다.

### 1) 선출된 정치인

앞에서 논의했듯이 일반 국민들이(투표자들) 직접적으로 결정해야 할 안건이 단일차원이고, 이것에 대하여 국민들이 단일의 '봉(peak)'을 갖고 있고 다수결로 결정한다면, 중위투표자가 선호하는 것이 다수결로 채택된다.

그런데 현실세계에서는 이렇게 국민들이 직접적으로 결정하는 것은 드물고 국민들이 자신들의 선호를 대변하는 사람들을 뽑고 이 사람들이 국민들을 대신해서 정책을 결정한다. 그렇다면 이렇게 선출된 사람들(국회의원)이 정책을 결정할 때 어떠한 모습을 보일까? 사실 이 문제는 복잡해서 국가 간의 차이도 많고, 무엇보다도 선출된 정치인들의 개인적인 가치나 이념 혹은 이외의 여러 요인들에 의하여 영향을 받기 때문에 일반화하기가 어렵다.

그럼에도 불구하고, 다음의 몇 가지의 가정 하에서는 국민을 대표하는 사람들도 일반 국민들의 선호에서 중위투표자가 선호하는 정책을 선호하게 될 수 있다. 첫째는, 일반 국민(투표자)들이 투표를 할 때 바탕이 되는 정치적 신념이 단일 '봉(peak)'의 선호구조를 갖고 있고, 둘째는, 투표자들은 그들의 효용(만족)을 극대화하는 투표행위를 하고, 셋째는, 국민들을 대표하기 위하여 출마한 사람들은 오로지 당선되기 위하여 득표극대화의 동기에 따라 행동한다.

이러한 가정 하에서 일반 국민들을 대표하는 사람들이 중위투표자의 선호를 받아들이는 이유는 다음의 예를 통하여 설명할 수 있다. 국민들이 갖고 있는 정치적인 신념은 국가들 사이에 차이가 있다. 그럼에도 불구하고 시장경제를 갖고 있는 민주주의 사회에서의 일반적인 국민들의 정치적인 신념은 크게 보면 〈그림 3-10〉과 같이 분포되어 있다고 볼 수 있다. 즉 극좌의 정치적 신념과 극우의 정치적 신념을 갖고 있는 사람들의 숫자는 많지 않고, 중간에 위치한 정치적 신념을 갖고 있는 사람들이 많다.

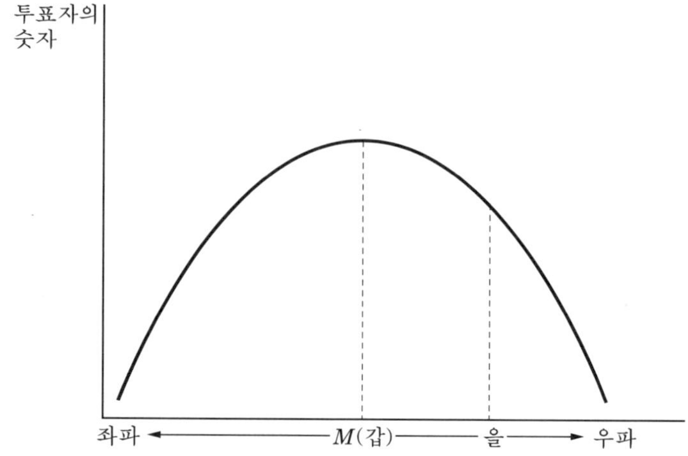


〈그림 3-10〉 중위투표자의 정리

예를 들면, 시장경제에 국가가 얼마나 개입해야 되느냐의 문제에서 국가가 거의 대부분의 영역에서 개입해야 된다는 극좌의 입장을 취하는 사람들이나 혹은 시장경제에는 국가가 개입해서는 안 된다는 극우의 신념을 갖고 있는 사람들의 숫자는 많지 않다. 그래서 다수의 국민들은 대개 국가가 시장경제에 부분적으로 개입하는 중간에 위치한 정치적 신념을 갖고 있다고 할 수 있다.

사실 국민들의 정치적 신념의 분포는 국가에 따라 시대에 따라 다를 수 있다. 예를 들면, 스웨덴은 미국에 비하여 좌파적인 정치적 신념을 갖고 있는 사람들이 많고, 또한 오늘날처럼 전 세계적으로 위세를 발휘하고 있는 신자유주의의 분위기에서 많은 국가들에서 과거에 비하여 우파적인 정치적인 신념을 갖고 있는 사람들이 늘고 있다. 그럼에도 불구하고, 크게 볼 때 어느 국가나 어느 시기에나 극좌나 극우의 신념을 갖고 있는 사람들은 소수라고 할 수 있다.

그렇다면 국민들의 정치적 신념의 분포가 그림처럼 나타난다면 어떤 후보자가 국민을 대표하여 선출될 것인가? 〈그림 3-10〉의 예에서 보면, 갑이란 후보자는 국민들의 정치적 신념의 스펙트럼에서 중간에 위치한 정치적 신념을 보이고, 을이란 후보자는 그림처럼 우파에 약간 기우는 정치적 신념을 보인다면, 갑과 을 가운데 누가 당선될 것인가?

투표자들이 단일 '봉'을 갖고 있고, 자신들의 효용을 극대화하기 위하여 투표행위를 한다면, 투표자들은 자신들의 정치적 신념과 가장 유사한 후보자를 지지해야 한다. 이러한 가정에서는 후보자 을은 을 점 우측의 모든 사람들의 표와 M과 을 사이의 사람들 가운데 일부의 표를 얻을 수 있다.

반면에 후보자 갑은 국민들의 정치적 신념의 스펙트럼에서의 중간에 위치한 점의 왼쪽의 모든 표(이것은 전체투표자들의 반이다)와 M과 을 사이의 일부 표를 얻을 수 있어, 후보자 갑은 과반수로 당선이 될 수 있는 것이다.

국민들의 정치적 신념의 분포가 위에서처럼 보이고, 후보자들이 이러한 사실을 알고 있다면 모든 후보자들은 득표극대화의 동기에 따라 자신들의 정치적 신념을 중간적($M$)으로 지향하게 될 것이다. 즉 모든 후보자들은 위의 가정 하에서는 중위투표자들의 선호에 근접한 정치적 신념을 갖게 될 것이다. 이것은 오늘날의 많은 정당들이 '중도화'하는 현상을 부분적으로 설명할 수 있다.

그러나 현실세계에서는 위의 가정 하에 일반 국민들의 중위투표자의 정치적 신념과 유사한 후보자가 당선된다는 주장은 다음의 몇 가지 측면에서 비현실적이다.

첫째, 일반 국민들이 갖고 있는 정치적 신념들이 모든 정책이슈에서 일관적이지 않아 정책이슈 별로 다를 수 있다는 점이다. 예를 들면, 사람들이 사회복지정책에 대하여 갖고 있는 정치적 신념과 교육정책에 대한 그것이 일관적이지 않을 수 있는 것이다. 사회복지에 대하여는 좌파적인 신념을 보여 국가에 의한 사회복지를 크게 확대하는 것을 선호하는 사람들이 교육문제에 대하여는 우파적인 신념을 보여 국가의 개입을 축소하는 것을 지지할 수 있는 것이다.

이렇게 정책이슈 별로 사람들의 정치적인 신념이 다르게 나타나면 일관된 중위투표자의 존재를 찾는 것은 불가능하게 되고, 따라서 입후보자들도 '중위투표자'의 위치를 알 수 없어 '중위투표자'의 입장에 따라 행위를 할 수 없게 되는 것이다.

또한 앞에서 논의했듯이 단일 정책이슈의 경우에도(예를 들면, 사회복지를 얼마나 확대할 것인지에 대한 것) 일반 국민들의 선호가 단일 '봉'의 선호구조를 갖고 있지 않는 경우도, 일관된 중위투표자의 위치가 불분명하기 때문에 입후보자들이 '중위투표자'의 정치적 신념의 위치를 알기가 어렵다.

둘째, 국민을 대표한 정치인들의 행위에 대한 가정도 지나치게 단순화되었다. 상기의 논의는 정치인들의 행위는 당선되기 위한 득표극대화의 동기에 따라 결정된다는 가정에 근거하는데 정치인들의 동기가 반드시 득표극대화에만 있는 것은 아니다.

정치인들은 나름대로의 정치철학, 가치관, 이념 등을 갖고 정치를 하면서 이러한 자신들의 신념을 구현하고자 한다. 정치인들이 자신들이 갖고 있는 이념에 따라 행동을 한다면 이들은 반드시 중위투표자가 선호하는 것을 단순히 선택하지는 않을 것이다.

예를 들면, 얼마 전까지만 해도 유럽의 정책정당들(예를 들면, 스웨덴의 사회민주당)은 강한 이념을 바탕으로 선거에 나와 자신들의 정책들을 국민들로 하여금 심판받게 하였지, 단순히 국민들이 원하는 것을 그대로 따르지 않았다(최근에 들어와서 유럽의 정당들도 점차 중도화해서 지금 논의하는 중위투표자들이 원하는 것을 정책으로 택하는 경향이 과거보다 강해진 것은 사실이라 할 수 있다).

셋째, 일반 국민들은 정책들에 대하여 자신들과 유사한 정치적 신념을 갖고 있는 정치인들에게 투표하는 것이 반드시 자신들의 효용을 높이는 유일한 방법은 아니라는 점이다. 투표자들은 정치인들의 정치적 신념이 자신들과 유사하더라도, 정치인들의 다른 특성들도 고려하여 투표하는 경향이 있어 투표결과가 다르게 나타날 수 있는 것이다. 투표자들은 정치인들의 인간성, 용모, 이미지, 출신배경 등과 같은 개인적인 특성들을 투표를 하는데 고려하는 중요한 요인으로 여기는 경향이 있다. 다른 말로 이야기하면 투표자들은 자신들과 정치적 신념이 다른 정치인이라 해도 이들의 개인적 특성을 보고 투표하는 것이다.

예를 들면, 우리나라에서는 투표자들이 정치인들을 결정할 때 정치인들의 정책들에 대한 정치적 신념에 따라 판단하는 것이 아니라 그들의 개인적 특성－특히 연고성(혈연, 지연, 학연 등)－을 더 중요하게 여기는 경향이 있다. 예를 들면, 우파적인 정치적 신념을 갖고 있는 투표자들이 좌파적인 성향을 갖고 있는 정치인들을 같은 지역출신이라는 이유 때문에 지지한다.

넷째, 정치인들은 투표자들의 선호를 단순히 수동적으로 따르지 않고 오히려 투표자들의 선호형태를 바꿀 수 있다. 역사적으로 볼 때 리더십이 뛰어나거나 카리스마가 있는 정치인들은 이렇게 투표자들의 선호형태를 적극적으로 바꾸면서 통치한다. 특히 민주주의가 아직 덜 성숙된 상태에서 국민들의 정치적 신념들이 고착이 안되어 있거나, 사회적 가치들이 혼란되어 있거나 급격히 변하는 사회에서는 강력한 리더십이 있는 정치인들의 역할이 중요해질 수 있다.

예를 들면, 얼마 전 우리나라에서 국민기초생활보장제도가 만들어졌는데 이 제도가 제안될 당시에는 이 제도에 대하여 많은 국민들이 부정적인 태도를 보였으나, 국가가 이러한 국민들의 선호를 수동적으로 따르기보다, 적극적으로 이 제도에 대한 필요성을 설득하여 국민들의 이 제도에 대한 부정적인 태도를 바꾸어 결국 이 제도를 입법화시키는데 성공하였다. 여기에는 정치인(특히 대통령)의 강력한 리더십이 중요한 역할을 하였다.

다섯째, 정치인들이 중위투표자들의 선호를 선택한다는 주장은 또한 다음의 두 가지의 전제하에서 성립이 될 수 있는데, 이것들이 모두 현실세계에서는 맞지 않는다.

하나는 투표자들의 기권율이 매우 낮아야 한다는 점이다. 만일 투표자들의 기권율이 높고, 또한 정치적 신념의 스펙트럼상의 좌나 우 어느 한쪽에서 특히 많은 기권이 발생한다면, 엄밀히 말하면 '중위투표자'의 선호가 채택되지 않는다.

오늘날 대부분의 민주주의 사회에서의 투표율은 낮은 편이다. 특히 투표율이 정치적 신념이 비교적 좌측에 가까운 젊은 사람들이나 사회계층으로 볼 때 저소득층에서 낮다. 이러한 상황에서는 투표자들 사이의 '중위투표자'의 선호는 엄밀히 말하면 정치적 신념에서의 중위 점이 아니라 우측의 정치적 신념이 더 반영된 위치라고 할 수 있다.

또 하나의 전제는 투표자들이 정치인들을 선택할 때 그들의 정치적 신념을 합리적으로 정확히 판단할 수 있어야 한다는 점이다. 그런데 투표자들이 정치인들에 대한 합리적인 판단을 위해서는 많은 정보가 필요하고 이러한 정보를 얻는 데는 많은 시간, 돈, 지식 등이 필요하다. 또한 개별 투표자들의 입장에서는 자신들의 한 표의 의미가 적다고 판단하여 이러한 자원을 투자하여 올바른 정보를 얻으려는 동기가 약할 수밖에 없다.

특히 저소득층들은 이러한 투자를 하기가 어려워 합리적인 판단을 하는 데 불리하다. 그래서 정보가 적은 저소득층들은 자신들의 정치적 신념과 다른 정치인들을 선택할 가능성이 높은 것이다. 특히 우리나라처럼 정치인들의 정치적인 신념이 불확실하고 가치관이 혼란스러운 사회에서는 더욱 그러하여, 저소득층들이 우측의 정치적 신념을 갖고 있는 정치인들을 지지하는 모습이 자주 나타난다.

지금까지 논의한 다섯 가지의 이유로 현실세계에서는 정치인들이 반드시 '중위투표자'들의 선호를 택하는 것은 아니다. 그럼에도 불구하고, 크게 보면 정치적 민주주의가 발전하여 투표자들이 합리적인 선택에 따른 투표행태를 많이 보이게 되면 '중위투표자'의 결정이 중요해질 수 있다.

### 2) 관료

정부정책을 결정하는 또 하나의 중요한 집단은 관료이다. 관료란 일반적으로 선출된 정치인(입법가, 국회의원)들이 만든 정부정책을 집행하는 사람들을 말한다. 그러나 현실적으로 많은 국가들에서 관료들은 이렇게 정책을 단순히 집행하는 일만 하는 것은 아니다. 관료들도 정책을 만든다. 왜냐하면, 많은 경우에 입법가들이 만든 정책(법)은 광범위하고 모호하여 실제로 정책을 시행하기 위하여는 또 다른 많은 세부적인 정책들(시행령, 규칙들)이 필요하기 때문이다. 예를 들면, 사회복지법을 집행하는 데에는 많은 세부적인 규칙들(예를 들면, 수급자의 세부적인 자격요건 등)이 필요한데 이러한 것들을 관료들이 만드는 것이다.

국가에 따라서는(대표적으로 우리나라) 이러한 세부적인 정책들이 더 중요할 수 있어 정책(법)의 실질적인 내용은 세부적인 규칙들이 어떻게 만들어지느냐에 따라 크게 영향을 받는 실정이다. 한마디로 말하면, 오늘날 많은 국가들에서 관료들의 역할이나 기능이 중요해서 단순히 만든 정책의 집행자에 그치지 않는 것이다. 이러한 이유로 정부정책의 결정과정을 이해하는 데 있어 관료들의 행위를 이해하는 것이 중요하다. 관료들의 목표는 무엇인가? 관료들은 이러한 목표를 이루기 위하여 어떤 행위들을 하는가?

시장경제에서의 민간부문에서 일하는 사람들의 가장 중요한 목표 중의 하나는 자신들의 소득을 높이는 것이라 할 수 있다. 그래서 열심히 일을 해서 성과를 내면 자신들의 소득을 높일 수 있다. 이렇게 민간부문에서는 노력이나 성과와 소득과는 직접적인 관계가 있다.

반면에 공공부문에서 일하는 관료들에게는 자신들의 노력이나 성과와 소득의 관계가 민간부문에서의 그것처럼 직접적이지 못하고 약하다고 할 수 있다. 가장 중요한 이유는 관료들이 일을 하는 공공부문은 정책을 통하여 국민들에게 서비스를 제공하는 것이지 민간부문처럼 이윤을 추구하는 기능을 하는 것이 아니기 때문이다.

공공부문의 관료들에게도 이러한 서비스를 제공하는 데 있어 열심히 하고 성과를 내는 사람들에게는 동기부여를 위해 이른바 '성과급'이라는 제도 하에 소득을 어느 정도 높여줄 수는 있으나, 민간부문에서처럼 이루기는 어렵다. 왜냐하면, 민간부문에서는 '성과'를 수익을 얼마나 창출했는가라는 비교적 객관적으로 측정 가능한 기준으로 판단할 수 있지만, 국민에 대한 서비스에 대한 성과는 측정하기가 쉽지 않기 때문이다.

이렇게 관료들이 자신들의 행위를 통해서 소득이나 부를 직접적으로 늘리는 데 한계가 있다면, 그들의 개인적인 목표는 무엇인가? 소득을 직접적으로 올리지 못하는 상황에서 자신의 이익을 극대화하려는 관료들은 비현금적인 이득을 추구한다. 예를 들면, 승진을 통하여 자신이 갖고 있는 권한(권력)을 더 크게 하려고 한다든지, 더 많은 명성을 얻으려고 한다든지, 혹은 더 넓은 사무실을 차지하던지, 아니면 각종의 비현금적인 혜택—이른바 'perk(공짜 외국여

행, 공짜 식사들)' ─을 얻으려고 노력하는 것이다.

그런데 이러한 모든 것들은 관료가 담당하는 정부정책의 크기─예산─와 밀접한 관계가 있다. 그래서 한마디로 말하면 관료들의 가장 큰 목표는 자신들이 담당하는 정부정책의 예산을 최대한으로 늘리고자 하는 데 있다(Niskanen, 1971). 예를 들면, 보건복지부의 관료는 보건복지부의 예산을 가능한 한 최대로 늘리고자 한다.

니스카넨(Niskanen)은 이러한 관료들의 행위를 다음의 모델로 설명한다.

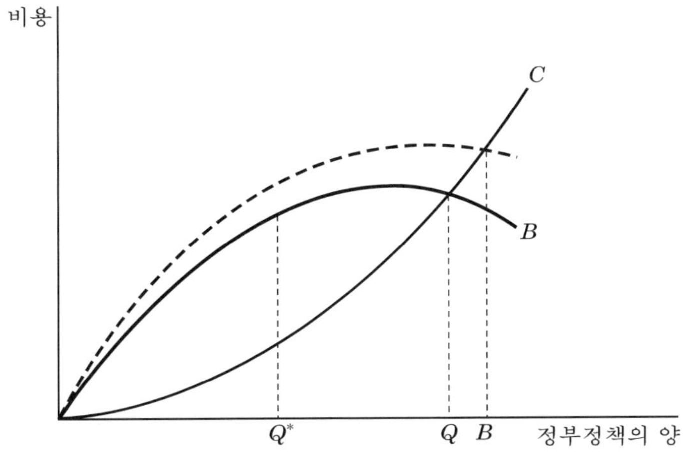


〈그림 3-11〉 니스카넨의 관료제 모형

〈그림 3-11〉에서 수평 축은 정부의 어떤 부처(관료)가 관리하는 정부정책의 양(예를 들면, 보건복지부에서 집행하는 빈곤정책에서 급여를 받는 빈곤층의 숫자)이고, 수직 축은 이러한 정책에서 사용되는 비용이다. *B*곡선은 이러한 정책으로 발생하는 사회적 이득을 나타내는 것이고, *C*곡선은 이 정책에 사용되는 사회적 비용을 나타낸다. *B*곡선의 가정은 서비스 양이 증가할수록 사회적 이득은 커지나 어느 시점부터는 그것의 한계이득이 줄어든다는 것이고, 반

면에 $C$곡선은 서비스 양이 증가할수록 한계비용은 늘어난다는 가정이다.

이러한 상황에서 관료들을 어느 정도의 정부정책의 양(이 예에서는, 빈곤정책 수급자의 숫자)을 택할 것인가? 일반적으로, 정치인들은 정부정책을 총 사회이득이 총 사회비용보다 큰 지점까지 확대하는 경향이 있어, 그림에서 $Q$지점까지 정부정책을 확대하는 것을 선호한다. 왜냐하면, 정치인들의 가장 큰 목표는 득표극대화이고, $Q$점까지 확대하는 것이 그만큼 정부정책의 수급자의 숫자가 늘어나기 때문이다.

이렇게 정치인들이 $Q$점까지 정부정책의 양을 늘리기를 원하는 한 관료들도 당연히 $Q$점까지 정부정책의 양을 늘리고자 한다. 그만큼 그들의 예산이 커지기 때문이다.

그렇다면 $Q$점 이상으로 정부정책의 양을 늘리는 경우는 어떠한가? 이것은 정치인들이 반대할 수 있다. 왜냐하면, $Q$점 이상의 정부정책의 양에서는 사회적 비용이 사회적 이득보다 크기 때문에 이러한 정도로 정부정책을 확대하는 것에 반대하는 사람들이 많이 있을 수 있어 득표극대화를 목표로 하는 정치인들에게 불리할 수 있기 때문이다.

예를 들면, 빈곤정책의 수급자의 숫자를 어느 정도까지 늘리면 수급자 숫자가 많아져서 득표에 도움이 되나, 지나치게 확대하면 세금을 부담하는 사람들이나 경제에 미칠 수 있는 여러 가지의 부정적인 영향들을 우려하는 사람들의 반대에 부딪힐 수 있는 것이다.

한편, 경제적 효율성이라는 측면에서는 $Q$정도의 정부정책의 양은 비효율적이다. 왜냐하면, 추가된 정부정책의 양으로 발생한 추가적 사회적 이득이 추가적 사회비용보다 커야 효율적인데, $Q^*$지점부터는 정부정책의 한계이득이 줄어들기 때문에 $Q$의 양에서는 추가비용이 추가이득보다 크기 때문이다.

따라서 경제적으로 효율적인 정부정책의 양은 $Q^*$이다. 여기서 사회적 비용을 뺀 순 사회적 이득이 극대화되기 때문이다. 그럼에도 $Q$의 양이 선택되는 것은 정치인들은 득표극대화의 목표 때문에, 관료들은 자신들의 예산을 극대화하려고 하기 때문이다.

그렇다면 $Q$양 이상으로 정부정책이 확대되지 않는가? 그렇지 않다. 관료들은 $Q$점을 넘어 $B$지점까지 정부정책의 양을 확대할 수 있다. 이것은 관료들이 자신들이 제공하는 정부정책의 사회적 이득을 과장하게 되면 가능하다(그림에서는 점선의 곡선으로 나타냈다). 이렇게 되면 정치인들은 B지점까지 확대하는 것이 사회적 이득이 사회적 비용보다 큰 것으로 생각해서 자신들의 득표 극대화에 도움이 된다고 판단할 수 있는 것이다.

이러한 현상은 현실세계에서 많이 나타나서 정부의 관료들은 자신들이 제공하는 정부정책들의 중요성과 그것들의 사회적 이득을 과대 선전하는 경향이 있다. 예를 들면, 국방부의 관료들은 자신들의 예산을 늘리기 위하여 우리사회의 안보문제의 심각성을 크게 부각시켜 안보정책의 사회적 이득을 과장할 수 있는 것이다.

그렇다면, 왜 예산을 결정하는 선출된 정치인(입법가)들은 관료들의 이러한 행위, 즉 가장 효율적인 $Q^*$점이 아닌, $Q$점 혹은 B지점의 정책의 양을 추구하는 것을 막지 못하는가? 현실적으로 가장 중요한 이유는 두 가지이다.

하나는 선출된 정치인들이 정책을 집행하는 관료들보다 그 정책에 대한 전문지식이 부족하기 때문이다. 그래서 정치인들은 그림에서처럼 $Q^*$지점이 경제적으로 가장 효율적이라는 것을 모르는 것이다. 다시 말하여 정책들의 사회적 이득과 비용이 어떤 것들이 있고, 그것의 양이 얼마인지에 대한 지식이 부족하기 때문에 관료들이 원하는 대로 따를 수밖에 없는 것이다.

또 하나의 이유는 정부정책의 효과를 객관적, 과학적으로 측정하기 어렵기 때문이다. 시장에서 제공되는 재화나 서비스는 그것들에 대한 수요와 가격기제로 그러한 재화나 서비스에 대한 평가가 가능하다. 반면에 정부정책은 독점적으로 제공되기 때문에 그것의 효과에 대한 객관적인 측정이 어려운 것이다.

### 3) 특정 이익집단

지금까지의 논의는 대의민주주의 제도 하에서 정부정책은 일반 국민들에 의하여 선출된 정치인들이 국민들의 선호를 반영하여 결정되고, 그래서 이러한 정부정책은 마치 불특정 다수의 국민들의 이익을 골고루 반영하는 것처럼 가정하였다.

그러나 현실세계에서 대부분의 정부정책들은 이렇게 수많은 개별 투표자들의 분산된 선호를 반영하기보다는 특정의 이익을 공유하는 집단들의 영향력에 의하여 결정되는 경향이 크다. 그래서 정부정책은 다양한 이익을 추구하는 다양한 이익집단들 사이의 영향력에서의 경쟁의 결과로 결정된다고 할 수 있다(이러한 현상은 국가들마다 차이가 있는데 미국처럼 정치적 다원주의 성향이 강한 국가들에서 두드러지게 나타난다고 할 수 있다).

이익집단들의 영향력은 일반적으로 집단의 크기(집단의 구성원들의 숫자), 집단이 갖고 있는 물적 자원(재정), 조직의 응집력, 조직의 리더십, 그리고 정책결정자들에 대한 접근성 등의 요인들에 의하여 결정된다.

이렇게 정부정책들이 이익집단들 사이의 경쟁의 결과로 결정된다면, 정부정책은 불특정 다수의 국민들에게 분산된 이익을 주기보다는 경쟁에서 승리한 특정의 이익집단들에게 집중적인 이익을 줄 수 있다.

그렇다면 특정 이익집단들이 정책의 결정에서 구체적으로 어떠한 역할을 하는가? 이것을 이해하기 위하여는 이른바 '철의 삼각관계(iron triangle)'이란 개념에 대한 이해가 필요하다.

정책이슈들을 입법화하는 데는 입법가(선출된 정치인)와, 입법화된 정책을 집행하는 데는 관료가 필요하다. 따라서 특정의 이익집단들은 자신들이 원하는 정책이 채택되고 집행되기 위하여는 이러한 두 집단과 협력관계를 구축해야 한다.

그래서 특정의 이익집단은 선출된 정치인들에게 접근하여(lobby) 자신들의 표(vote)를 주는 조건으로 지지를 얻어내고, 관료들에게는 새로운 정책으로 인해 그들의 예산이 커질 수 있기 때문에 지지를 얻어낼 수 있는 것이다. 즉 세 집단은 각자의 이익을 극대화할 수 있는 협력관계가 형성되는 것이다. 이익집단은 자신들이 원하는 정책이 만들어지고, 정치인들은 표를 얻을 수 있고, 관료는 자신들이 담당하는 예산이 커지는 것이다.

예를 들어보자. 우리나라를 비롯한 많은 국가들에서 저소득층을 위한 대규모의 공공임대주택들을 건설하는 정책들이 있다. 이러한 정책은 어떻게 만들어졌는가? 단순히 보면 이 정책이 저소득층의 요구(?)에 의하여 만들어졌을 것으로 생각할 수 있으나, 대개의 경우는 그렇지가 않은데 그 이유는 불특정 다수의 조직화가 되어있지 않은 저소득층의 정치적 영향력이 약하기 때문이다.

대부분의 공공임대주택정책은 건설업계의 잘 조직된 집단들의 정치적 영향력이 커서 이들의 요구에 의하여 만들어지는 경향이 크다. 대규모의 공공주택건설이 이루어지면 건설업에 종사하는 사람들이 집중적으로 이득을 볼 수 있기 때문이다. 건설업을 대표하는 이익집단은 선출된 정치인들과 관료들을 각각 표를 주거나 예산이 커지는 조건으로 설득할 수 있는 것이다.

그런데 이렇게 정책을 통하여 이익을 집중적으로 얻는 특정의 이익집단의 구성원들은 소수이고, 이들에 의하여 영향을 받는 정치인들이나 관료들의 숫자도 소수이다. 이렇게 '철의 삼각관계'를 구성하는 사람들이 소수인데 어떻게 민주주의 사회에서 이러한 정책들이 다수결로 통과될 수 있는가?

이것은 두 가지로 설명할 수 있다. 하나는 특정의 정책을 둘러싼 '철의 삼각관계'를 구성하는 특정의 세 집단들(이익집단, 관련된 정치인, 관료)은 그 정책을 통과시키기 위하여 조직화가 잘 되어있고, 그 정책에 대한 정보도 많고, 무엇보다도 그 정책의 통과를 위한 자원을 집중적으로 투입할 수 있기 때문이다.

반면에 불특정 다수의 일반국민들은 특정의 정책에 대한 정보도 없고, 조직화하여 그 정책에 반대하기도 어렵고, 무엇보다도 정책에 관심이 없다. 설사 일반국민들이 특정의 정책에 관심이 많다 하더라도 그 정책의 통과를 막기 위한 조직화가 어렵다. 왜냐하면, 개별 국민 한 사람의 관점에서 보면 특정의 정책이 만들어졌을 때 부담해야 할 비용이 전 국민으로 분산되어서 극히 적기 때문에 조직화의 동기가 약한 것이다. 반면에 특정의 이익집단은 소수이기 때문에 정책을 통해서 얻을 수 있는 일인당 이득액이 크기 때문에 조직화에 필요한 비용을 부담할 동기가 커지는 것이다(Olson, 1982).

두 번째의 이유는 앞에서 논의한 '정치적 결탁(Log-rolling)'을 통한 표의 교환(vote trading)이 가능하기 때문이다. 앞에서 언급했듯이 특정의 정책만이 다수결로 통과되기 위하여는 관련되는 정치인, 이익집단, 관료들이 소수이기 때문에 다수에 의하여 거부되기 쉽다. 그래서 특정의 정책을 원하는 집단들이 다른 정책들을 원하는 집단들의 협력을 구하여 특정의 정책을 통과시킨 후 그 대가로 다른 정책들의 통과에 협력하면 되는 것이다. 즉 각 정책의 관련 집단들은 소수이나, 이렇게 표의 교환으로 여러 개의 정책들이 다수결로 통과될 수 있는 것이다.

이렇게 정부정책이 결정되는 데 있어 이익집단들의 정치적 영향력이 중요하다면 사회복지정책의 경우는 어떠한 현상이 나타날까? 사회복지정책의 경우도 마찬가지로 사회복지정책이 확대되기 위하여는 정책의 수급자(잠재적 수급자)들의 정치적 영향력이 커야 된다. 그런데 사회복지정책의 경우 정책에 따라 수급자들의 정치적 영향력이 큰 차이가 있는 특징이 있다.

대표적인 예가 노령연금 수급자집단과 공공부조 수급자 집단 사이의 정치적 영향력의 차이다. 전자는 숫자도 많고 물적 자원도 많고, 무엇보다도 구성원들이 동질적이어서 집단의 응집력이 강하여 정치적 영향력이 커서 이러한 집단의 이익에 반하는 정책은 채택되기가 어렵다(Pampel and Williamson, 1989).

반면에 공공부조 수급자들은(빈자), 노령연금 수급자들에 비하여 숫자도 적고, 돈도 없고, 구성원들이 이질적이고 사회적으로 스티그마를 부여하기 때문에 조직화가 어려워 집단의 응집력이 약하여 이러한 집단의 정치적 영향력은 약하다. 그래서 이러한 집단을 위한 정책을 확대하는 것은 한계가 있고, 반면에 사회복지정책을 줄이는 분위기에서는 제일 먼저 삭감의 대상이 되는 경향이 있다. 이것은 이익집단 정치가 중요한 미국에서 최근 '복지개혁'의 분위기에서 전통적으로 대표적인 공공부조제도인 AFDC가 없어진 것에서 알 수 있다.

우리나라는 어떠한가? 우리는 아직까지는 전통적으로 국가가 강력하여 미국처럼 이익집단의 정치적 영향력이 중요하지 않지만, 최근의 경향으로 볼 때 점차 이익집단이 정책을 결정하는 데 중요해지는 추세에 있다. 이렇게 볼 때 우리의 사회복지가 확대되기 위하여는 사회복지 수급자들의 정치적 영향력이 커져야 되는데 여기에는 한계가 있다. 즉 우리 사회에서도 이익집단정치가 중요해질수록 우리의 사회복지의 확대는 그만큼 어려워질 가능성이 높다고 볼 수 있다.

## 3. 공공선택이론과 빈곤

지금까지의 논의에서 보듯이 민주주의 체제에서 공공정책은 그것의 수급자들의 정치행위(투표행위)가 중요하다. 이것은 수급자들의 개별 선호가 정치가들에게 직접적으로 반영되든지 아니면, 수급자들이 집단을 구성하여 집단적인 영향력을 행사하든지 본질적으로 수급자들의 투표행위가 중요한 것은 같다.

오늘날 선진산업국가들의 공공정책에서 가장 중요한 것이 사회복지정책이다. 또한 사회복지정책의 수급자 가운데 실질적으로 가장 중요한 사람들이 빈자이다. 그래서 지금부터는 공공선택이론의 관점에서 빈자들의 투표행위와 사회복지정책과의 관계를 논의하고자 한다. 즉, 빈자를 위한 사회복지정책의 결정에 빈자들은 어떠한 영향력을 발휘할 수 있는가? 그런데 이렇게 빈자들의 투표행위를 논하기 전에 먼저 빈자들이 투표권(영향력)이 없는 상황에서는 사회복지정책은 어떻게 결정되는가를 이해하는 것이 중요하다.[2)]

### 1) 빈자들이 투표권이 없는 경우

A, B, C 세 사람이 사는 사회를 가정해 보자. 여기에서 C는 빈자이고, A와 B는 C를 도울 수 있는 사람들(납세자)이다. 그리고 A와 B는 C를 도울 자선심을 갖고 있고, 이 가운데 특히 A가 B보

2) 여기서의 논의는 Tullock(1983)에 크게 의존한다.

다는 그러한 자선심이 강하다. 이것을 그림으로 표시하면 〈그림 3-12〉와 같은 모습이다.

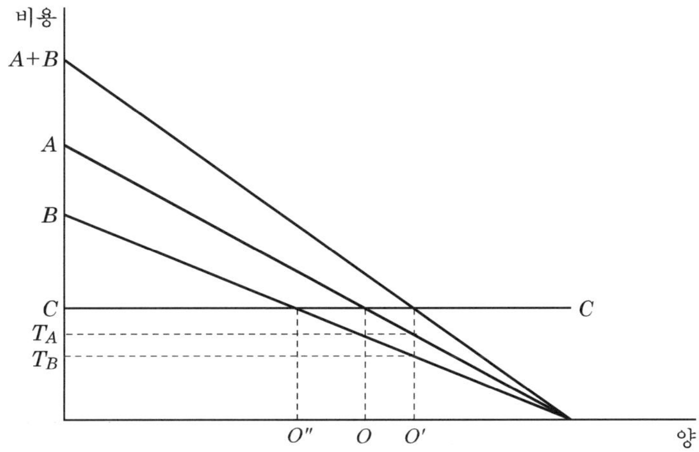


〈그림 3-12〉 자선행위의 경우

그림에서 보듯이 A와 B는 C를 도울 마음이 있지만 거기에는 일정한 한계가 있어 C가 받는 양이 많아지면 어느 수준에서 멈춘다. 그것은 C가 받는 양(비용)의 곡선에 달려 있다. 그래서 그림에서 보듯이 C선이 낮으면(즉, C가 받는 급여액이 적으면-다시 말해 A와 B가 부담해야 할 비용이 낮으면) A와 B가 C를 도울 수 있는 액수가 커지는 반면에 C선이 높으면 그만큼 줄어드는 것이다.

이러한 가정 하에서 A와 B 두 사람이 국가의 개입 없이 순전히 사적으로(개별적, 자발적으로) C를 돕는다면 C가 받을 수 있는 액수는 얼마일까? 이것은 A와 B의 전략적 행위에 달려 있다. A와 B 모두 C를 도울 맘이 있지만, 가능한 한 서로 상대방이 더 부담하기를 원하는 것이다. 왜냐하면 A와 B 모두 C의 복지가 높아지는 것에 의해서 효용이 증가하지만, 자신이 부담 안하고 남이 부담해도 이러한 목표를 이룰 수 있기 때문이다. 이러한 상황에서 그림에서의 경우에는 C가 최대한도로 받을 수 있는 액수는 $O$점이다. 이 점은 A가 주어진 비용 하에서 C를 도울 수 있는 최대 액수이다. 한편, C는 적어도 $O''$점 이상의 액수는 받는다. 이 점은 B가 C에게 줄 수 있는 것이다. 그래서 C가 받을 수 있는 액수는 A와 B의 전략적 행위에 따라 달라지고, 그것은 $O''$와 $O$ 사이의 어떤 점이 될 것이다. 이것이 의미하는 것은 빈자에 대한 대책을 순전히 민간부문의 자발적인 적선 행위에 맡겨둔다면, C가 받는 액수는 A와 B가 집합적으로 원하는 액수보다 적고 또한 불확실해진다는 것을 말한다.

그래서 국가가 개입하여 국가의 사회복지정책으로 A와 B로 하여금 강제적(?), 집합적으로 C를 돕게 하기로 한다면 어떻게 될까? 이 경우는 A가 C를 돕겠다는 수요곡선과 B가 C를 돕겠다는 수요곡선을 합한 A+B선이 이 사회에서 C를 도울 수 있는 사회적 수요선이 되어, C는 $O'$의 액수를 받을 수 있다. 즉, 이전의 민간부문에 자발적으로 맡겨둘 때보다 C의 복지가 증가되는 것이다. 이때 문제는 이렇게 강제적인 방식으로 바꾸었을 때의 재원을 어떻게 마련하는가이다. 구체적으로 A와 B가 각자 얼마만큼 부담해야 하는가가 문제이다.

앞에서 언급한 이상적인 린달 조세로 보면, A가 C를 돕겠다는 수요에 따라 $T_A$의 세금을 부과하고, B에게는 $T_B$만큼의 세금을 부과하여 재원을 마련하면 바람직하다. 이렇게 되면 A, B, C 모두에게 좋게 된다. 왜냐하면 A와 B는 각자 자신이 C에게 주려고 하는 액수를 적절한 세금 부담에서 이룰 수 있고, C는 이전의 민간부문의 자발적 기여보다 받는 액수가 늘어나서 좋은 것이다.

그러나 현실세계에서는 여기에서처럼 $T_A$, $T_B$와 같은 린달 조세를 알아내기 어렵다. 왜냐하면, 그림과 달리 사람들은 자신들이 빈자를 돕겠다는 마음(수요곡선)을 숨겨 다른 사람들에게 비용을 전가시키려는 동기가 있기 때문이다. 그래서 현실적으로는 A와 B에게 단일 세금이 부과될 가능성이 크다. 이렇게 단일 세금을 부과할 경우 A, B 모두가 만족하는 급여액이 결정되는가? 답은 '아니다'이다. 이것은 〈그림 3-13〉에서 보인다.

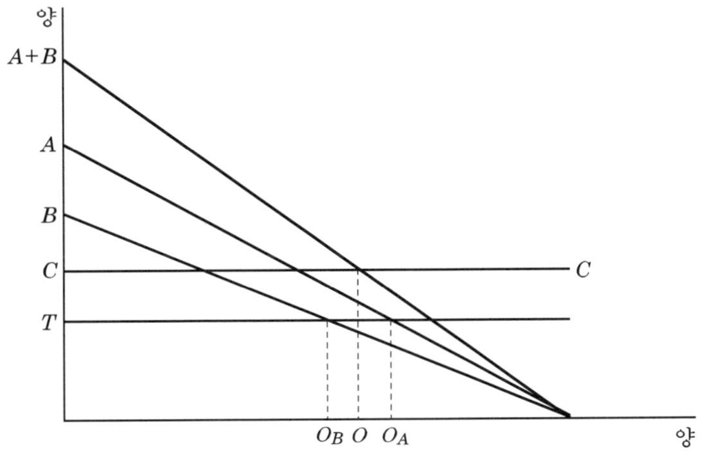


〈그림 3-13〉 국가가 개입한 경우

그림에서 보듯이 A와 B 모두에게 단일세금 $T$를 부과했을 경우 위의 경우와 달리 C에게 $O'$의 급여액에서 A와 B 모두가 만족하지 못한다. 왜냐하면 A는 C를 돕겠다는 진정한 수요곡선에 따르면 $T$보다 많은 $T_A$의 세금부담으로 $O'$의 급여를 하는 것에 만족하는데 이제 세금부담이 줄었기 때문에 A의 수요곡선에 따르면 $O'$보다 더 많은 급여($O_A$)를 해야 만족하게 되어 있다. 반면에 B는 단일세금 $T$로 인해 자신의 수요곡선에 따른 세금부담액인 $T_B$보다 많아졌기 때문에 이전의 세금부담이 적었을 때의 $O'$보다 적은 급여액($O_B$)에 만족한다.

다른 말로 이야기하면, A, B, C 세 사람이 사는 사회에서 부자인 A와 B가 빈자인 C를 돕는 상황에서 급여액은 $O'$이고 A는 $T_A$를 부담하고 B는 $T_B$를 부담하는 것이 사회적으로 바람직하나, A와 B의 C를 돕겠다는 진정한 수요곡선을 알지 못하는 상황에서 강제로 $T$를 모두에게 부과한 경우 A, B, C 모두가 만족하는 $O'$의 급여액이 결정되기 어렵다는 것이다. 이러한 상황에서 A와 B는 각기 서로에게 부담을 더 갖도록 전략적인 행위들을 하게 될 것이고, C는 결국 사회적으로 바람직한 급여액 $O'$를 못받게 될 가능성이 높게 된다.

지금까지는 빈자를 도와주려는 사람들 사이의 도우려는 진정한 마음을 숨기기 때문에 발생하는 현상들을 설명했는데, 사실 이러한 현상은 도와주는 자와 빈자 사이에도 나타날 수 있다.

| | | 빈자 | |
|---|---|---|---|
| | | 일 | 여가 |
| 부자 | 도움 | A | B |
| | 안 도움 | C | D |

〈그림 3-14〉 부자와 빈자의 관계

〈그림 3-14〉에서 부자는 빈자를 도와주거나 아니면 안 도와주거나 두 가지 선택 중에서 하나를, 빈자는 일을 해서 독립하거나 아니면 놀면서 도움을 받거나 두 가지 중에서 하나는 선택하게 되는 상황을 보인다.[3)]

여기에서 부자가 자신의 이익을 극대화할 수 있는 상황은 빈자가 스스로 일을 해서 독립해서 살고 그래서 부자는 빈자를 안 도

3) 여기서는 설명을 단순화하기 위하여 도와주는 주체를 부자라 하였는데, 모든 도와주는 주체는 모두 해당이 된다. 그래서 공공부문에서는 국가가 될 것이고, 민간부문에서는 다양한 사회복지기관 등이 된다.

와주어도 되는 C의 상황이다. 부자가 두 번째로 선호하는 것은 빈자가 어느 정도 일하고 부자가 부분적으로 도와주는 A의 상황이다. 세 번째는 빈자가 놀고, 부자는 도움을 주는 B의 상황이고, 최악의 상황은 빈자는 놀고, 부자는 도와주지 않아 빈자가 굶어 죽는 상황인 D이다. 왜냐하면 부자는 빈자를 돕겠다는 최소한의 자선심은 있기 때문에 빈자가 굶어 죽는 것은 부자의 효용을 낮추기 때문이다.

반면에 빈자가 가장 선호하는 것은 B로, 놀면서 부자로부터 도움을 받으면서 살아가는 것이고, 그 다음으로는 빈자가 어느 정도 일하고 부자로부터 도움도 어느 정도 받는 A의 상황이고, 세 번째는 빈자가 일을 하고 부자로부터 도움을 안 받는 C의 상황이고, 최악의 상황은 부자가 도움도 안 주고 빈자가 일을 안 하는 D의 상황이다. 이러한 상황에서 어떠한 결과가 나올까? 이것은 빈자와 부자가 자신의 이익을 극대화하려는 일종의 게임으로, 모든 게임이 그러하듯 참여자들의 전략이 중요하다. 그래서 부자가 빈자에 대하여 안 도와주겠다는 강력한 의지를 보이게 되면 빈자는 일을 택하게 되는 C의 상황을 선택하게 된다. 이 경우 자신도 굶어 죽을 배짱으로 D를 택하는 것은 비합리적이고 실제로 이러한 상황에서 많은 빈자들은 선택의 여지없이 일을 하게 된다. 오늘날 미국의 복지개혁 움직임에서 그 동안의 공적부조 수급자들 가운데 많은 수가 일을 하는 것도 대표적인 공적부조제도인 AFDC 등을 없애 국가가 더 이상 일을 안하는 빈자를 도와주지 않겠다는 강한 의지를 보였기 때문이라고도 볼 수 있다. 우리나라의 경우도 지금까지 빈자를 위한 프로그램이 발전되지 않은 것도 본질적으로 보면 정부가 빈자를 도와주지 않겠다는 강한 의지를 보여 빈자가 일 이외에는 선택의 여지가 없었기 때문이라고 볼 수 있다.

반면에 빈자가 강하게 나가면, 즉 자신은 절대 일을 안하고 부자로부터 도움을 받겠다고 부자에게 위협적이 되면 부자는 두 가지 선택밖에 없다. 하나는 B처럼 빈자는 놀고 부자가 도와주든지, 아니면 D의 상황이다. 위에서 설명한 것처럼 부자도 빈자가 굶어 죽는 것을 바라지 않기 때문에 결과적으로 B를 택하게 될 수밖에 없다. 사회복지의 역사를 통해 볼 때 빈자들이 강하게 나갈 때 빈자를 위한 사회복지 프로그램이 확대되었다는 여러 연구들이 이러한 현상을 보여준다고 할 수 있다(대표적인 것으로, Piven & Cloward, 1971).

이러한 관점에서 보면 한국에서 빈자를 위한 사회복지가 발전하려면 빈민운동 등을 통하여 빈자의 권리—즉, 일을 안하고도 복지급여를 받을 권리—를 강하게 보여주어야 할 필요성이 있다고 보겠다.

### 2) 빈자들이 투표권이 있는 경우

지금까지는 빈자들에게 주어지는 사회복지의 양을 결정할 때 빈자들은 투표권이 없는 상황—즉, 사회복지 양의 결정에 영향력을 행사하지 못하는 것-을 가정하였다. 즉, 납세자들의 입장만을 고려한 것이다. 그러나 이러한 가정은 비현실적이다. 현실세계에서의 빈자를 위한 많은 사회복지 프로그램은 빈자들의 정치적 권리가 어떤 형태로든지 반영된 것으로 볼 수 있다. 그래서 지금부터는 빈자들이 투표권이 있는 경우 사회복지의 양은 어떻게 결정되는가를 알아보기로 한다.

〈그림 3-15〉에서 보듯이 사회복지의 양을 결정하는데 있어 빈자인 C가 참여하여(즉, 표결권을 갖고) 정치적 영향력을 행사하게 되면, 사회복지의 양은 이전의 $O$(즉, 빈자가 참여하기 전)에서 $O'$로 늘어난다(빈자의 사회복지에 대한 수요를 통합하기 때문이다).

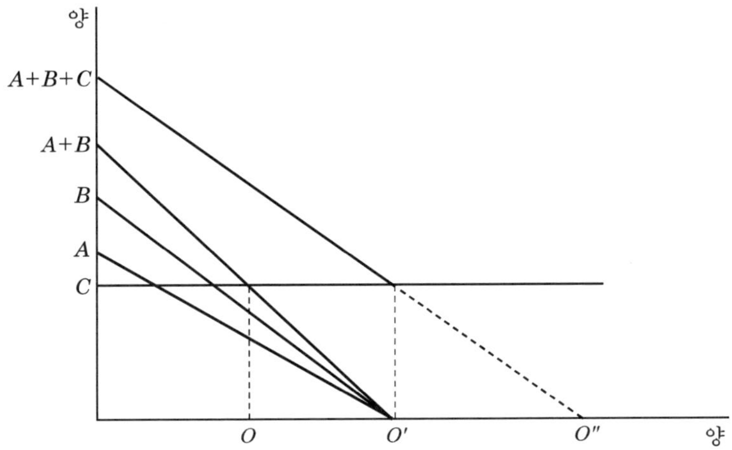


〈그림 3-15〉 빈자들이 투표권이 있는 경우

그런데 여기에서 주목할 점은 빈자인 C가 원하는 양을 첨가하게 되면 최대한도로 $O''$의 양이 될 수 있으나, 사회복지 양은 $O'$ 이상은 어렵다. 왜냐하면 납세자인 A와 B가 C에게 급여하기를 원하는 양은 비용이 아무리 낮다 하더라도 $O'$에서 끝나기 때문이다. 즉, 빈자인 C가 아무리 많이 원해도 납세자인 A와 B의 수요곡선에 따라 그 양은 제한될 수밖에 없는 것이다.

이상의 논의는 빈자에 대한 사회복지의 양은 단순히 빈자를 포함해서 납세자들의 사회복지에 대한 수요곡선과 사회복지 비용선에 따라 결정되는 것으로 가정했다. 그래서 각 수요곡선의 합과 비용선이 만나는 점에서 사회복지의 양이 결정되는 것으로 가정하였다. 그런데 현실세계는 이렇게 단순하지 않다. 그래서 납세자나 빈자 모두 자신의 이익을 극대화하기 위한 여러 가지 전략적 행위를 하게 되고, 이것에 따라 빈자에 대한 사회복지의 양이 결정된다.

갑, 을, 병 세 사람으로 구성된 사회를 가정하자. 여기에서 갑과 을은 병을 도울 수 있는 경제적 위치에 있고, 병은 빈자이다. 그리고 갑은 을보다 병을 돕겠다는 자선심이 더 강하고, 또한 갑은 을

보다 부자이다. 그리고 여기에서 병에게 줄 사회복지의 양은 단순 다수결로 결정된다고 가정하자.

숫자로 설명하면 이렇다. 갑은 연소득이 1억원이고, 을은 5,000만원이고, 갑과 을이 병을 도와주겠다는 액수의 합은 1,500만원으로 가정하자. 여기에서 앞에서 언급한 린달 조세가 가능하다면 갑에게 1,000만원을 부담시키고, 을에게 5,00만원을 부담시키면 갑과 을 모두 만족하는 적절한 양이 된다.

만일 여기에서 병(빈자)의 요구(수요)를 반영하면 병에게 주어질 액수는 증가하게 된다. 여기에서 그것은 2,000만원으로 가정하자. 즉, 갑과 을만이 결정할 때보다 500만원이 추가되는 것이다. 이것을 갑과 을이 나누어 부담하여 갑이 1,250만원을, 을이 750만원을 부담하게 된다고 가정하자. 그러나 이러한 상황은 갑과 을 모두 원하지 않는 것이다. 앞의 린달 조세로 볼 때, 갑은 1,000만원을, 을은 500만원의 부담에서 만족하나, 그 이상의 부담은 원하지 않기 때문이다.

위와 같은 가정 하에서 다음과 같은 상황들을 고려해 보자. 먼저 국가의 사회복지정책이 없이 민간부문의 개별적인 자발적 행위의 상황을 상정해 보자. 여기에서 만일 갑이 병에게 600만원의 자선행위를 하는 반면에 을은 전혀 자선행위를 안하는 상황에서 출발해 보자. 이 경우 을은 말할 것도 없고 갑도 어느 정도 만족하는 상태이다. 왜냐하면 갑은 병에게 1,000만원까지는 도와줄 자선심이 있는 사람이기 때문이다. 여기에서 유일하게 손해를 보는 사람은 빈자인 병이다. 병은 위에서 가정한 것처럼 2,000만원의 사회복지를 받기를 원하기 때문이다.

그래서 병은 갑에게 접근하여 민간부문의 개별적인 자선이 아닌 국가에 의한 자선(사회복지)을 집합적으로 하는 방식을 제시한다. 즉, 국가가 갑과 을에게 세금을 부과하여 그것으로 병을 돕는 방안, 그래서 갑과 을에게 똑같이 750만원의 세금을 부담시켜 병에게 도와주는 것이다. 이 경우는 갑과 병에게 전보다 이롭다. 왜냐하면 갑(병이 많이 받는 것을 좋아한다)은 병이 전보다 900만원이 늘어난 1,500만원을 받아서 자신의 효용이 늘어나고 병은 당연히 액수가 늘어나 만족한다. 반면에 을은 자신이 병을 도와줄 의향이 있는 액수를 초과해서 불만족이다. 그러나 갑과 병이 찬성하기 때문에 단순다수결의 방식으로 이 안이 통과된다.

한편, 이러한 방식에 불만이 있는 을이 병에게 접근하여 자신이 500만원을 부담하고, 갑이 1,500만원을 부담하여 2,000만원을 병에게 주겠다는 방안을 제시한다. 이것은 을과 병이 이득을 보는 반면에 갑은 손해를 본다. 그러나 여기에서도 단순다수결의 방식으로 이 안이 통과된다.

이론적으로 보면 이러한 방식으로 여러 방안들이 단순다수결 제도 하에서 통과될 수 있다. 그러나 현실세계에서는 이렇게 많은 그리고 불안정적인 연합이 이루어져서 정책이 수시로 바뀌지 않고, 비교적 안정적인 정책이 유지가 되는데 이것은 앞에서 언급한 정치적 결탁 때문이다. 그래서 지금부터는 정치적 결탁의 상황에서 빈자는 어떠한 위치에 있는가를 검토하기로 한다.

A, B, C, D, P 다섯 사람으로 구성된 사회를 가정해 보자. 여기에서 A, B, C, D는 납세자이고 빈자인 P를 도울 자선심이 있고, 그것의 정도는 동일하다고 가정하자. 이 때, 빈자를 돕는 것은 완전히 민간부문의 자발적 자선에 맡겨 두어 A, B, C, D 중 어느 한 사람만이 기여를 하게 되면(여기서는 A), 〈그림 3-16〉에서처럼 $O_1$ 만큼의 급여가 P에게 돌아간다. 이 경우 기여를 한 A와 P는 손해를 본다. 만일 국가에 의한 강제적인 방식으로(다른 말로 표현하면 A, B, C, D 네 명 모두가 P를 돕겠다는데 합의를 하고 똑같이 기여를 하는 것) P를 돕는다면 어떻게 될까? 이 경우에는 A, B, C,

D 모두 $\frac{O_2}{4}$ 만큼만의 부담만 하게 되어 A, B, C, D 모두 만족하고 (A, B, C, D 모두 P를 돕겠다는 자선심이 있다는 가정 때문에), 특히 P와 A가 더 만족한다. P는 자신이 받는 급여액이 증가해서 만족하고, A는 자신이 부담하는 액수가 줄어들어 그러하다.

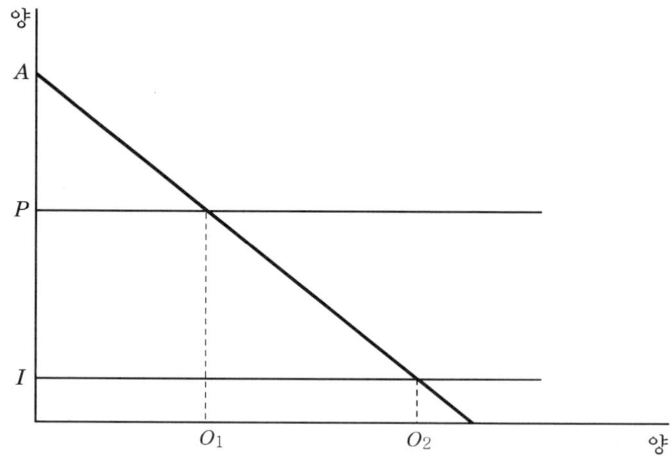


〈그림 3-16〉 정치적 결탁의 경우

이러한 강제적인 방식이 아니고, 정치적 결탁 방식에 의해서 P는 어떠한가? 즉, A, B, C, D, P가 돌아가면서 각자 원하는 것을 챙기는 상황에서 P는 어떠한 위치에 있는가? 여기에서는 P는 절대적으로 불리하다. 왜냐하면 P가 원하는 것은 명백한 반면에(즉, 가능한 한 많이 사회복지 급여를 받고자 하는 것), 다른 사람들의 P를 돕겠다는 자선심의 정도를 P는 모르기 때문이다. 즉, A, B, C, D는 P를 도울 자선심의 정도를 감추거나 속일 수 있다(실제로는 도울 마음이 있는데 마치 없는 것처럼 행위를 한다).

이러한 상황에서 정치적 결탁의 흥정을 하게 되면, A, B, C, D 네 사람은 P에게 자선을 하면서 그에 대한 보상을 알아낼 수 있는 반면에 P는 정치적 결탁을 통해서 어떤 특별한 혜택을 받지 못한다. 예를 들면, A는 실제로 자선적인 사람이어서 P가 어떤 행위를 하든지 상관없이 P를 도와주려고 하는 사람이다. 그런데 P는 A의 그러한 본심(?)을 모르기 때문에, A가 P에게 A가 선호하는 정책을 지지해 주면 그 대가로 P에게의 사회복지 급여를 하겠다고 제안했을 때, P는 받아들인다(만일 지지를 안 하면 사회복지 급여를 못 받을 수 있다고 생각하기 때문에). 그래서 결과적으로 보면 P는 이러한 정치적 결탁의 상황에서 A, B, C, D로부터 어떤 특별한 대가도 받지 못하고, A, B, C, D가 원하는 정책들을 지지하게 되는 것이다.

이상의 논의들이 의미하는 것은 민주주의 사회에서 정책들이 표결방식으로 다수결로 결정될 때 사람들이 자신들의 이익을 극대화하기 위해 여러 가지 전략적 행위들을 할 때, 빈자들은 부자들에 비하여 기본적으로 불리한 위치에 있어, 빈자를 위한 정책들이 다른 정책들에 비하여 크게 확대되기에는 근본적인 한계가 있다고 할 수 있다. 즉, 본질적으로 볼 때, 빈자의 복지가 부자의 자선심에 달려 있는 한 빈자의 복지는 크게 늘어나지 않는다. 그래서 민주주의 정치에서 빈자의 복지가 크게 늘어날 수 있는 유일한(?) 방법은 빈자의 정치적 권력이 강해서 부자로부터 자신이 빈자를 돕고자 하는 양 이상을 빼앗는 것이다.

4
chapter

# 조세와 복지 : 소득분배

사회복지를 공부하는 사람들에게는 조세제도에 대한 이해가 중요하다. 오늘날 서구의 복지국가들에서는 사회복지를 위하여 GDP의 30% 정도의 세금(사회보장성 조세를 포함하여)을 거두어들인다. 이렇게 많은 세금은 국민들의 삶 혹은 국가경제에 여러 가지 측면에서 큰 영향을 주는데 특히 두 가지 점이 중요하다.

하나는 세금을 거두는 과정에서 소득재분배를 이룰 수 있다는 점이다. 그래서 사회복지가 추구하는 중요한 목표인 소득불평등을 줄일 수 있는 것이다. 그런데 조세와 소득재분배의 관계는 복잡하여 단순히 세금을 많이 걷는다 하여 소득불평등이 줄어드는 것은 아니다.

조세를 통하여 소득재분배가 어떻게 이루어질지는 우선 조세의 형태에 따라 다르다. 어떤 조세는(예를 들면, 개인소득세) 누진적이어 고소득층이 저소득층보다 더 많이 세금을 부담하여 소득불평등이 줄어들 수 있지만, 어떤 조세는(소비세) 역진적이어 저소득층이 고소득층보다 세금부담이 커 소득불평등이 커질 수 있는 것이다. 따라서 사회복지를 위한 재원이 어떤 형태의 조세에 주로 의존하느냐에 따라 소득불평등의 정도는 다를 수 있다. 극단적으로 말하면 아무리 사회복지를 크게 확대하더라도 그 재원이 역진적인 조세에 의하여 주로 이루어졌다면 소득불평등은 클 수 있는 것이다.

조세의 형태보다 소득재분배에 더 중요한 영향을 미칠 수 있는 점은 조세를 실제로 누가 부담하느냐의 문제이다. 조세가 부과될 때 때로는 법적인 부담자와 실제로 부담하는 사람이 다를 수 있다. 소득불평등을 줄이기 위하여 법적으로는 고소득층에 부과된 세금이 실질적으로는 저소득층이 부담할 수 있어 소득불평등이 오히려 커질 수 있다. 예를 들면, 집을 많이 소유한 고소득층에게 부과한 재산세를 이 집에 세를 두어 사는 저소득층이 실제로 부담할 수 있는 것이다. 재산세가 부과되면 집 소유자가 월세나 전세금을 올려 결국 세입자가 부담할 수 있기 때문이다.

조세가 국민들의 삶 혹은 국가경제에 영향을 주는 또 하나의 측면은 조세와 효율의 관계이다. 사회복지의 확대를 반대하는 사람들의 가장 중요한 논리는 사회복지를 위하여 세금을 늘리면 국가경제나 경제의 효율성에 저해가 된다는 점이다. 세금이 부과되면 때로는 사람들의 효용(복지)을 줄일 수 있어 모든 사람들의 효용을 극대화하는 방향으로 사회적 자원이 효율적으로 배분되지 않을 수 있다. 또한 세금이 부과되면 어떤 사람들은 일을 적게 하거나, 저축이나 투자를 적게 하여 국가경제에 해를 줄 수 있다. 따라서 사회복지의 확대를 원하는 사람들의 입장에서는 조세와 효율의 관계에 대한 이해를 바탕으로 효율적인 조세제도를 찾는 작업을 해야 하는 것이다.

조세와 효율의 관계는 5장에서 다루고, 여기서는 먼저 조세와 소득분배의 관계에 대하여 설명하기로 한다.

## 1. 기본 개념들

세금의 부과가 소득분배에 어떤 영향을 주는가를 논의하기 전에 조세와 소득분배에 관한 기본적인 몇 가지 개념들을 이해하는 것이 중요하다.

① 소득분배의 형태

세금이 부과되면 소득분배의 모습은 변하는데 이것은 크게 두 가지 형태로 분류할 수 있다. 하나는 소득의 기능적 분배(functional distribution of income)이고 다른 하나는 소득의 계층별 분배(size distribution of income)이다. 소득의 기능적 분배는 세금이 부과되면 생산에 투입한 요소들(factors of production)의 소득이 어떻게 변하는가를 보는 것이다. 즉 생산요소인 자본, 노동, 토지의 소유자들 사이의 소득이 어떻게 변하는가를 분석하는 것이다.

그런데 오늘날의 산업사회에서는 이러한 소득의 기능적 분배를 보는 것은 그 의미가 크게 줄어든다. 왜냐하면 많은 사람들의 소득은 생산요소 가운데 어느 하나로부터만 발생하는 것이 아니기 때문이다. 예를 들면, 많은 수의 노동자들은 자신들의 노동을 팔아서 소득을 얻을 뿐만 아니라 다양한 형태의 자본소득(저축, 주식 등)도 갖는 것이다.

그래서 오늘날 더 중요한 것은 종합적이고 최종적인 분배라 할 수 있는 소득의 계층별 분배를 분석하는 것이다. 즉 세금이 부과되면 사회의 전체의 소득이 사람들 사이에 어떻게 분배되는가를 분석하는 것이 더 의미가 있는 것이다. 예를 들면, 세금이 부과되면 고소득층과 저소득층 사이에 소득분배에 어떻게 영향을 주는가를 분석하는 것이다.

소득의 기능적 분배와 소득의 계층별 분배는 밀접한 관계가 있어 소득의 기능적 분배를 아는 것은, 즉 사람들의 소득이 어떤 생산요소로부터 주로 발생하는가를 아는 것은 소득의 계층별 분배를 이해하는데 중요하다. 예를 들면, 자본소득에 대한 세금을 높이고, 근로소득에 대한 세금을 낮추게 되면 소득의 기능적 분배의 측면에서 자본에 돌아가는 소득은 줄어들고 노동에 가는 소득은 늘어난다. 한편 이것은 소득의 계층별 분배의 측면에서 볼 때 고소득층의 소득이 줄어드는 것으로 나타난다. 왜냐하면, 고소득층은 저소득층에 비하여 상대적으로 자본으로부터의 소득이 많기 때문이다.

② 소득분배를 분석할 때는 소득의 원천과 소득의 사용의 두 가지 측면을 모두 고려해야 한다. 예를 들면, 소주에 세금을 부과하여 소주의 가격이 올라가면 소득의 계층별 분배에는 어떠한 영향을 줄까? 우선 소득의 사용의 측면에서 보면, 소주를 많이 소비하는 사람들이 부담이 늘어난다. 그런데 소주는 대개 저소득층의 사람들이 고소득층 사람들보다 많이 소비하기 때문에 이러한 측면에서는 소득분배는 악화되어 소득불평등이 커질 수 있다.

그러나 소득의 원천의 측면을 보면, 이야기는 달라질 수 있다. 소주의 가격이 오르면 소주에 대한 수요가 줄어들 수 있다(사람들은 소주대신에 맥주나 양주를 택할 수 있다). 이렇게 되면 소주를 만드는데 투입된 요소소득이 줄어들 수 있다. 이 경우 만일 소주가 주로 자본의 투입으로 만들어진다면 자본을 투자한 사람들의 소득이 줄어든다. 이러한 사람들은 대개 고소득층이기 때문에 소득의 계층별 분배의 측면에서 볼 때 고소득층의 소득이 줄어들어 사회 전체의 소득불평등은 줄어들 수 있다.

즉 소득의 사용의 측면에서 보면 소득분배가 저소득층에 불리하게 이루어지나, 소득의 원천의 측면에서 보면 고소득층이 불리해지는 것이다. 따라서 어떤 재화의 가격이 세금으로 변화되었을 때는 소득의 사용과 소득의 원천의 측면 모두를 분석해야만 그것의 소득분배에 미치는 영향을 정확히 알 수 있는 것이다.

③ 조세의 부담은 조세가 부과된 재화의 가격이 어떻게 결정되느냐에 달려 있다. 세금이 부과되면 부과된 재화의 가격이 변화한다. 여기서 중요한 것은 가격이 어떻게 변화하느냐가 부과된 세금을 실제로 누가 부담하느냐를 결정한다는 점이다. 이것은 조세와 소득분배의 관계에서 가장 중요한 부분이기 때문에 뒤에서 자세히 분석할 것이다. 여기서는 한 가지만 언급하고자 한다. 재화에 세금이 부과되면 그 재화의 가격이 변화하는 데 시간이 걸린다는 점이다. 일반적으로, 세금이 부과된 재화에 대한 사람들의 반응(수요)은 시간에 따라 달라 단기간에는 별로 나타나지 않고 장기간이 지나면 크게 나타나는 경향이 있다. 즉 세금을 누가 부담하느냐는 단기적과 장기적인 시간의 측면에서 다를 수 있다.

④ 누가 세금을 부담하느냐, 즉 세금의 분배적 효과는 세금으로 거두어들인 재원을 정부가 어떻게 사용하느냐에 따라 다르다. 예를 들면, 정부가 세금으로 첨단산업 육성을 위하여 지출하는 것과 저소득층 아동들의 교육을 위해 지출하는 것의 분배효과는 크게 다르다. 일반적으로, 후자가 전자의 경우보다 소득분배를 좀 더 평등하게 할 가능성이 크다.

⑤ 소득분배는 또한 부과된 세금이 얼마나 누진적이냐에 따라 다르다. 일반적으로 세금이 누진적(progressive)이라 함은 소득에 대한 세율인 평균세율(average tax rate)이 소득이 높아질수록 커지는 것을 말한다. 반면에 비례적(proportional)인 세금은 소득에 상관없이 일정한 비율이 부과되는 것을 말하고, 역진적(regressive)인 세금은 소득이 높아질수록 세율이 줄어드는 것을 말한다.

그런데 어떤 사람들은 세금의 누진성을 분석할 때 소득에 대한 세율인 평균세율이 아니라 소득이 변화할 때 세금이 얼마나 변화하느냐를 따지는 한계세율(marginal tax rate)을 기준으로 한다. 그런데 세금의 누진성은 평균세율을 기준으로 하느냐 한계세율을 기준으로 하느냐에 따라 달라진다.

## 2. 세금이 소득분배에 어떻게 영향을 주는가?

세금을 부과하게 되면 부과된 재화나 서비스의 가격의 변화를 야기시키고, 어떻게 변화하느냐에 따라 소득분배에 영향을 준다. 따라서 세금이 부과될 때 가격이 어떻게 변화하느냐를 아는 것이 중요하다. 가격변화를 분석하는 모형은 다양하나 크게 보면 두 가지로 나눌 수 있다. 하나는 부분균형모형(partial equilibrium model)으로 세금이 부과된 시장만을 분석하는 것이고, 다른 하나는 일반균형모형(general equilibrium model)으로 세금이 부과된 시장뿐만 아니라 관련된 다른 시장에서의 변화까지도 분석하는 것을 말한다. 여기서는 가장 기본적인 분석이라 할 수 있는 부분균형모형에 초점을 맞추어 논의하고자 한다.[1)]

### (1) 단위세(unit tax)의 경우

단위세란 재화의 단위당 일정한 액수를 부과하는 세금을 말한다. 예를 들면, 소주 1병에 100원의 세금을 부과한다든지, 담배 1갑에 200원의 세금을 부과하는 것 등을 말한다. 그렇다면 이러한 단위세가 부과될 때 재화의 가격은 어떻게 변화할까? 여기서는 소주를

1) 이하의 설명은 Rosen(1989)의 분석틀을 바탕으로 한다.

예를 들면서 설명하고자 한다.

먼저 소주에 세금이 부과되기 전의 소주의 가격과 양을 보면 그림에서처럼 소주에 대한 수요와 공급곡선에 따라 $Q_o$의 양과 $P_o$의 가격에서 결정된다.

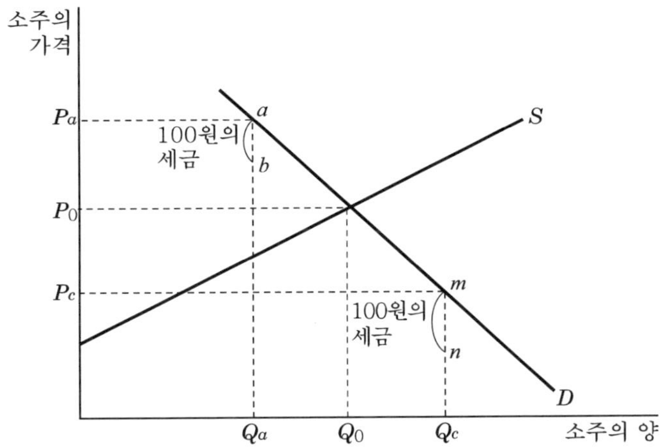


〈그림 4-1〉 세금부과 전의 소주의 양과 가격

그렇다면 소주 1병에 100원의 세금이 부과되면 소주의 양과 가격은 어떻게 변화할 것인가? 그리고 100원의 세금은 누가 부담하는가? 이 경우 단순하게 보면 법적 부담자는 소주를 사는 사람처럼 보인다. 그러나 실제로 누가 부담하느냐는 다르다.

누가 실제로 부담하느냐를 분석하는 데서 중요한 것은 소주를 사는 사람들이 지불하는 가격과 소주의 공급자가 받는 가격이 다르다는 점이다. 여기서 먼저 100원의 세금이 부과되면 소주에 대한 수요가 어떻게 변하는가를 분석하는 것이 중요하다. 수요곡선상의 임의의 점인 $a$를 생각해 보자. 이 점에서는 사람들이 소주를 $Q_a$의 양에서 $P_a$의 가격을 지불한다. 그리고 소주의 소비자의 입장에서는 세금이 부과된다 하더라도 $Q_a$의 양에 $P_a$의 가격을 지불할

용의가 있다는 것을 보여준다.

그러나 소주의 소비자들이 $P_a$의 가격에 소주를 구입할 의사가 있다 하더라도, 소주의 공급자는 이제는 그 가격을 못 받고, 그림의 $b$점의 ($P_a$-100원)의 가격을 받을 수밖에 없다. 이것이 의미하는 것은 세금이 부과된 후에는 $a$점은 더 이상 소주의 공급자가 생각하는 수요곡선에 있지 않다. 대신 $b$점이 공급자가 생각하는 수요곡선상에 있는 것이다. 이것은 소주의 공급자에게는 소주의 소비자가 소주에 얼마나 지불하는가가 중요한 것이 아니라 자신들이 얼마나 받는가가 중요하기 때문이다.

마찬가지로 그림에서의 $m$점의 경우에도 공급자가 생각하는 가격은 $Q_c$의 양에서 $n$점의 가격이고 이것은 $P_c$에서 100원의 세금을 뺀 가격이다. 그래서 공급자에게 의미 있는 수요는 $b$와 $n$을 연결하는 새로운 수요곡선 $D'$로 나타낼 수 있다. 이것이 의미하는 것은 〈그림 4-2〉에서처럼 100원의 세금이 부과되면 판매되는 소주의 양이 $Q_o$에서 $Q_1$으로 줄어든다는 것이다.

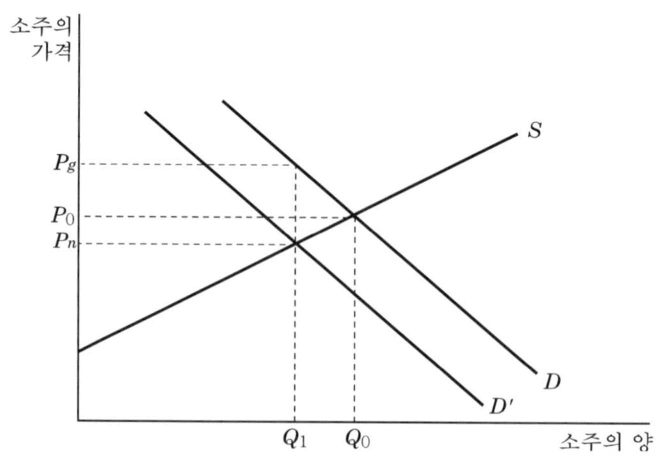


〈그림 4-2〉 수요측면에 부과된 세금의 부담

분석의 두 번째 단계는 새로운 균형가격을 알아내는 것이다. 여기서 중요한 것은 새로운 균형점에서는 두 개의 가격이 존재한다는 점이다. 하나는, 소주의 공급자가 받는 가격이고, 다른 하나는 소주의 소비자가 지불하는 가격이다.

소주의 공급자가 받는 가격은 새로운 수요곡선과 공급곡선이 만나는 점인 $P_n$이다. 반면에 소주의 소비자가 지불하는 가격은 $P_n$에 100원의 세금을 더한 점인 $P_g$가 된다.

그렇다면 소주에 100원의 세금이 부과될 때 누가 실제로 부담하게 되는가? 즉 누가 손해를 보는가? 우선 소비자는 세금이 부과된 후 소주의 가격이 $P_g$로 오르기 때문에 원래의 가격인 $P_o$보다 많이 지불한다. 그렇다고 소비자가 100원의 세금을 모두 부담하는 것은 아니다. 이것은 $P_g$의 가격과 $P_o$의 가격의 차이가 100원보다 적은 것에서 볼 수 있다. 즉 소주의 공급자도 세금을 부담하는 것이다. 공급자는 소주의 원래의 가격인 $P_o$보다 적은 $P_n$의 가격을 받기 때문이다. 간단히 말하여 세금이 부과되면 공급자와 소비자 모두 부담하게 되는 것이다.

지금까지는 소주에 대한 100원의 세금을 소주의 소비자에게 부과할 때의 경우를 분석했는데, 만일 소주의 공급자에게 세금을 부담시키면 어떻게 될 것인가? 결론적으로 말하면 결과는 전과 마찬가지다. 이것은 〈그림 4-3〉에서 볼 수 있다.

그림에서처럼 소주에 100원의 세금이 부과되면, 소비자는 원래의 공급곡선상의 $P_i$의 가격이 아니라 거기다 100원을 더한 $j$점의 가격을 지불하게 된다. 그래서 소비자가 생각하는 새로운 공급곡선은 $S'$가 된다. 이렇게 되면 소비자가 지불하는 소주의 가격은 $P'_g$가 된다. 반면에 공급자가 받는 가격은 $P'_g$에서 100원을 뺀 $P'_n$이 된다. 이것은 이전의 소비자에게 세금을 부과했던 것과 똑같은 결과가 되는 것이다.

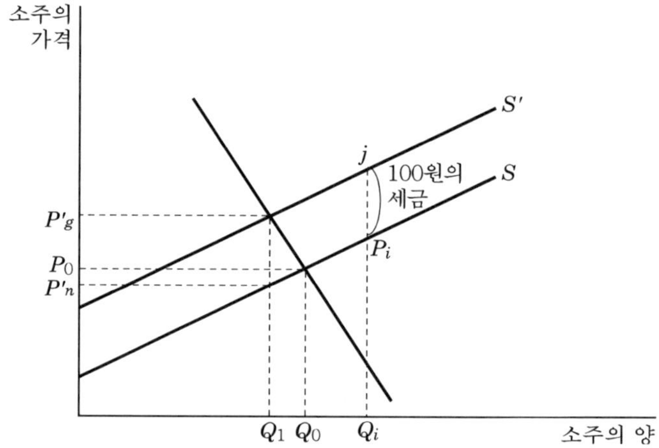


〈그림 4-3〉 공급측면에 부과된 세금의 부담

지금까지의 분석에서 알 수 있듯이, 세금의 부담의 분석에서 중요한 점은 세금이 부과될 때 소비자가 부담하는 가격과 공급자가 받는 가격의 차이가 얼마나 되느냐이다. 이러한 차이를 흔히 'tax wedge'라 하는데, 이것이 세금을 부과할 때 누가 부담하느냐, 즉 소득분배가 어떻게 변화하는가를 결정하는 것이다.

그렇다면 이러한 'tax wedge'는 구체적으로 어떻게 결정되는가? 이것은 세금이 부과되는 재화에 대한 수요와 공급의 탄력성에 의하여 결정된다. 앞의 그림의 경우에는 소주에 세금을 부과했을 때 소비자가 지불하는 가격이 공급자가 받는 가격보다 더 많이 높아져, 소비자가 공급자보다 세금의 부담을 더 많이 한 결과를 가져왔다. 이것은 소주에 대한 수요와 공급의 탄력성(곡선의 기울기)을 그렇게 설정했기(그렸기) 때문이다.

일반적으로 재화의 수요곡선이 탄력적이면, 즉 그 재화의 가격이 오르면 재화에 대한 수요가 쉽게 줄어들어 소비자가 부담하는 세금은 그만큼 적어진다. 마찬가지로, 공급곡선이 탄력적이면 재화의 공급자의 세금부담은 적어진다.

다시 말하여, 세금이 부과된 재화에 대한 수요가 탄력적일수록 소비자들은 그 재화의 가격이 높아지면 다른 재화를 찾게 되어 세금의 부담을 피할 수 있어 결과적으로 재화의 공급자가 세금부담을 많이 하게 되는 것이다. 반대로 세금이 부과된 재화의 가격이 높아졌는데도 불구하고 소비자들의 그 재화에 대한 수요가 변하지 않는다면, 즉 비탄력적이면, 소비자가 세금의 대부분을 부담하게 되는 것이다.

다음의 2가지의 극단적인 예를 보자.

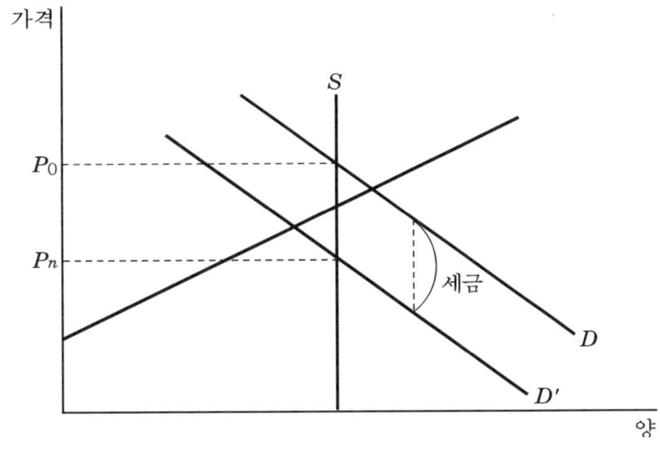


〈그림 4-4〉 공급이 완전비탄력적일 때의 세금부담

〈그림 4-4〉의 경우에서는 재화가 완전히 비탄력적으로 공급된다. 즉 가격의 변화에 상관없이 일정한 공급이 이루어지는 경우이다. 이때 재화에 대한 세금이 부과되면 수요곡선은 $D'$가 되고, 재화의 공급자가 받을 수 있는 재화의 가격은 $P_n$이 된다. 즉 공급자가 받는 가격은 정확히 부과된 세금만큼 줄어든다. 반면에 소비자가 지

불하는 가격은 Po 그대로이어 결국 공급자가 부과된 세금 전부를 부담하는 것이다. 이 경우 일반적으로 재화의 공급자가 소비자보다 소득이 높기 때문에 이 세금은 소득불평등을 줄이는 역할을 할 수 있다.

반대로 재화의 공급이 완전히 탄력적인 경우, 즉 재화의 가격의 변화에 따라 공급이 100% 변화하게 되면 어떠한가? 이 경우는 위의 경우와는 반대로 재화의 소비자가 부과된 세금의 전부를 부담하게 된다.

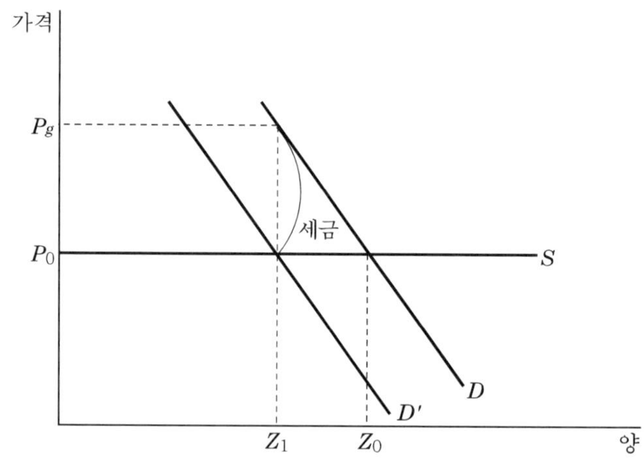


〈그림 4-5〉 공급이 완전탄력적일 때의 세금부담

〈그림 4-5〉에서 보듯이, 재화에 세금이 부과되면 수요곡선은 $D'$가 되고, 그 재화에 대한 수요 양은 $Z_1$이고 재화의 공급자가 받는 가격은 $P_o$이다. 반면에 소비자가 지불하는 가격은 $P_g$로 원래의 가격에다 부과된 세금을 더한 액수가 되어 소비자가 세금의 전부를 부담하게 되는 것이다.

### (2) 종가세(Ad Valorem tax)의 경우

지금까지 논의한 단위세는 재화에 일정한 절대액수가 세금으로 부과되는 것인데 반해, 종가세는 재화나 서비스의 가격에 일정한 비율을 세금으로 부과하는 것이다. 예를 들면, 재산세의 경우 재산가격의 1%를 세금으로 부과한다든지, 사회보장세(국민연금에 대한 기여금)의 경우 임금의 9%를 세금으로 부과하는 경우를 말한다.

이러한 형태의 세금이 부과되면 누가 실질적으로 부담하게 되는가? 기본적으로는 단위세의 경우와 같다. 다만 단위세의 경우는 세금이 부과되면 수요곡선이 동일한 액수만큼 내려갔는데, 이 경우는 동일한 비율로 내려가서 수요곡선의 형태가 달라진다. 예를 들면, 〈그림 4-6〉에서처럼 재화에 대한 세금이 재화의 가격의 25%일 경우, 수요곡선은 $D'$처럼 되어 단위세와 달리 원래의 수요곡선과 수평으로 내려온 새로운 수요곡선이 아니라 약간 기울어진 새로운 수요곡선이다(이것은 높은 가격에서는 동일한 비율이라도 부과된 세금의 절대액수가 크기 때문이다).

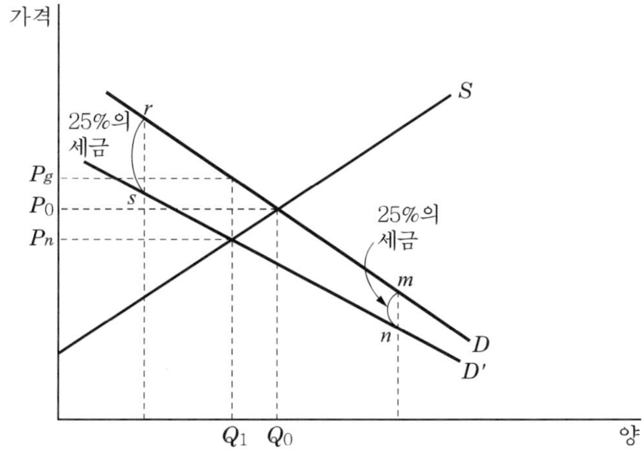


〈그림 4-6〉 종가세의 부담

이렇게 변화된 수요곡선의 형태만 다르지 이후의 분석은 단위세의 경우와 동일하다. 그래서 재화의 공급자가 받는 가격은 $P_n$이고, 소비자가 지불하는 가격은 $P_g$가 되고 이러한 가격들이 얼마인가는 재화에 대한 수요와 공급의 탄력성에 의해 결정된다.

지금까지는 재화에 부과되는 세금만을 논의하였는데, 생산요소에 부과하는 세금의 경우는 어떠한가? 예를 들면, 우리나라에서 국민연금에 부과하는 세금은 임금의 9%이고, 법적으로는 사용자와 피고용자가 절반씩 부담하게 되어있다. 그러나 실질적으로 누가 부담하느냐는 다를 수 있다. 이것은 노동의 공급곡선의 탄력성에 달려있다. 만일 〈그림 4-7〉에서처럼 노동의 공급 양이 임금에 상관없이 일정할 때, 즉 완전히 비탄력적이면 사회보장세는 노동의 공급자인 피고용자가 모두 부담하게 된다.

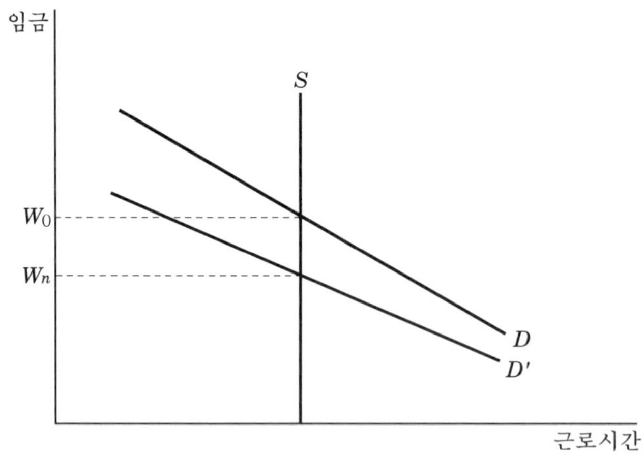


〈그림 4-7〉 사회보장세의 부담

그림에서 보듯이, 사회보장세 부과 전에는 임금은 수요곡선 $D$와 만나는 지점인 $W_o$에서 결정된다. 한편 사회보장세가 부과되면 수요곡선은 $D'$가 되어 근로자가 받는 임금은 $W_n$으로 떨어진다. 반면에 사용자가 지불하는 가격은 $W_o$ 그대로이다. 즉 노동을 공급하는 피고용자가 사회보장세의 전부를 부담하는 것이다.

반대의 경우, 즉 노동공급이 완전히 탄력적일 경우는 노동을 사는 사용자가 사회보장세 모두를 부담하게 된다. 따라서 사회보장세의 부담은 결국 노동공급곡선의 탄력성에 달려 있는데, 많은 국가들에서의 실증적인 조사들에 의하면 노동공급곡선의 탄력성은 거의 0에 가까워 완전 비탄력적이라 할 수 있다. 그렇기 때문에 사회보장세처럼 사용자와 피고용자가 절반씩 부담하는 세금의 경우 실질적으로는 피고용자가 그러한 세금을 모두 부담한다고 할 수 있다. 일반적으로, 사용자가 피고용자보다 소득이 높기 때문에 이것은 소득분배를 악화시킬 수 있다. 또한 피고용자들 사이에서도 임금수준에 상관없이 동일율의 세금이 부과되기 때문에 고소득층보다 저소득층의 실질적인 부담이 더 크게 되어(고소득층은 저소득층보다 총 자산이 크기 때문에) 소득불평등이 커질 수 있다.

그리고 대부분의 국가들에서(우리나라를 포함한) 사회보장세가 피고용자가 받는 모든 임금에 부과하는 것이 아니고 일정한 상한액까지만 부과하기 때문에 실질적으로 고임금근로자들이 저임금근로자들보다 부담이 적은 것도 소득불평등이 커질 수 있다. 예를 들면, 우리나라의 국민연금의 경우 상한액이 월 360만원인데, 월소득이 1,000만원인 경우 나머지 640만원에 대해서는 부과하지 않기 때문에 저소득층이 고소득층에 비하여 실질적인 부담이 큰 것이다.

지금까지 재화나 생산요소(임금)에 대한 동일한 액수 혹은 동일한 비율의 세금이 부과될 때 실제로 누가 세금을 부담하느냐에 대하여 논의하였다. 여기서 중요한 것은 누가 부담하느냐는 재화나 생산요소에 대한 수요와 공급의 탄력성에 달려 있다는 점이다. 그래서 어떤 세금의 소득분배 효과가 어떠한가를 알기 위하여는 부과된 재화나 생산요소의 수요와 공급의 탄력성과 그것으로 인한 가격변화에 대한 실증적인 조사를 통해서만이 알 수 있다. 따라서 모든 세금의 종합적인 소득분배 효과를 정확히 알기 위하여는 상당히 어려운 복잡한 작업이 필요하다.

그럼에도 불구하고 확실한 것은 세금을 통하여 소득불평등을 줄이기 위하여는 소득이나 자산에 따라 부과하는 세금의 비율이 다른 조세가 필요하다는 것이다. 그래서 소득이 높을수록 세율이 누진적으로 높아지는 개인소득세나 일정한 액수의 자산을 초과하는 경우는 별도의 세금을 부과하는 부유세나 소득이 높은 사람들이 주로 소비하는 재화나 서비스에 특별히 부과하는 특별소비세 등이 소득불평등을 줄이기 위하여 필요한 것이다. 그리고 이러한 재원으로 사회복지를 확대하면 소득불평등 감소효과는 이중으로 커질 수 있는 것이다.

반면에 모든 임금에 동일한 비율의 세금을 부과하는 사회보장세나 모든 재화나 서비스의 소비에 동일한 액수나 동일한 비율의 세금을 내는 소비세 등은 역진적이어 소득불평등을 크게 할 수 있다. 따라서 이러한 재원으로 사회복지를 확대하여도 소득불평등이 크게 줄지 않는다. 실제로 사회보장세를 주요 재원으로 하는 사회복지제도들, 즉 사회보험들(국민연금, 건강보험, 고용보험, 산재보험)의 소득재분배 효과는 원래 의도한 것처럼 크지가 않다.

따라서 한 나라의 소득불평등의 정도는 사회복지의 확대 여부에도 달려있지만 더 중요한 것은 그 나라의 사회복지를 위한 재원의 구성이 어떠하냐에 달려 있다 할 수 있다. 그 재원이 개인소득세 등과 같은 누진적인 조세들로 주로 구성이 되어 있다면 소득불평등이 낮을 것이고, 반대로 역진적인 조세로 구성이 되어 있다면 소득불평등은 클 것이다. 물론 한 나라의 소득불평등의 정도는 시장으로부터의 소득의 불평등에 의하여 크게 영향을 받는다. 그러나 자본주의 시장경제의 국가들에는 어느 나라나 시장소득만으로의 소득불평등은 크기 때문에 결국 소득불평등을 줄이는 것은 사회복지이다. 대표적인 예가 스웨덴으로 스웨덴에서도 시장소득의 불평등은 어느 나라 못지않게 크나 이 나라의 소득불평등이 낮은 것은 사회복지가 크게 확대되었기 때문이다.

## 3. 조세지출과 소득분배

지금까지는 재화나 생산요소에 조세를 부과했을 때 소득분배에 어떠한 영향을 주는가에 대하여 논의하였다. 그런데 조세제도에는 조세지출(tax expenditure)이라 하여 특정한 목적을 위하여 세금을 거두어 지출하는 대신 각종의 조세를 감면하는 방법을 통하여 그 목적을 이루는 제도가 있다.

예를 들면, 아동의 복지를 위하여 세금을 거두어 아동이 있는 가구에게 가족수당(아동수당)을 급여하는 대신에, 아동이 있는 가구가 내어야 할 세금에서 일정한 액수를 면제시키는 것이다. 아동의 복지라는 동일한 목적을 이룰 수 있는 것이다.

조세지출제도가 필요한 이유는 크게 보면 두 가지인데 하나는 조세를 부과하고, 거두어들이고, 지출하는데 필요한 많은 비용을 줄일 수 있다는 점이다. 더 중요하고 본질적인 이유는 '과대정부' 혹은 '정부의 실패(government failures)'에 대한 비판을 피하고자 하는데 있다.

조세지출의 규모는 국가에 따라 차이가 많은데 일반적으로 '작은 정부'를 지향하는 국가들에서는 조세지출의 규모가 크다. 예를 들면, 미국의 경우는 조세지출이 총 정부지출의 약 35%를 차지하고, 우리나라의 경우도 총 국세의 약 15%를 차지한다.

이 정도의 규모면 조세지출이 소득분배에 미치는 영향은 클 수 있다. 조세지출과 소득분배의 관계를 알기 위하여는 먼저 조세지출의 형태에 대한 이해가 필요하다.

조세지출은 크게 나누면 두 가지 형태가 있다. 하나는 경제활동 활성화를 위한 조세지출로 주로 기업을 대상으로 한다. 예를 들면, 기업에서 기술 개발을 위한 투자를 할 때 세금을 감면해 주는 것이다. 대부분의 국가들에서 이러한 형태의 조세지출이 압도적으로 크다. 예를 들면, 미국의 경우 이러한 형태의 조세지출이 전체 조세지출의 약 60%를 차지하고, 우리나라의 경우는 약 80%를 차지한다.

다른 하나는 경제적 필요(needs)를 고려한 이른바 '복지성' 조세지출이다. 예를 들면, 아동, 장애인, 노인이 있는 가구들에게 세금감면을 하거나, 각종의 복지성 지출(의료비, 교육비, 주택비, 보험료 등)에 대한 세금감면을 해 주는 것을 말한다.

조세지출은 소득분배에 어떠한 영향을 주는가? 우선 조세지출의 대부분을 차지하는 이른바 경제활동 활성화를 위한 조세지출은 주로 기업, 즉 사용자(자본가)들에게 혜택이 주어지기 때문에 고소득층이 주로 혜택을 받을 가능성이 커서 소득불평등이 커질 수 있다.

'복지성' 조세지출도 저소득층에 비하여 고소득층에게 더 많은 혜택이 돌아가 소득불평등을 커지게 만든다. 이것은 두 가지 이유 때문인데, 우선 단순하게 많은 수의 저소득층은 소득이 낮아 과세대상에서 제외되기 때문에 이러한 복지성 조세지출제도로부터 혜택을 전혀 받지 못한다.

예를 들면, 우리나라의 경우 현재 근로소득자들 가운데 대략 40%만이 개인소득세 납부 대상이고, 자영업자(사업소득자) 가운데는 약 30% 정도가 소득세 납부 대상이다. 즉 각종의 조세지출은 다수의 조세 납부 미대상자들에게는 아무런 혜택이 돌아가지 않는 것이다.

둘째는, 납세자들 가운데서도 소득이 높을수록 조세지출의 혜택을 받는 액수가 커지기 때문이다. 이것은 다시 두 가지 때문인데, 하나는 소득이 높은 가구일수록 조세지출을 통하여 조세를 감면받는 항목들과 액수가 커지기 때문이다. 예를 들면, 소득이 높을수록 각종의 보험료 지출(개인연금, 손해보험, 자동차보험, 생명보험 등)이 많고, 또한 의료비, 교육비, 주택비 등의 지출이 많아 소득이 낮은 가구들에 비하여 세금감면 액수가 많아진다.

다른 하나는, 누진적인 개인소득세 때문에 소득이 높을수록 조세감면의 액수가 커지기 때문이다. 예를 들면, 우리나라의 경우 아동 1인당 100만원의 소득공제를 받는데, 과세소득이 8,000만원 이상인 경우는 개인소득세율이 36%이기 때문에, 한계세율 방식으로 계산할 때 대략 28만원의 세금감면을 받는 반면, 과세소득이 1,000만원인 경우는 세율이 9%이기 때문에 9만원의 세금감면을 받을 뿐이다.

이렇게 조세지출은 역진적인 성격을 갖고 있는데 이것은 많은 실증적인 조사들에 의하여 뒷받침된다. 예를 들면, 미국에서의 한 조사에 의하면 소득계층별 하위 50%의 사람들은 전체 조세지출의 약 12%를 차지하는 반면, 상위 7%의 사람들은 전체 조세지출로부터의 혜택의 약 50%를 차지하는 것으로 나타났다(Witte, 1988).

또한 아동을 위한 조세감면만을 조사한 미국에서의 연구에 의하면, 1984년의 경우 연소득 3만불 이상의 고소득층은 이 제도로 전체 조세지출 160억 달러 가운데 90억 달러 이상을 차지하는 반면에, 연소득 5,000달러 이하의 저소득층은 아동을 위한 조세지출로 아무런 혜택을 못 받는다(Pressman, 1992).

이렇게 조세지출은 역진적이기 때문에 소득불평등을 줄이기 위하여는 조세지출을 없애거나 줄여 세금을 거두어 소득재분배정책에 사용해야 한다. 여기서는 아동을 위한 조세지출만을 예를 들어 논의하고자 한다.

우리나라는 현재 전 세계 64개 국가들에서 모든 가구들 혹은 모든 피고용자들을 대상으로 실시하고 있는 가족수당(아동수당) 제도가 없다. 다만 공무원을 대상으로 혹은 민간부문의 일부 대기업들에서 가족수당제도를 갖고 있을 뿐이다. 그래서 많은 수의 소득이 없는 가구들, 대부분의 기업들의 근로자들, 그리고 영세자영업자들은 가족수당의 혜택을 전혀 못 받고 있다. 또한 이러한 사람들은 대부분 아동을 위한 조세지출제도의 혜택도 못 받는다.

따라서 우리도 가족수당을 실시하든지, 아니면 가족수당제도가 없는 미국에서 하는 것처럼 일정한 소득 수준 이상의 고소득층에게는 아동을 위한 조세감면 혜택을 주지 않고, 이만큼 세수를 늘려 이 재원으로 저소득층 아동에게 급여를 해야 할 필요성이 높다.

최근 우리나라에서도 인구 고령화와 저출산의 상황에서 가족수당을 도입하자는 논의가 있었으나 많은 예산이 필요하다는 이유로 아직 도입하지 못하고 있다. 그래서 과도기적으로 우리도 미국처럼 일정한 소득 이상의 고소득층에게는 아동을 위한 조세지출의 혜택을 주지 말고 그만큼 조세를 늘릴 필요가 있다.

만일 이렇게 하면 얼마 정도의 조세수입이 늘어날까? 우리나라는 현재 20세 이하의 아동 1인당 100만원의 소득공제를 해주고 있다. 이러한 소득공제 대상이 되는 아동들의 숫자가 대략 1,500만명 되는데, 이 가운데 소득 상위 20%에 속하는 가구들에 사는 아동들을 대략 300만명으로 가정하자. 만일 이들에게 조세감면 혜택을 주지 않고, 이들의 평균적인 소득세율을 대략 20%로 잡으면, 아동 1인당 20만원의 세수 확대가 이루어질 수 있어 전체적으로 대략 6000억원의 조세수입이 늘어날 수 있다.

이 정도의 재원으로는, 가장 가난한 25만명의 아동들에게 월 20

만원의 급여를 할 수 있는 돈이다. 이렇게 고소득 가구들의 아동들에게 불필요하게 주어지는 사회적 자원을 저소득 가구들의 아동들에게 급여하면, 사회 전체적으로 소득불평등도 줄일 뿐만 아니라, 무엇보다도 저소득 가구들의 아동들의 복지가 크게 향상되어 이들의 인적자본이 높아지면 국가발전에도 크게 기여할 수 있는 것이다.

요약하면, 조세지출제도는 역진적이어 소득불평등을 증가시키는데, 그 이유는 경제성장을 위한 조세지출이 불필요하게 너무 많다는 것이고, '복지성' 조세지출도 고소득층이 저소득층에 비해 더 많은 혜택을 보기 때문이다. 따라서 조세지출을 대폭 줄여 과세대상을 넓히게 되면 개인소득세의 세율을 높이지 않아도(우리나라는 특히 조세부담의 비형평성의 문제 때문에 세율을 높이는 것에 대한 조세저항이 크기 때문에), 조세수입을 늘릴 수 있고, 이렇게 늘어난 조세수입으로 적극적인 소득보장정책에 사용하면 소득불평등도 줄고, 가난한 사람들의 복지도 크게 높아질 수 있는 것이다.

5
chapter

# 조세와 복지 : 효율

앞에서 언급했듯이 조세는 사람들의 행위를 변화시켜 사람들의 효용에 영향을 주거나 국가경제에 영향을 줄 수 있다. 지금부터는 조세가 효율에 미치는 영향에 관하여 논의하기로 한다.

세금은 납세자들에게 비용을 부담시킨다. 단순히 생각하면 여기서 비용은 납세자들이 정부에 낸 돈만으로 여기기 쉽다. 그러나 납세자들이 부담하는 비용은 그 이상이다. 다음의 예에서 쉽게 알 수 있다.

갑이라는 사람은 일주일에 1병에 1,000원 하는 소주 10병을 소비하면서 만족하며 살아간다. 그런데 어느 날 정부가 소주 1병에 1,000원의 세금을 부과하며, 이제 소주 1병 값이 2,000원이 되었다. 이렇게 되자 갑은 소주를 소비하지 않고 그 돈으로 다른 술을 소비한다. 이렇게 되어 갑은 소주에 대한 세금을 전혀 부담을 안 한다. 이 경우 갑은 소주에 대한 세금에 의하여 전혀 영향을 안 받는 것인가? 아니다. 갑은 소주에 대한 세금 부과 전에 비하여 삶의 질(행복)이 나빠졌다. 왜냐하면, 세금 때문에 갑은 자기가 평소 좋아하던 소주를 포기해야 하고 덜 선호하는 술을 소비할 수밖에 없기 때문이다. 즉 갑의 만족감(효용)이 줄어든 것이다.

상기의 예에서는 갑이 소주를 전혀 소비안하는 경우인데, 만일 갑이 소주의 소비를 5병으로 줄였을 경우는 어떠한가? 결과는 마찬가지로 갑의 효용은 그 만큼 줄어드는 것이다. 이렇게 세금이 부과되었을 때 거두어들이는 세금 이상으로 사람들의 복지(효용)가 줄어드는 것을 초과부담(excess burden)이라 한다. 즉 부과된 세금을 초과하는 부담을 말하는 것이다. 그래서 초과부담은 흔히 복지(후생)비용(welfare cost) 혹은 자중손실(deadweight loss)이라 부르기도 한다. 초과부담의 개념은 조세와 효율의 관계에서 핵심적이기 때문에 지금부터 이것에 관하여 자세히 설명할 필요가 있다.[1)]

## 1. 초과부담(excess burden)에 대한 기본적인 설명

초과부담을 설명하기 위하여 다음의 단순한 모형을 가정하자. 갑은 한 달에 소득이 2만원이고 이 사람은 이 돈으로 1병에 1,000원 하는 소주와 1병에 2,000원 하는 맥주 두 가지의 재화에만 소비한다. 이 경우 이 사람이 2만원으로 소주와 맥주를 얼마나 소비할 수 있는지를 보여주는 예산선(budget constraint)은 다음의 〈그림 5-1〉처럼 나타낼 수 있다. 그래서 2만원으로 소주만 20병을 소비할 수도 있고, 아니면 맥주만 10병을 소비할 수 있다. 또한 2만원한도 내에서 소주 10병과 맥주 5병을 소비할 수 있다. 즉 $AD$선이 이 사람의 예산선이다.

이 사람은 소주와 맥주를 몇 병씩 소비해야 자신의 효용이 극대화될까? 여기서는 무차별곡선 $i$와 예산선이 접하는 지점인 $E_1$에서

1) 이하의 설명은 Rosen(1989)의 분석틀을 바탕으로 한다.

이 사람의 효용이 극대화된다고 가정하자. 즉 그림에서 보듯이 이 사람은 한 달에 소주를 14병과 맥주를 3병을 소비하는 데서 만족감이 가장 큰 것이다.

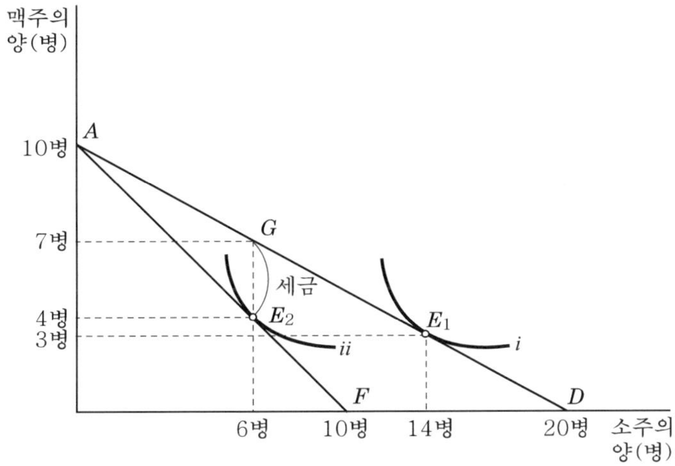


〈그림 5-1〉 예산선에 미치는 세금의 효과

이러한 상황에서 이제 정부가 소주 1병에 1,000원의 세금을 부과했다고 가정하자. 이렇게 되면 어떻게 될 것인가? 이렇게 되면 우선 이 사람의 예산선이 변하여 $AF$가 된다. 왜냐하면, 이제 소주의 가격이 2,000원으로 올랐기 때문에 이 사람이 2만원으로 살 수 있는 소주는 10병이 한계이고, 맥주 값은 변하지 않았기 때문이다.

이렇게 소주 1병에 세금이 1,000원이 부과되면, 세금은 얼마나 거둘 수 있는가? 예를 들어 설명하면 이 사람은 세금이 부과되기 전에는 소주 6병과 맥주 7병을 살 수 있었다. 그런데 소주에 세금이 부과된 후에는 만일 이 사람이 소주 6병을 사면 이제는 맥주를 4병밖에 못산다. 즉 맥주 7병과 맥주 4병의 차이, 맥주 3병의 값인 6,000원이 세금인 것이다. 이것은 세금 전의 예산선인 $AD$와 세금 후의 예산선인 $AF$와의 수직상의 거리인 것이다.

그렇다면 이 사람이 새로운 예산선에서 자신의 효용을 극대화할 수 있는 소주와 맥주의 소비양은 얼마일까? 이것은 새로운 예산선인 $AF$와 무차별곡선 $ii$와 접하는 $E_2$점으로 소주 6병과 맥주 4병이다. 이 사람은 명확히 $E_1$의 상태에서보다 $E_2$의 상태에서 효용(만족)이 줄었다. 그러나 여기서 중요한 것은 소주에 세금을 부과한 것이 거두어들인 세금액보다 갑의 효용을 더 많이 줄이느냐는 점이다. 만일 더 많이 줄인다면, 소주에 대한 세금은 초과부담을 야기시키는 것이다.

이것을 알기 위하여는 이 사람의 무차별곡선이 $i$에서 $ii$로 이동할 때 상실하는 효용을 돈으로 계산된 양을 찾아야 한다. 이것을 측정하는 하나의 방법이 등가변이(equivalent variation)인데, 이 사람을 무차별곡선 $i$에서 $ii$로 이동하기 위하여 이 사람으로부터 줄어진 소득액이다. 기본적으로, 등가변이는 세금으로 말미암아 발생된 효용의 상실을 소득에서의 감소의 양으로 측정하는 것이다.

이것은 〈그림 5-2〉에서 볼 수 있다. 어떤 사람의 소득이 준다는 것은 그 사람의 원래의 예산선에 안쪽으로 평행으로 이동시키는 것으로 나타낼 수 있다. 그래서 등가변이를 찾아내기 위하여는 예산선을 안쪽으로 무차별 곡선 $ii$와 접할 때까지 평행으로 이동시키면 된다. 그리고 이동된 크기가 등가변이인 것이다. 그림에서 예산선 $HI$가 $AD$와 평행으로 이동했고 무차별곡선 $ii$와 접한다. 그래서 $HI$와 $AD$ 사이의 수직상의 거리인 $ME_3$가 등가변이인 것이다. 이 사람에게는 소주에 대한 세금을 부과받는 것이나 이만큼의 소득을 잃는 것이나 같은 것이다.

여기서 주목할 점은 등가변이인 $ME_3$가 거두어들인 세금액인 $GE_2$보다 크다는 점이다. 이것은 그림에서 보듯이 $ME_3$가 $GN$과 같고, 따라서 $ME_3$는 거두어들인 세금액인 $GE_2$보다 $E_2N$만큼 큰 것이다. 즉 이 사람에게는 소주에 세금이 부과됨으로 인해, 거두어들인 세금보다 $E_2N$만큼의 복지(효용)에서의 상실을 겪는 것이다. 즉 이 만큼이 초과부담인 것이다.

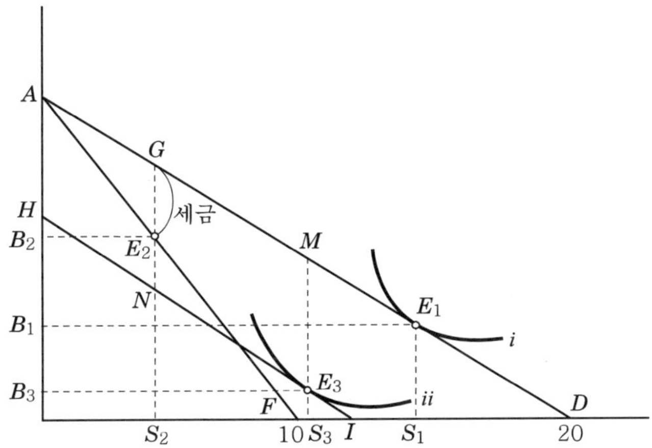


〈그림 5-2〉 세금의 초과부담

그렇다면 모든 세금은 모든 사람들에게 초과부담을 발생시키는가? 그렇지 않다. 세금의 형태에 따라 다르다. 이른바 럼섬세금(lump sum tax)은 초과부담을 발생시키지 않는다. 럼섬세금은 납세자들의 행위에 상관없이 일정한 액수를 부과하는 것을 말한다. 만일 정부가 갑에게 만원의 세금을 부과하면, 갑은 이 세금을 피할 방법이 없는 것이다. 유일한 방법은 나라를 떠나거나 죽는 것이다. 반면에 소주에 부과된 세금은 갑이 어떠한 행동을 하느냐에 따라 거둬들이는 액수가 달라진다. 갑이 소주의 소비를 줄이면 그 만큼 세수는 줄어드는 것이다.

럼섬세금이 왜 초과부담을 발생시키지 않는가는 상기의 예를 통하여 설명하면 다음과 같다. 럼섬세는 단순히 갑의 소득을 줄이는 것이기 때문에 맥주와 소주의 상대적 가격을 변화시키지 않는다. 이렇게 가격변화가 없으면 갑의 예산선은 럼섬세 부과전의 예산선인 $AD$와 평행으로 안쪽으로 내려간다. 또한 갑이 럼섬세가 부과되어도 소주에 대한 세금이 부과될 때와 같은 효용을 유지한다고 가정하면 럼섬세가 부과된 후의 예산선은 무차별곡선 $ii$와 접해야 한다.

〈그림 5-2〉에서 무차별곡선 $ii$와 $E_3$에서 접하는 예산선 $HI$가 그러하다. 이러한 예산선에서 갑은 $S_3$병의 소주와 $B_3$병의 맥주를 소비하는 데서 가장 큰 만족을 얻는다. 그리고 럼섬세로 거두어 들인 세금은 $ME_3$로 나타낼 수 있다. 앞에서 설명했듯이 $ME_3$는 무차별곡선 $i$로부터 무차별곡선 $ii$로 이동시킬 때의 등가변이인 것이다. 이것은 럼섬세는 단순히 예산선을 평행으로 이동시키기 때문이다. 이렇게 소주에 대한 세금과 달리, 럼섬세는 거두어들이는 세금이 등가변이와 같기 때문에 초과부담을 발생시키지 않는 것이다. 다시 말하여, 럼섬세는 소주에 대한 세금을 부과할 때와 동일한 효용(무차별곡선)을 유지하면서도 세금을 더 걷을 수 있는 것이다.

이렇게 럼섬세가 초과부담을 발생시키지 않아 효율적인데, 왜 많은 국가들에서 이러한 럼섬세를 부과하지 않는가? 가장 중요한 이유는 이러한 세금을 채택하는 것이 정치적으로 인기가 없기 때문이다. 예를 들면, 모든 국민들에게 1년에 100만의 세금을 부과하는 럼섬세의 경우, 대부분의 사람들이 반대한다. 왜냐하면 대부분의 사람들은 경제적 능력에 상관없이 모든 사람들에게 동일한 100만원을 부과하는 것은 공평하지 않다고 생각하기 때문이다.

지금까지 설명했듯이 어떤 재화에 세금이 부과될 때 초과부담이 발생하는 것은 그 재화에 대한 수요가 변화하기 때문이다. 그렇다면 세금이 부과되었는데도 불구하고 그 재화에 대한 수요가 변하지 않는다면 초과부담은 발생하지 않는가? 답은 초과부담이 여전히 발생한다.

이것은 상기의 갑의 예에서 설명할 수 있다. 앞에서는 갑이 소주에 대한 세금이 부과되자 소주에 대한 소비를 줄였다. 만일 갑이 소주에 대한 세금에도 불구하고 여전히 전과 같은 양의 소주를 소비한다면 어떻게 될까? 이것은 〈그림 5-3〉에서 볼 수 있다.

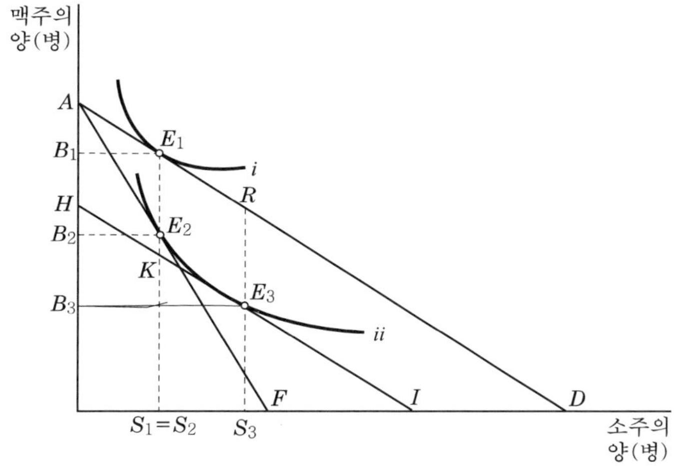


〈그림 5-3〉 수요변화가 없었을 때의 세금의 초과부담

전처럼 갑의 소주에 대한 세금부과전의 예산선은 $AD$이고, 세금 부과 후의 예산선은 $AF$이다. 그러나 전과 다른 것은 소주에 대한 세금이 부과된 후에도 갑의 소주에 대한 수요는 변하지 않아, $S_1 = S_2$이다. 그리고 소주에 대한 세금으로 $E_1E_2$만큼 거둘 수 있다. 이 경우 초과부담이 발생하는가? 그림에서 보듯이 이 경우 소주에 대한 세금의 등가변이는 $RE_3$이고, 이것은 소주에 대한 세금 부과의 세수액인 $E_1E_2$를 $E_2K$만큼 초과하는 것이다. 즉 갑의 세금 부과 후에 소주에 대한 수요가 변하지 않아도, $E_2K$만큼의 초과부담이 발생하는 것이다.

왜 이러한가? 이것은 간단히 이야기하면 소주에 대한 세금이 부과된 후에 갑이 소주에 대한 수요를 줄이지 않는다면, 갑의 맥주에 대한 수요를 $B_1$에서 $B_2$로 줄일 수밖에 없기 때문이다. 즉 소주에 대한 세금이 소주와 맥주의 상대적 가격을 변화시키면, 한계대체율(marginal rate of substitution)이 영향을 받아 소비하는 재화들의 구성이 왜곡되기 때문이다.

좀더 자세히 설명하면 다음과 같다. 소주에 대한 세금이 부과되면 갑은 두 가지 형태의 대응을 하게 된다. 하나는 이른바 무보상대응(uncompensated response)으로 $E_1$에서 $E_2$로 이동하는 것이다. 이것은 세금으로 소주와 맥주에 대한 소비의 형태가 변하는 것을 보여주는 것이고, 소득이 줄고 세금으로 소주와 맥주의 상대적 가격이 변하는 것을 나타내는 것이다.

그런데 $E_1$에서 $E_2$로 이동하는 것은 다시 $E_1$에서 $E_3$로 이동하는 것과 $E_3$에서 $E_2$로 이동하는 것으로 분해할 수 있다. 여기서 $E_1$에서 $E_3$로 이동하는 것은 앞에서 설명했듯이 어떤 럼섬세가 소비에 미치는 효과를 나타내는 것이다.

이러한 변화를 흔히 소득효과(income effect)라 부르는데 이것은 순전히 소득이 줄어드는 데서 발생하는 것으로 소주와 맥주의 상대적 가격은 변하지 않기 때문이다. 그림에서 보듯이 $HI$의 예산선은 $AD$ 예산선보다 아래에 있고, 기울기는 같은 것이다.

반면에 $E_3$으로부터 $E_2$로의 이동은 순전히 소주와 맥주의 상대적 가격의 차이에 기인한다. 예산선 $AF$는 $AD$와 기울기의 차이가 있다. 이것은 소주에 대한 세금 때문에 소주의 가격이 올라도 전처럼 소주를 소비할 수 있도록, 그래서 갑의 효용을 세금전과 동일하게 유지할 수 있도록 마치 갑에게 더 많은 소득을 주는 것처럼 하기 때문에 발생한다. $E_2$와 $E_3$는 동일한 무차별곡선상에 있다. 즉 갑은 소주의 값이 올라가도 더 많은 소득으로 '보상(compensated)'받기 때문에, $E_3$에서 $E_2$로의 이동은 '보상대응(compensated response)'이라 한다. 이러한 보상대응은 흔히 대체효과(substitution effect)라 불리기도 한다.

초과부담을 계산하는 데 있어 중요한 것은 보상대응이다. 왜냐하면 초과부담은 무차별곡선 $ii$ 상에 있는 $E_2$와 $E_3$점에서의 세수(tax collection)의 차이를 비교하면 알 수 있기 때문이다. 그리고 위에서 언급했듯이 무차별곡선 $ii$에서의 $E_3$에서 $E_2$로의 이동은 바로 보상대응인 것이다. 또 이러한 이동에서 한계대체율이 변하는 것이다. 그리고 한계대체율이 변하면 파레토 효율적인 자원의 배분을 위한 필요조건이 위배되는 것이기 때문이다.

통상적인 수요곡선은 재화의 가격이 변할 때 그 재화에 대한 수요에서의 무보상대응(변화)을 나타낸다. 반면에 보상수요곡선은 가격이 변하고 동시에 사람들이 소비하는 재화들이 동일한 무차별곡선상에 있도록(즉 효용을 유지할 수 있도록) 하기 위하여 소득이 '보상'될 때 어떻게 수요가 변하는가를 보여준다. 간단히 이야기하면, 초과부담은 통상적인 수요곡선이 아니라 보상수요곡선 상에서의 변화에 달려 있는 것이다.

지금까지의 논의가 다소 이론적인 냄새가 나지만, 이러한 논의는 현실적으로도 중요하다. 우리가 조세정책을 이야기할 때, 흔히 어떤 조세가 사람들의 나타난 행위에 어떠한 영향을 주는가에만 관심이 있다. 그래서 조세에 의하여 나타난 행위가 없으면 거기에는 효율의문제가 없는 것으로 간주하는 경향이 있다. 예를 들면, 소득세가 부과되었을 때 사람들의 근로시간이 변화하지 않으면, 소득세는 효율의 문제를 야기하지 않는다고 주장하는 사람들이 있다. 그러나 위에서 설명했듯이 이러한 주장은 잘못이다. 왜냐하면, 세금이 부과된 재화에 대한 무보상 대응이 전혀 없다 하더라도, 거기에는 심각한 초과부담이 발생할 수 있기 때문이다.

## 2. 조세와 노동공급

사람들에게 조세를 부과하면 사람들의 행위가 변할 수 있다. 어떤 사람들은 일을 덜 한다거나 저축액을 줄일 수 있다. 사회복지의 확대를 반대하는 사람들의 주요논리 가운데 하나가 사회복지를 확대하기 위하여는 조세를 늘려야 하는데 이렇게 조세를 늘리게 되면 사람들이 일을 적게 하거나 저축을 적게 하여 경제성장을 둔화시킨다는 점이다. 과연 그러한가? 여기서는 먼저 조세가 사람들의 노동공급에 미치는 영향에 관하여 논의하고자 한다.

조세와 노동공급의 관계를 논의하기 위하여는 먼저 사람들의 근로동기(노동공급량)가 어떻게 결정되는가에 대한 이해가 필요하다. 사람들의 근로동기는 다양한 요인들에 의하여 결정되지만, 가장 기본적으로는 일과 여가 가운데 어떤 선택을 하는 것이 자신들의 효용을 극대화할 수 있는가에 의하여 결정된다고 할 수 있다. 이것은 그림으로 표시하면 다음과 같다.

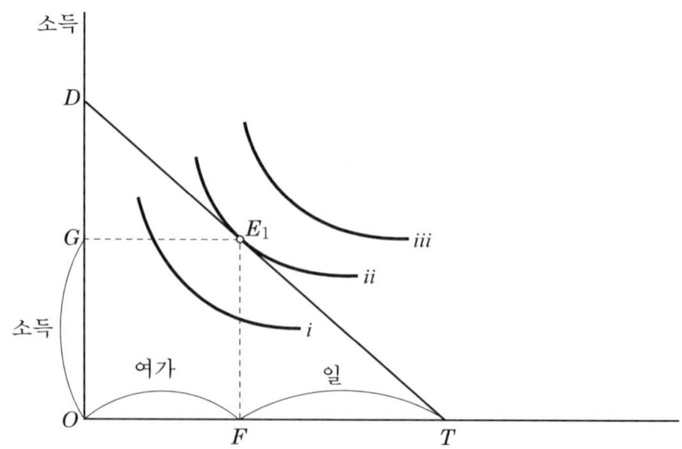


〈그림 5-4〉 효용극대화를 위한 여가와 일의 선택

〈그림 5-4〉에서 보듯이 이 사람은 일을 전혀 안 하는 $T$점에서는 소득이 전혀 없고 반면에 여가가 전혀 없이 일만 하면 $OD$의 소득이 있어 이 사람의 예산선은 $DT$이다. 그리고 이 예산선의 기울기가 이 사람의 임금률이라 할 수 있다. 이러한 상황에서 이 사람이 일과 여가 가운데 어떤 선택을 하는 것이 이 사람의 효용을 극대화할 수 있는가? 이것은 그림에서 보듯이 무차별곡선 $ii$와 예산선이 만나는 지점인 $E_1$으로, $OF$만큼은 여가를 누리고 $FT$만큼 일을 하여 $OG$의 소득을 얻을 때 이 사람의 효용이 극대화되는 것이다.

그렇다면 이 사람에게 이제 세금이 부과되면 어떻게 될까? 예를 들어, 이 사람에게 근로소득의 10%를 세금으로 부과하면, 이 사람의 일에 대한 보상으로서 실질소득(과세후소득)은 그만큼 준다. 그리고 그만큼 여가의 값(기회비용)이 싸져서, 앞의 그림에서처럼의 일과 여가의 선택인 $E_1$점이 이제는 바뀌게 되는 것이다. 이것을 그림으로 나타내면 다음과 같다.

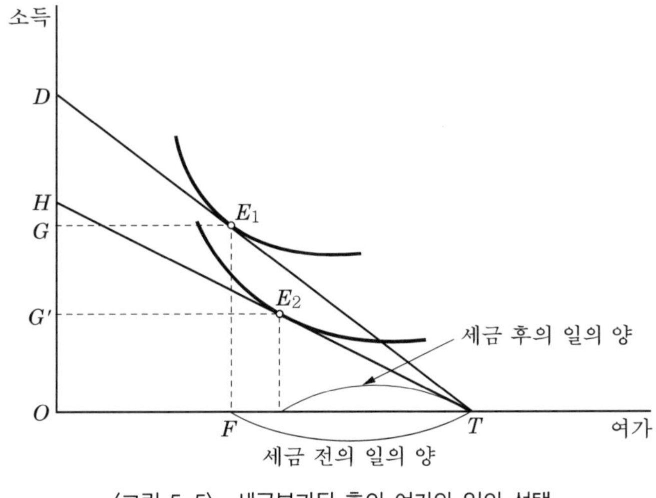


〈그림 5-5〉 세금부과된 후의 여가와 일의 선택

〈그림 5-5〉에서 보듯이, 전과 달리 이 사람의 예산선의 기울기가 전보다 평평한 $HT$선이 된다. 이것은 세금이 부과되어 일을 했을 때 실질소득(임금률)이 줄어들기 때문이다. 이러한 예산선상에서 이제 이 사람은 $E_2$지점에서 자신의 효용을 극대화할 수 있는데, 이것은 $OI$의 여가와 $IT$의 일을 해서 $OG'$의 소득을 올리는 점인 것이다. 여기서 보듯이 이 사람은 세금이 부과될 때 세금이 부과되기 전에 비하여 노동공급을 $FT$에서 $IT$로 줄이는 것이다.

세금이 부과되면 모든 사람들이 이러한 행위를 할 것인가? 그렇지 않다. 어떤 사람들은 세금이 부과된 후에 일을 더 많이 하는 것을 원할 수 있다. 이것을 그림으로 나타내면 다음과 같다.

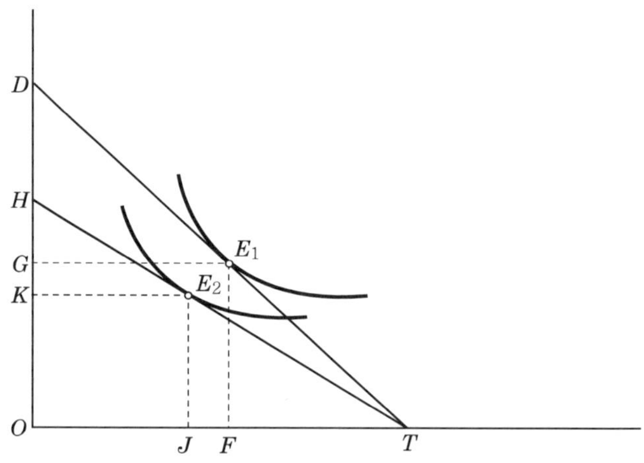


〈그림 5-6〉 세금부과 후 노동공급이 늘어나는 경우

〈그림 5-6〉에서 보듯이 이 사람은 세금이 부과된 후에 오히려 JF만큼 일을 더 하는 데서 자신의 효용을 극대화하는 것이다.

왜 세금이 부과되면 어떤 사람은 일을 덜 하고 어떤 사람은 일을 더 하려고 하는가? 이것을 이론적으로 소득효과와 대체효과로 설명할 수 있다. 전자의 경우처럼, 세금이 부과되어 과세후 소득이 줄면 그만큼 여가의 기회비용이 싸져 사람들은 일 대신에 여가를 선호하는 대체효과가 발생하여 일을 적게 하는 것이다.

반면에 소득효과는 세금이 부과되어 소득이 줄면 여가의 소비가 줄어들어 여가대신 일을 선호하는 것을 말한다. 즉 소득효과가 발생하면 사람들은 일을 더 하게 되는 것이다.

이렇게 소득효과와 대체효과는 반대방향에서 작동하고 사람들의 행위에서 어떤 효과가 지배적인지는 이론적으로는 알 수 없고, 실증적인 조사에 의해서만 알 수 있다. 여기서는 전자의 경우에서는 대체효과가 지배적이고, 후자에 경우는 소득효과가 지배적인 것을 보여준다.

그렇다면 현실세계에서 조세는 사람들의 노동력 공급에 실질적으로 얼마나 영향을 주는가? 이것을 알기 위하여는 먼저 다음의 몇 가지 요인들을 고려해야 한다.

첫째는, 조세가 부과될 때 노동시장에서의 노동에 대한 수요의 변화도 고려해야 한다. 만일 세금이 올라 실질소득이 줄어들어 사람들의 노동력공급이 줄어들 때, 노동에 대한 수요가 동일하면 사람들의 임금은 올라갈 수 있어 세금 때문에 발생한 노동력공급 감소효과는 부분적으로 상쇄가 될 수 있는 것이다.

또한 노동공급의 변화는 시장에서의 소비형태에 영향을 줄 수 있다. 예를 들면, 아동을 키우는 주부들이 세제상의 혜택으로 일을 더 하게 되면, 탁아서비스에 대한 수요가 늘어나면 탁아서비스의 비용이 증가하게 되고 이것은 다시 아동을 키우는 주부들의 일할 동기를 약화시킬 수 있는 것이다.

둘째는, 조세가 개별적인 사람들의 노동력 공급에 영향을 주는 것과 사회전체의 노동력공급 양과는 다를 수 있다는 점이다. 즉 조세체계가 변할 때 사람들은 서로 다르게 행동할 수 있다는 점이다. 예를 들면, 조세체계가 누진소득세를 더 강화하는 쪽으로 바뀐다면, 저소득층들은 더 낮은 한계세율을 적용받고, 반면에 고소득층들은 더 높은 한계세율을 적용받아 두 집단들의 노동공급행위는 반대방향으로 나타나 사회전체의 노동력공급의 변화는 예측하기 어렵게 되는 것이다.

셋째, 일에 대한 보상이 반드시 임금만이 아니라는 점이다. 많은 경우에 사용자는 피고용자에게 임금 이외에 다양한 형태의 부가급여(fringe benefits)를 일에 대한 보상으로 제공한다. 그런데 대부분의 부가급여는 과세대상이 아니기 때문에 임금만을 대상으로 한 조세의 노동력 공급효과는 제한적일 수밖에 없다.

넷째, 조세수입을 어떻게 사용하느냐는 점도 고려해야 한다. 예를 들어, 조세수입으로 여가시설을 확대하는데 사용하면, 여가에 대한 수요가 늘어날 것이고, 반면에 탁아시설을 확대하는 데 사용하면 아동을 키우는 부모들의 노동력공급은 늘어날 것이다.

다섯째, 많은 사람들은 단순히 경제적인 동기 때문에 일을 할 것인가를 결정하지는 않는다는 점이다. 어떤 사람들은 경제적 보상과 상관없이 일 자체가 좋아서 일을 하거나 어떤 사람들은 비경제적인 동기(명예, 사회적 책임감, 성취감, 심리적 만족감 등)때문에 일을 한다.

마지막으로, 대부분의 사람들은 자신들이 스스로 일하는 시간을 결정할 수 없다는 점이다. 대부분의 피고용자들의 근로시간은 노사관계의 협상에서 집합적으로 결정되기 때문에, 개인들의 선택의 여지는 극히 적다.

지금까지 설명했듯이 현실세계에서는 조세와 노동력공급의 관계는 다양한 요인들에 의하여 영향을 받는다. 따라서 조세가 실제로 노동력공급에 어떠한 영향을 미치는가를 알기 위하여는 실증적인 조사들이 필요하다. 그런데 조세와 노동력 공급의 관계는 국가들마다 다를 수 있다. 왜냐하면, 국가들이 갖고 있는 조세제도들이 다르고 또한 조세에 대한 사람들의 반응(행위)이 다를 수 있기 때문이다. 우리나라에서는 조세와 노동력공급의 관계에 대한 실증적인 연구들이 거의 없다. 그래서 여기서는 이러한 연구들이 많이 이루어진 미국의 경우를 소개하고자 한다.

미국에서의 조세와 노동력공급의 관계에 대한 많은 연구들을 종합 정리하면 다음과 같이 이야기할 수 있다(Danziger, et al., 1981). 우선 조세가 전체국민들의 노동력공급에 미치는 영향은 그것이 긍정적이건 부정적이건 간에 무시할 만큼 작다는 것이다. 특히 주 소득자(primary earner)의 노동력 공급에는 조세가 거의 영향을 안주는 것으로 나타난다. 이것의 가장 큰 이유는 주 소득자들은 대개 정규직에서 일하기 때문에 자신들이 근로시간을 선택할 여지가 거의 없기 때문이다.

둘째, 이른바 2차 소득자들(secondary earner)—남성이 주 소득자인 경우 대개의 경우 주부근로자, 청소년근로자, 노인근로자 등—은 1차 소득자들에 비하여 조세에 의한 영향이 크게 나타난다.

셋째, 아주 적은 숫자의 매우 높은 소득을 올리는 사람들은 세금이 올라가면 근로동기가 어느 정도 약화되는 것으로 나타난다.

넷째, 아주 소득이 낮은 사람들도 세금이 부과되면 근로동기가 어느 정도 약화되는 것으로 나타난다.

종합하면, 세금이 올라가면 2차 소득자, 고소득자, 그리고 저소득자의 세 가지의 경우에는 근로동기가 어느 정도 약화되나, 대부분의 주 소득자들의 근로동기에는 별 영향을 주지 않기 때문에 사회 전체적인 노동력공급량의 변화는 미미한 것이다.[2)]

2) 조세와 노동력 공급과의 관계에 대한 실증적인 연구들에 대하여는 6장의 2절에서 자세히 설명한다.

## 3. 조세와 저축(투자)

조세에 의하여 영향을 받을 수 있는 사람들의 행위 가운데 또 하나는 저축이다. 사회복지의 확대를 반대하는 사람들의 논리가운데 하나는 사회복지를 확대하기 위하여는 조세수입이 늘어나야 되는데 조세수입을 늘리기 위하여는 세금을 높여야 되는데 이 때 사람들의 저축이 줄어들어 결국 경제성장에 필요한 투자액이 준다는 것이다. 과연 세금이 부과되면 사람들의 저축액이 줄어드는가?

이것을 알기 위하여는 먼저 사람들의 저축행위를 설명하는 이론에 관한 이해가 필요하다. 저축행위를 설명하는 이론들 가운데 가장 널리 알려진 것이 생애주기모형(life-cycle model)이다. 이 모형은 사람들의 소비와 저축에 대한 결정은 자신들의 생애에 걸친 경제적 환경을 고려한 계획의 일환으로 이루어진다고 본다. 즉 사람들이 어떤 특정연도에 저축하는 액수는 그 연도의 소득뿐만 아니라 미래에 발생할 수 있는 기대소득과 과거에 얻었던 소득을 고려하여 결정된다는 것이다.

현재와 미래라는 두 시점을 살아가는 사람을 생각해 보자. 이 사람은 현재는 $I_o$원의 소득이 있고, 미래에는 $I_1$원의 소득이 있을 것이라고 가정하자. 이 사람은 매년 얼마를 소비해야 하는가를 결정해야 한다. 얼마를 소비할지를 결정하는 것은 얼마를 저축할 수 있는지 혹은 얼마를 빌려야 할지를 결정한다.

이것을 그림으로 나타내면 다음과 같다. 이 사람에게 중요한 것은 이 사람이 할 수 있는 현재와 미래의 소비의 가능한 배합을 결정하는 것이다.

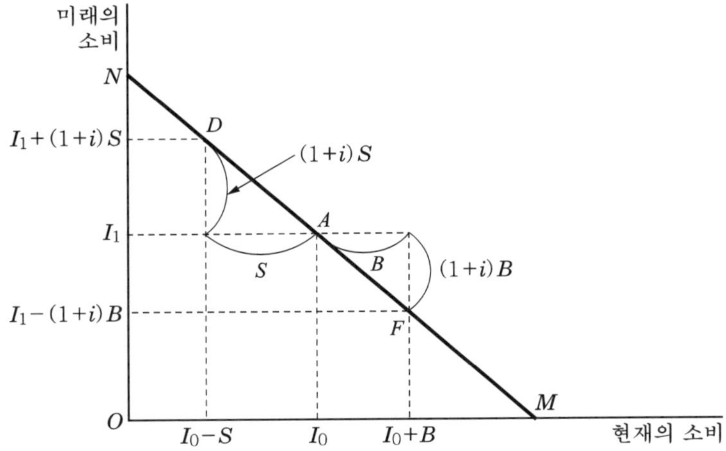


〈그림 5-7〉 예산선과 현재와 미래의 소비

이 그림에서 수평축은 현재의 소비 양($C_o$)을 나타내고, 수직 축은 미래의 소비 양($C_1$)을 보여준다. 이 때 이 사람이 할 수 있는 행위가운데 하나는 소득이 발생하는 대로 모두 소비하는 것이다. 그래서 그림에서 현재의 소득 $I_o$와 미래의 소득 $I_1$을 모두 소비하는 것이다. 이것을 부존지점(endowment point)이라 하는데 그림에서 A지점을 말한다. 여기서는 저축도 없고 또한 부채도 없는 것이다.

반면에 이 사람의 또 다른 행위는 현재의 소득가운데 일부를 저축하여 미래에 더 많은 소비를 하는 것이다. 예를 들면, 그림처럼 이 사람이 현재의 소득 가운데 $S$원을 저축하면, 그리고 수익률이 $i$인 자산에 투자하면 이 사람은 미래의 소비를 $(1+i)S$만큼 늘릴 수 있는 것이다. 이것은 $D$점으로 표시된다.

마지막으로 이 사람은 현재의 소득 $I_o$보다 더 소비할 수 있다. 즉 이 사람이 이자율 $i$에서 $B$원을 빌려 현재의 소비를 늘린다면, 이 사람의 미래의 소비는 $(1+i)B$만큼 줄어드는 것이다. 그림에서는 F점으로 나타낸다.

다양한 액수의 저축과 부채에 대한 이러한 과정을 하다 보면 현재의 소비 양 하에서 미래의 소비액이 얼마나 가능한가를 알 수 있다. 이렇게 하다 보면 예산선 $MN$이 결정되고, 이것의 기울기는 $1+i$가 된다. $MN$선은 시점별 소비액 사이의 대체관계(trade-off)를 나타내기 때문에, 이것을 흔히 시점간 예산선(intertemporal budget constraint)이라 한다.

예산선 $MN$상의 어떤 점을 택하느냐는 현재의 소비와 미래의 소비 가운데 어떤 것을 선호하느냐에 달려 있다. 이러한 선호는 통상적으로 무차별곡선으로 나타내는데, 〈그림 5-8〉처럼 무차별곡선이 결정되면, $E_1$에서 이 사람의 효용이 극대화되는데 이것은 현재의 $C_o^*$을 저축하고 미래에는 $C_1^*$을 소비하는 것이다. 즉 이 사람은 현재의 소득보다 소비를 적게 하기 때문에 $I_o - C_o^*$만큼 저축을 하는 것이다. 물론 그림처럼 저축을 하는 것이 항상 효용을 극대화하는 것은 아니다. 만일 이 사람의 무차별곡선이 $A$점 밑의 예산선에서 만난다면, 이 사람의 현재의 소비는 소득보다 커 부채가 늘어날 수도 있다.

이러한 배경 하에 지금부터는 소득에 세금이 부과되었을 때 저축행위가 어떻게 변하는가를 알아보자. 소득에 부과되는 세금의 형태는 여러 가지가 있을 수 있으나 여기서는 저축에 관하여 논의하기 때문에 저축으로 발생하는 이자소득에 대한 세금에 초점을 맞추고자 한다. 그런데 이자에 대한 조세정책은 국가들마다 달라 어떤 국가들에서는 돈을 빌렸을 때 내는 이자는 과세소득(taxable income)에서 빼주는가 하면 다른 국가들에서는 빼주지 않는다. 그래서 여기서는 두 가지 경우를 모두 분석하기로 한다.

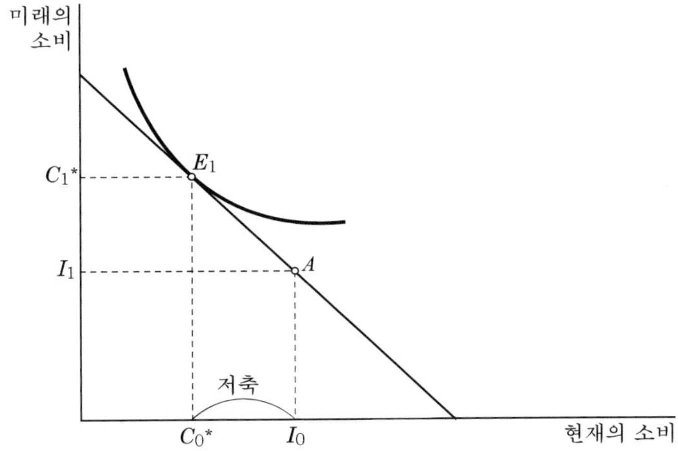


〈그림 5-8〉 효용극대화의 현재와 미래의 소비

먼저 이자를 과세소득에서 빼주는 경우를 보자. 이자소득에 세율을 $t$라 했을 때, 세금 때문에 이자율은 $i$가 아니라 $(1-t)i$가 되고, 이것은 현재에 1원을 소비했을 때의 기회비용은 미래의 $[1+(1-t)i]$원으로 준다는 것을 의미한다.

한편 돈을 빌렸을 때 내는 이자는 과세소득에서 빼주기 때문에 실질이자율은 $(1-t)i$이고, 이것은 현재에 1원의 소비를 늘렸을 때의 비용은 미래의 소비라는 측면에서는 $[1+(1-t)i]$원이 된다. 이 두 가지를 모두 고려했을 때 과세후의 예산선은, 〈그림 5-9〉처럼, 과세전의 예산선의 기울기보다 평평한 예산선인 $PQ$를 갖게 된다.

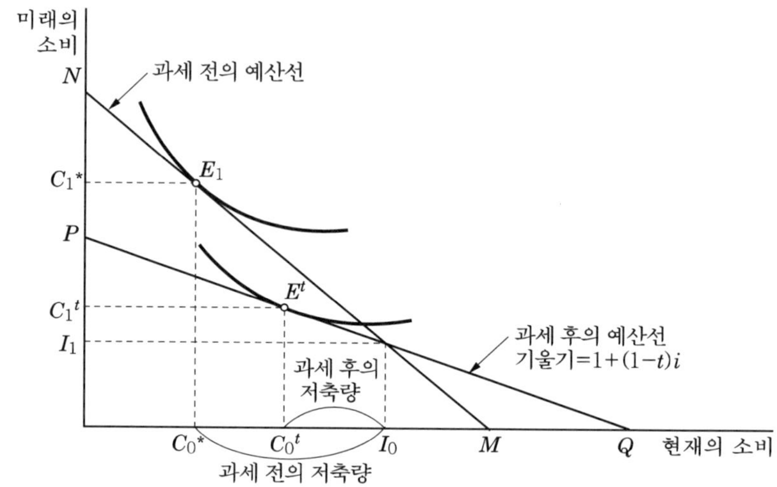


〈그림 5-9〉 세금으로 저축이 줄어드는 경우

여기서 효용을 극대화하는 무차별곡선과 새로운 예산선이 만나는 점은 $E^t$가 되는데, 이것은 현재의 소비는 $C_o^t$이고 미래의 소비는 $C_1^t$가 되는 것이 효용을 극대화할 수 있다는 것을 의미한다. 그래서 과세후의 저축양은 $C_o^t I_o$가 되고, 이것은 과세전의 저축양인 $C_o^* I_o$ 보다 적은 것이다. 즉 이자소득에 대한 과세를 했을 때 이 사람의 저축양은 $C_o^* C_o^t$ 만큼 줄어드는 것이다.

그렇다면 모든 경우 에 상기와 같은 결과가 나오는 것인가? 그렇지 않다. 이것은 사람들의 저축과 소비에 대한 선호에 따라 다르다. 이것은 다음의 그림에서 볼 수 있다.

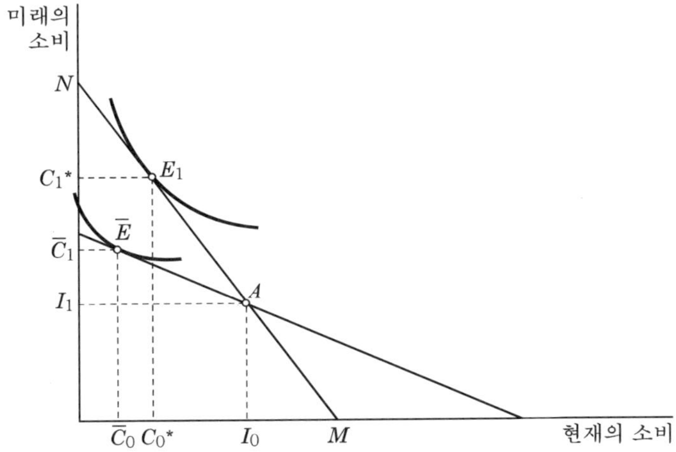


〈그림 5-10〉 세금으로 저축이 늘어나는 경우

〈그림 5-10〉에서 보듯이 이 경우는 과세 후에 현재의 소비는 $\overline{C}_o$ 이고, 미래의 소비는 $\overline{C}_1$ 이어, 이자소득에 대한 세금이 부과된 후에 저축이 오히려 $C_o^* I_o$ 에서 $\overline{C}_o I_o$ 으로 증가한다. 이렇게 볼 때 사람들의 선호에 따라 이자소득에 대한 세금이 부과될 때 저축이 늘기도 하고 줄기도 하는 것이다.

왜 이러한가? 이것은 사람들에게 세금을 부과할 때 두 가지의 효과가 나타날 수 있기 때문이다. 하나는, 이자소득에 대한 세금을 부과했을 때 현재의 소비의 기회비용이 줄어들어 현재의 소비를 늘리려는 대체효과이다.

다른 하나는, 이자소득에 대하여 세금이 부과되면 미래에 소비할 수 있는 소비양의 목표를 이루기가 더 어려워지기 때문에 미래의 소비를 위하여 현재 저축을 더 하려는 소득효과이다.

따라서 과세 후에 사람들의 저축 양이 증가하느냐 감소하느냐는 대체효과와 소득효과 가운데 어느 것이 더 강한지에 따라 결정되는 것이다.

지금부터는 돈을 빌렸을 때 이자를 내는 것에 대하여 과세소득에서 빼주지 않는 경우를 검토해 보자. 이 경우에도 전처럼 세율을 $t$라 했을 때, 〈그림 5-11〉에서처럼 $A$지점 왼쪽에서는 이자소득이 있는 사람들의 예산선은 기울기가 $1+(1-t)i$인 선이 된다. 즉 현재 1원을 소비했을 때의 기회비용은 미래의 소비에서의 $[1+(1-t)i]$가 된다.

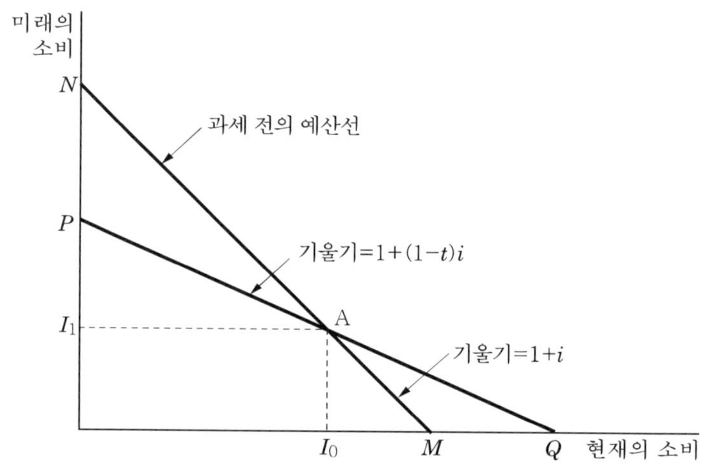


〈그림 5-11〉 과세소득에서 이자를 빼주지 않았을 때의 저축행위

반면에 돈을 빌렸을 때는 이제는 과세소득에서 이자를 빼주지 않기 때문에, 조세제도는 돈을 빌리는 데에는 어떠한 영향을 안 준다. 그래서 이 사람이 현재 1원을 빌렸을 때의 비용은 미래의 소비라는 측면에서 $(1+i)$원이 되어, 이자소득에 대한 세금을 부과하기 전과 같은 기울기를 갖는 것이다. 즉 이 사람에게는 $A$지점 우측에서의 예산선은 기울기가 $(1+i)$인 선, 즉 과세전의 예산선의 기울기와 같아지는 것이다.

이럴 때 이 사람의 저축행위는 어떻게 나타날까? 만일 이 사람이 세금이 부과되기 전에 채무자라면, 세금은 이 사람에게 아무런 영향을 주지 않는다. 즉 이 사람이 세금이 부과되기 전에 예산선

$AM$선상에서 자신의 효용을 극대화했다면, 세금이 부과된 후에도 그렇게 하는 것이 최선이다.

반면에 세금이 부과되기 전에 이자소득이 있었다면, 이 사람의 현재와 미래의 소비 사이의 선택은 달라질 수밖에 없다. 왜냐하면, 이제는 더 이상 $NA$의 예산선이 이 사람에게는 적용되지 않기 때문이다. 따라서 이 경우는 전처럼 소득효과와 대체효과 가운데 어느 것이 강하느냐에 따라 이 사람의 저축 양이 결정되는 것이다.

지금까지 조세를 부과할 때 사람들의 저축행위가 어떻게 변화할 것인가에 대하여 이론적으로 논의하였다. 그런데 이러한 이론적인 분석으로는 실제로 사람들의 저축행위가 어떻게 나타날지는 알 수 없다. 그래서 이 문제에 대한 실증적인 분석이 필요한데, 결론적으로 이야기하면 이러한 실증적인 분석들의 결과도 불확실하다. 어떤 연구들은 조세를 부과하면 사람들의 저축이 줄어든다고 주장하고, 다른 연구들은 반대로 저축이 늘거나 별 영향을 주지 않는다고 주장한다.

조세와 저축의 관계에 관한 논의는, 특히 사회보장성 조세(대표적으로 국민연금에의 기여금)가 사람들의 자발적 저축을 줄이느냐에 맞추어지는 경향이 있다. 왜냐하면, 국민연금제도를 통한 강제저축(?)때문에 사람들이 노후를 대비한 자발적인 저축이 줄어들 수 있다고 보기 때문이다.

실제로 사회복지의 확대를 비판하는 사람들은 사회보장성 조세가 크게 늘어났기 때문에 사람들의 저축이 줄어 자본투자가 줄어 생산성이 낮아져서 경제성장이 둔화된다고 주장한다(Abramovitz, 1981). 과연 그러한가?

국민연금을 위한 조세의 부과가 사람들의 저축행위에 어떻게 영향을 주는가에 대한 많은 실증적인 연구들이 있는데, 대표적인 것이 Feldstein(1974)의 연구다. 이 연구에서 그는 미국의 국민연금제도가 미국인들의 개인저축을 약 38%나 감소시켜, 이것은 투자의 감소로 이어져 생산성이 낮아져 결국 국민총생산의 15%를 감소시켰다고 충격적인 주장을 하였다.

이 연구는 연구방법에서 몇 가지 문제점들이 있어 많은 비판을 받았는데, 이후의 연구들은 국민연금제도로 인한 개인저축의 감소의 양은 통계적으로 무의미한 정도로 미미하다고 주장한다(Munnell, 1974; Lesony and Leimer, 1985). 예를 들면, 이 문제에 대한 실증적인 연구들을 종합하여 내린 결론은, 국민연금이 저축을 감소시키는 정도는 대략 0~20%내에 있는데 대부분의 연구들은 0%에 가까운 정도로 미미하다는 것이다(Danziger, et al., 1981).

이렇게 볼 때, 사회보장제도 때문에 사람들의 저축이 줄어 자본투자가 줄어들어 생산성이 낮아져 경제성장이 둔화되었다는 주장은 설득력이 약하다고 할 수 있다.

6
chapter

# 비용편익분석

어느 사회에서나 사용할 수 있는 사회적 자원은 제한되어 있다. 그래서 사회적 자원을 어떻게 사용하느냐의 문제가 중요하다. 그런데 앞장의 「복지경제학」이나 「공공선택이론」에서 논의했듯이 이 문제는 본질적으로 볼 때 사회구성원들이 갖고 있는 가치들에 의하여 결정된다고 할 수 있다. 그럼에도 불구하고 많은 사람들은 사회적 자원이 효율적으로 사용되는 것을 선호하는데, 비용편익분석(cost-benefit analysis)은 바로 이러한 사회적 자원의 효율적인 배분을 평가하는 도구이다.

비용편익분석은 간단히 말하면 어떤 사업(project or program)을 수행하는데 투입하는 비용(cost)과 그 사업으로 인하여 발생하는 편익(benefit)을 비교하여, 편익이 비용보다 큰 사업을 선택하는데 도움을 주는 분석방법이다.

사회복지에서도 비용편익분석이 필요한가? 전통적으로 사회복지의 영역에서는 비용편익분석을 사용하기를 꺼려하여 많이 사용되지 않고 있다. 심지어 어떤 사람들은 사회복지에서는 비용편익분석을 사용해서는 안된다고 주장한다. 그 이유는 크게 보면 두 가지로 설명할 수 있다.

하나는 가치의 문제로, 비용편익분석에서는 기본적으로 효율의 가치를 강조하는데 반하여, 사회복지에서는 평등의 가치를 중요시하기 때문이다. 그래서 어떤 프로그램이 비용편익분석으로는 비효율적이라 하더라도, 즉 비용이 편익보다 크다 하더라도, 그것이 평등의 가치를 크게 구현하면 바람직한(?) 것으로 평가받을 수 있는 것이다.

다른 하나는 기술적인 문제로서, 사회복지 프로그램들은 유달리 편익을 측정하기가 어렵거나, 화폐로 계량화하기 어려운 것들이 많기 때문이다. 예를 들면, 빈곤 아동들을 위한 사회복지 프로그램의 경우를 보자. 이 프로그램에서 발생하는 사회적 편익들은 장기간에 걸쳐서 무수히 많을 수 있으나 어떤 것들이 있는지를 정확히 측정하기가 어렵다. 이러한 편익들에는 이 프로그램의 직접적인 대상자인 아동들에게 돌아가는 개별적인 편익뿐만 아니라, 아동들의 인적자본 향상을 통한 생산성 향상으로 국민총생산이 높아지면 사회 전체의 구성원들에 돌아가는 편익들도 있는 것이다. 또한 이러한 편익들은 대부분 화폐로 계량화하기가 어렵다. 예를 들면, 이 프로그램으로 아동들의 정서가 함양되었다고 했을 때 이러한 편익을 화폐화하기가 어려운 것이다.

이러한 이유로 서구의 복지국가들에서는 전통적으로 사회복지의 영역에서는 비용편익분석을 거의 사용하지 않았다. 특히 2차 세계대전 이후부터 대략 1970년대 말까지 사회복지가 크게 확대하는 시기의 평등의 가치가 강조되는 분위기에서 효율의 가치를 강조하는 비용편익분석에 대한 관심이 적었다.

그러나 1980년대부터 이른바 '복지국가의 위기'의 시대에 접어들면서, 그리고 신자유주의의 가치가 중요시되는 분위기에서 사회복지에 사용할 수 있는 사회적 자원이 한계에 봉착하면서, 사회복지에서도 비용의 문제가 심각해졌다. 그래서 제한된 비용으로 최대한의 편익을 발생시키는 사회복지 프로그램들을 강조하기 시작하였고, 이러한 상황에서 비용편익분석에 대한 관심이 증가하기 시작하였다.

이러한 현상은 특히 미국에서 많이 나타나는데, 그 이유는 미국이 유럽의 복지국가들에 비하여 상대적으로 효율의 가치를 중시하고, 또한 계량적인 분석을 강조하는 경향이 크기 때문이라 할 수 있다. 미국에서는 사회복지 프로그램들에 대한 비용편익분석을 많이 한다. 대표적인 예가 'Head Start' 프로그램 등과 같은 빈곤 아동을 위한 사회복지 프로그램들에 대한 비용편익분석이다.

우리나라는 어떠한가? 널리 알려졌듯이 우리의 사회복지는 경제적 수준에 비하여 크게 낙후되어 있다. 따라서 우리는 현재 사회복지에서 비용의 문제를 생각할 필요가 없다고 할 수 있다. 효율의 문제를 생각하지 말고 일단 사회복지를 크게 확대해야 할 필요성이 크다. 최소한도 수준의 사회복지가 확대가 안된 상황에서 효율을 따진다는 것은 합리적이지 못하다고 볼 수 있다.

그러나 경제적 효율성을 유달리 강조하는 우리의 사회적 분위기에서 그리고 사회복지에 사용할 수 있는 자원이 현실적으로 제한되어 있는 상황에서 역설적으로 우리나라에서는 비용편익분석이 더 필요할 수도 있다. 즉 적은 비용으로 최대한의 편익을 발생시키는 프로그램들을 개발하는 것이 강조되고 있다. 실제로 최근에 각종의 사회복지 프로그램들에 대한 평가 작업이 많이 이루어지고 있는데, 이러한 작업이 엄밀한 의미의 비용편익분석은 아니더라도 유사한 개념들을 사용하고 있는 것이 사실이다. 이러한 상황에서 우리나라에서도 최근 사회복지 영역에서의 비용편익분석에 대한 이해의 필요성이 점차 증가하고 있는 것 같다. 특히 사회복지를 공부하는 학생들에게는 실제로 비용편익분석을 안 한다 하더라도 사회복지에 대한 비용편익분석적 관점을 이해하는 것이 중요하다.

## 1. 비용편익분석적인 관점

사실 대부분의 사회복지학도들에게는 현실적으로 엄밀한 비용편익분석을 할 경우가 많지 않다. 그러나 사회복지를 공부하는 사람들이나 현재 사회복지 분야에서 일하는 사람들은 비록 엄밀한 비용편익분석을 안 하더라도 사회복지의 다양한 영역에서 비용편익분석적인 관점을 가질 필요가 크다. 그래서 여기서는 비용편익분석적인 관점에 필요한 몇 가지의 기본적인 개념들을 소개하기로 한다.

### 1) 파레토 효율

비용편익분석은 기본적으로 사회적 자원 배분의 효율성을 측정하는 도구이다. 그리고 여기에 깔려 있는 효율의 개념이 파레토 효율(Pareto efficiency)이다. 파레토 효율적인 배분의 상태는 다른 사람들의 효용을 줄이지 않고서는 더 이상 특정한 사람들의 효용을 높이는 것이 불가능한 경우를 말한다. 다시 말하여 어떤 사회적 자원의 배분이 다른 사람들의 효용을 줄이지 않으면서도 어떤 사람들의 효용을 높일 수 있다면 그러한 배분은 파레토 효율적이 되는 것이다. 간단히 말하면, 어떤 사회적 자원의 배분의 상태가 파레토 효율적이라 함은 모든 사람들이 만족하는 자원의 배분의 상태를 말한다.

1장에서 논의했듯이, 원론적인 파레토 효율의 상태는 완전시장이라는 가정 하에 사람들이 각자의 효용을 극대화하는 행위를 하는 과정에서 자동적(?)으로 이루어진다. 그러나 현실세계에서의 시장은 불완전하고 많은 시장의 실패가 있기 때문에 원론적인 형태의 파레토 효율은 현실세계에서 존재하기 어렵다.

그러나 비록 완전한 형태의 파레토 효율적인 배분이 현실세계에서 존재하기 어렵다 하더라도, 파레토 효율의 개념은 좀 더 나은 사회적 자원의 배분을 이루었는가를 평가하는 기본적인 기준이 될 수 있다. 그래서 이 기준에 따라 어떤 배분의 상태가 파레토 효율적인 측면에서 더 개선될 수 있는지 여부를 판단할 수 있는 것이다. 비용편익분석에 깔려 있는 기본적인 개념이 파레토 효율이라는 것은 이러한 측면에서이다. 그래서 비용편익분석을 통해 사업들을 평가할 때 그 사업이 파레토 효율적인 측면에서 얼마나 더 개선되었는가를 분석하는 것이다.

### 2) 지불의사와 소비자 잉여

비용편익분석으로 어떤 사업을 평가할 때 근본적인 작업은 사람들, 즉 소비자(consumer)들이 그 사업으로 얼마나 좋아지는가(better off)를 알아내는 것이다. 이것은 다른 말로 이야기하면, 사람들이 그 사업으로 발생하는 편익에 대하여 얼마만큼 지불할(부담할) 의사(willingness-to-pay)가 있는지를 알아내는 것이다.

이러한 지불할 의사의 정도를 구체적으로 측정하는 도구가 소비자 잉여(consumer surplus)의 개념이다. 소비자 잉여란 사람들이 어떤 사업에 실제로 지불하는(부담하는) 액수와 그 사업으로 발생하는 편익에 대하여 그들이 지불할 의사가 있는 액수와의 차액을 말한다. 그래서 어떤 사업으로 인한 소비자 잉여액의 변화가 그 사업의 편익에 대하여 사람들이 지불할 의사가 있는 액수가 되는 것이다. 즉 비용편익분석은 개념적으로 소비자 잉여액의 변화를 측정하는 것이다. 이것을 그림으로 설명하면 다음과 같다.

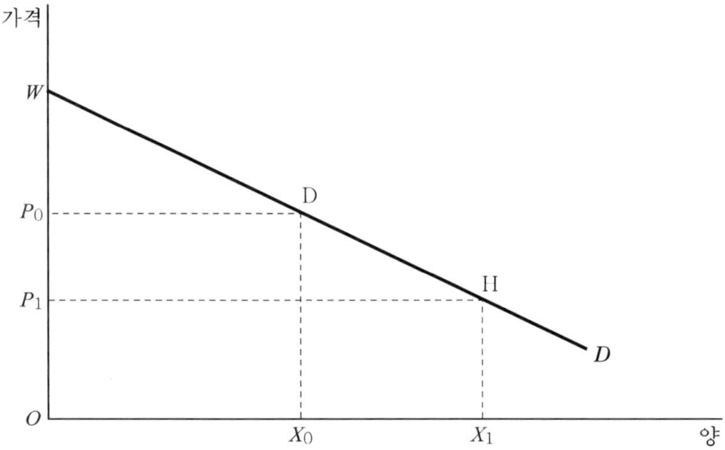


〈그림 6-1〉 소비자 잉여

〈그림 6-1〉에서처럼 어떤 사회복지서비스에 대한 수요가 $D$선처럼 되어 있고, 이 서비스에 대한 시장가격과 양은 각각 $P_0$와 $X_0$에서 결정되었다고 가정하자. 이 경우 사람들이 그 서비스를 $X_0$만큼 소비할 때 사람들이 지불할 의사가 있는 총 액수는 수요곡선 아래의 전체 면적인 $OWDX_0$이다.

그런데 실제로 사람들이 지불하는 가격은 $P_0$이기 때문에 사람들이(소비자) 이 서비스의 제공자(생산자)에게 실제로 지불하는 총 액수는 $OP_0DX_0$이다. 그래서 소비자들은 $P_0WD$만큼의 초과이득을 보게 되는데 이것이 소비자 잉여액인 것이다.

만일 어떤 사회복지서비스 프로그램으로 인하여 상기의 서비스의 가격이 $P_1$으로 낮아지고 그래서 소비되는 서비스의 양도 $X_1$으로 증가하였을 때, 이때의 소비자 잉여는 어떻게 변화하는가? 이 경우 소비자들이 이 서비스에 대하여 지불할 의사가 있는 총 액수는 $OWHX_1$이고, 소비자 잉여의 총 액수는 $P_1WH$이다. 그래서 이 프로그램으로 서비스의 가격이 $P_0$에서 $P_1$으로 떨어진 것으로부터 소비자들이 얻을 수 있는 편익은 그 서비스의 가격이 $P_0$에서의 소비자 잉여의 총액과 $P_1$에서의 소비자 잉여의 총액과의 차이인 $P_1P_0DH$인 것이다.

소비자 잉여의 개념을 알기 쉽게 숫자로 설명하면 다음처럼 이야기할 수 있다. 갑, 을, 병 세 사람으로 구성된 사회에서 정부가 아동복지 프로그램을 실시한다고 가정하자. 갑은 이 프로그램을 시행하는데 100만원을 부담할 의사가 있고, 을은 200만원을 지불할 의사가 있다. 즉 300만원이 갑과 을이 지불할 의사가 있는 총액이다.

반면에 병은 이 프로그램에 대하여 부정적이다(병은 장애인복지 프로그램을 선호한다). 그래서 병은 이 프로그램이 시행되면 250만원을 보상(?)받아야 만족하는 사람이다. 병의 이 프로그램에 대한 지불의사 액수는 -250만원이다. 따라서 이 사회에서 갑, 을, 병의 아동복지 프로그램에 대한 지불의사의 액수의 총합은 50만원인데, 이 액수가 이 프로그램으로 인하여 발생하는 소비자 잉여의 변화 액수가 되는 것이다.

그런데 이 프로그램을 단순하게 시행하는 것은 파레토 효율의 정의상 비효율적이다. 왜냐하면, 병은 이 프로그램의 시행으로 손해를 보기 때문이다. 그래서 이 프로그램이 파레토 효율적이 되려면, 갑과 을이 병에게 보상해야 한다. 만일 갑이 병에게 75만원을 주고, 을이 병에게 175만원을 주면, 갑은 이 프로그램으로 25만원의 편익(만족)을 볼 수 있고, 을도 25만원의 편익을 보고, 병은 갑과 을로부터의 보상(?)으로 이 프로그램으로 인한 손해가 없게 된다.

이것이 의미하는 것은 어떤 사업에 관련된 사람들의 지불의

사의 총합으로 그 사업의 총 순이득을 추정했을 때, 그 액수가 긍정적(positive)이면(상기의 예에서 50만원처럼), 그 사업을 추진하는 것이 현 상태보다 파레토 효율을 나아지게 할 수 있다는 것이다.

### 3) 기회비용

비용편익분석에서 말하는 비용(cost)이란 무엇인가? 단순히 어떤 사업을 수행하는 데 사용되는 총 지출(expenditure)인가? 예를 들어, 장애인복지관 사업을 운영하는 데 1년 동안 10억원이 사용되었다고 했을 때 10억원이 이 사업의 비용인가? 물론 현실세계에서 대부분의 사람들은 이러한 10억원을 비용으로 생각하나, 엄밀한 비용편익분석적 관점에서의 비용이란 이 10억원을 다른 용도로 가장 잘 사용했을 때 발생하는 편익(forgone benefit)인데, 이것을 흔히 기회비용(opportunity cost)이라 한다.

어떤 사업을 수행하기 위해서는 사회에서 다른 용도로 사용할 수 있는 가치 있는 사회적 자원을 사용하는 것이다. 예를 들면, 장애인 복지관을 운영하는데 사용되는 인적·물적 자원들은 사회에서 여러 가지 다른 용도로 사용될 수 있는 자원이다. 그래서 장애인 복지관에 사용되는 자원들의 기회비용은 이러한 자원들이 다른 용도로 가장 잘 사용되었을 때의 가치인 것이다.

원론적으로 볼 때, 어떤 사업에 사용되는 자원들의 기회비용을 정확히 알아내기 위하여는 그 자원들이 다른 용도로 사용되었을 때의 편익들을 모두 알아야 한다. 그러나 이것은 현실적으로 불가능하다. 그래서 흔히 완전한 시장을 가정하고 사용되는 자원들의 시장가격을 기회비용으로 보는 경향이 있는데, 현실적으로 시장이 완전하지 못하기 때문에 여기에는 한계가 있을 수밖에 없다.

그럼에도 불구하고 어떤 사업의 비용을 기회비용의 개념으로 평가하는 것은 사회적 자원의 효율적인 사용이라는 측면에서 중요하다. 왜냐하면, 특정한 사업에 사용되는 자원은 다른 사회 구성원들이 다른 용도로 매우 가치 있게 사용할 수 있는 것을 포기해야만 하는 바로 그 자원이기 때문이다.

상기의 갑, 을, 병 세 사람의 예에서 아동복지사업을 수행할 때 지불할 의사가 있는 총액이 50만원인데, 만약 이 사업을 수행하는데 필요한 자원이 75만원의 기회비용이 필요하다고 한다면, 이 사회의 다른 구성원들이 75만원의 자원을 포기한다는 것을 의미한다. 이렇게 되면 사회 전체적으로 볼 때 25만원이 손해가 되는데 이렇게 되면 이 사업은 파레토 효율적이지 못하게 되는 것이다.

### 4) 개별비용과 편익 대 사회비용과 편익

비용편익분석적 관점에서는 또한 개별비용과 편익(individual cost and benefit)과 사회비용과 편익(social cost and benefit)의 차이를 이해하는 것이 중요하다. 일반적으로 민간부문에서는 비용편익분석을 할 때 개별비용과 개별편익만을 계산한다. 예를 들면, 기업이 어떤 사업을 시행할 때 고려하는 비용과 편익은 개별적인 것으로 그 사업에 소요되는 지출(expenditure)과 그 사업을 통해서 얻을 수 있는 수입(revenue)을 계산해서 수입(편익)이 지출(비용)보다 많으면 그 사업을 추진하면 된다.

반면에 대부분의 공공부문에서의 사업들에서는 사회비용과 사회편익의 개념이 중요하다. 즉 사회 전체가 부담하는 비용과 사회 전체에 주는 편익을 계산해야 한다. 그래서 공공부문에서의 사업들에 대한 비용편익분석에서는 그 사업의 직접적인 대상자들과 관련된 비용과 편익뿐만 아니라, 그 사업으로 인하여 사회 전체에 미치는 영향과 관련된 비용과 편익 모두를 계산해야 한다.

예를 들면, 빈곤한 사람들을 위하여 정부가 세금을 통하여 10조원을 거두어 이들에게 급여하는 사업의 경우 이때의 비용과 편익은 무엇인가? 개별비용과 개별편익의 관점에서는 이때의 비용은 10조원이고 편익은 가난한 사람들의 소득이 10조원 높아지는 것이라 할 수 있다.

반면에 사회비용과 사회편익의 관점에서 보면 이야기는 달라진다. 여기서의 비용은 이 사업으로 인하여 사회 전체에 주는 부정적인 효과들을 모두 포함한다. 예를 들어, 만일 이 사업으로 가난한 사람들의 근로동기나 저축동기가 약화되거나, 혹은 일반 국민들도 세금의 증가로 인하여 근로나 저축의 동기가 약화된다면, 이로 인하여 국가경제에 해를 주는 효과들을 모두 포함시켜야 한다.

반면에 이 사업을 통한 사회편익은, 예를 들면 가난한 사람들의 인적자본의 향상으로 인한 생산성의 증가, 범죄율의 감소, 사회통합의 증대 등의 다양한 형태로 사회 전체에 줄 수 있는 편익들을 모두 포함시켜야 한다.

원론적으로 공공부문에서의 사업들에 대한 비용편익분석에서는 사회비용과 사회편익의 개념을 사용해야 한다. 그러나 현실적으로 이러한 사회비용과 사회편익을 정확히 계산하는 것은 불가능하다. 왜냐하면, 어떤 사업을 통하여 발생하는 사회 전체에 주는 효과들은 너무나 광범위하여 이러한 것들을 정확히 측정하거나 계량화하는 데는 많은 어려움이 있기 때문이다.

### 5) 비용편익분석과 분배문제

앞에서 언급했듯이, 비용편익분석에서는 기본적으로 효율의 가치를 강조한다. 그래서 어떤 사업이던 효율의 가치를 극대화하는 것들이 비용편익분석에서는 채택된다. 이렇게 효율중심적인 비용편익분석은 영리를 추구하는 민간부문의 사업들을 평가할 때는 문제가 없다.

반면에 공공부문의 많은 사업들에는 효율만을 강조하는 비용편익분석으로 평가하는 것은 많은 문제점이 있다. 왜냐하면 공공부문의 사업들은 대부분 국민들이 낸 세금들이 사용되는데, 사회구성원들은 효율 이외의 가치들도 중요하게 여기기 때문이다. 그래서 공공부문의 사업들은 비록 효율적이지는 못하지만 다른 가치를 추구할 수 있다는 이유로 채택될 수도 있는 것이다.

특히 공공부문의 사업에 대한 비용편익분석에서 논란이 되는 것은 평등의 가치, 즉 분배문제를 어떻게 처리하느냐의 문제이다. 어떤 사업이 비용편익분석으로는 매우 효율적이라 하더라도 그것이 소득분배를 크게 악화시킨다면, 현실적으로(정치적으로) 채택되기가 어려울 수 있다.

그래서 분배문제를 고려하는 비용편익분석에서는 편익을 계산할 때 집단별로 서로 다른 가중치를 두는 경향이 있다. 예를 들면, 다음의 두 경우를 보자.

<table>
<tr><th rowspan="2">사업</th><th colspan="2">순편익(편익-비용)</th><th rowspan="2">총 순편익</th><th rowspan="5">결과:<br>사업Ⅰ 채택</th></tr>
<tr><th>집단A<br>(저소득집단)</th><th>집단B<br>(고소득집단)</th></tr>
<tr><td>Ⅰ</td><td>10</td><td>50</td><td>60</td></tr>
<tr><td>Ⅱ</td><td>20</td><td>30</td><td>50</td></tr>
<tr><td>가중치</td><td>1</td><td>1</td><td></td></tr>
</table>

〈그림 6-2〉 통상적인 비용편익분석

먼저 〈그림 6-2〉의 경우는 집단별 가중치의 차이가 없는, 즉 분배문제를 고려하지 않는 통상적인 비용편익분석의 방법이다. 여기서는 사업Ⅰ이 비록 고소득층에게 편익이 집중적으로 돌아가지만, 사업Ⅱ에 비하여 총 순편익이 크기 때문에 사업Ⅰ이 채택된다.

| 사업 | 순편익(편익-비용) | | 총 순편익 | 결과: 사업Ⅱ 채택 |
|---|---|---|---|---|
| | 집단A (저소득집단) | 집단B (고소득집단) | | |
| Ⅰ | 10 | 50 | 80 | |
| Ⅱ | 20 | 30 | 90 | |
| 가중치 | 3 | 1 | | |

〈그림 6-3〉 가중치를 둔 비용편익분석

반면 〈그림 6-3〉은 저소득층 집단에게 고소득층에 비하여 3배의 가중치를 둔 경우인데 이렇게 하면 전과 달리 사업Ⅱ가 채택된다. 이렇게 할 때 사업Ⅱ가 총 순편익이 더 커지게 되기 때문이다. 다시 말하여 사업Ⅱ가 사업Ⅰ에 비하여 저소득층에게 분배의 문제에서 유리한 것이다.

지금까지의 논의는 비용편익분석에서도 분배문제를 고려해야 한다는 다소 규범적인(당위적인) 주장인데, 현실적으로 분배문제를 어떻게 고려하느냐, 즉 집단별 가중치를 어떻게 차이를 두느냐의 문제에 봉착한다. 이 문제는 원론적으로 이야기하면 민주주의 사회에서 사회구성원들의 합의(?)에 의하여 결정될 수밖에 없다. 그러나 현실적으로 이러한 문제에 대한 사회적 합의는 어렵기 때문에 가중치를 둔, 즉 분배문제를 고려하는 비용편익분석은 항상 논란이 될 수밖에 없다.

특히 사회복지의 영역에서는 평등의 가치를 강조하기 때문에 사회복지사업을 비용편익분석으로 평가할 때 적절한 가중치의 선택이 더욱 중요해질 수 있다. 그런데 여기서 주의해야 할 점은 평등의 가치를 강조한다고 하여 저소득층 집단에 지나치게 높은 가중치를 두면, 즉 효율의 측면을 거의 무시하면, 비용편익분석은 사회복지사업에서 사용하는 것 자체가 무의미해질 수 있다는 것이다.

### 6) 지불의사와 부(富)의 분배

앞에서 언급했듯이, 비용편익분석에서 편익을 측정하는 기본 개념은 어떤 사업의 이득에 대하여 사람들이 지불을 할 의사이다. 그런데 이러한 지불의사는 사람들의 부의 수준에 따라 달라질 수 있다. 즉 어떤 사업의 편익에 대하여 부자와 빈자의 지불의사의 액수가 달라질 수 있는 것이다. 예를 들면, 국가에 의한 노인복지서비스의 편익에 대하여 부자는 빈자에 비하여 더 낮은 지불의사를 가질 수 있는 것이다. 그래서 사회에서의 부의 분배의 상태가 어떠하냐에 따라 지불의사의 형태가 달라져, 결국 비용편익분석에서 선호되는 사업도 달라질 수 있는 것이다.

이것은 사람들의 부의 수준에 따라 한계효용이 다르다는 가정에서 기인한다. 만일 사람들의 한계효용이 부가 증가할수록 감소한다면, 비용편익분석에서 순편익이 발생한 사업이라도 사회 전체의 관점에서 볼 때 반드시 효율적인 것은 아니다.

예를 들면, 정부의 어떤 사업이 비용편익분석에 의해서 순편익(편익-비용)이 1억원이 발생했다고 했을 때, 그리고 이 순편익이 부자에게 10억원의 편익을 주고, 빈자에게 9억원의 비용을 부담시켜 발생했다고 했을 때, 이 사업을 선택하는 것이 바람직한가?

만일 부자의 한계효용이 빈자의 그것보다 낮다면, 빈자의 9억원의 비용부담으로 인한 효용의 감소가 부자의 10억원의 편익의 증가로 인한 효용의 증가보다 클 수 있다. 이렇게 되면 이 사업은 사회 전체로 볼 때 효용의 감소를 초래할 수 있어 비효율적인 사업이 될 수 있다. 아무리 어떤 사업이 순편익을 가졌다 하더라도 그 사업의 비용이 빈자에게 집중적으로 가게 되면 사회 전체의 효용을 감소시켜 바람직하지 않을 수 있는 것이다. 반대로 어떤 사업의 비용이 편익보다 크다 하더라도 편익이 빈자들에게 집중적으로 가게 되면 사회 전체의 효용의 증가라는 측면에서 바람직할 수 있다.

사회복지 영역의 많은 사업들은 단순한 비용편익분석의 관점에서 보면 비용이 편익보다 크다. 그래서 사회복지를 반대하는 사람들은 이러한 점을 이유로 사회복지의 확대를 반대한다. 그러나 사회복지 사업들은 대개 빈자들에게 편익이 많이 돌아가는 반면에 비용은 주로 부자들에게 주어지기 때문에, 상기의 논리로 볼 때 비록 비용이 더 많다 하더라도 사회 전체의 효용을 증가시킬 수 있다. 이것은 크게 보면 사회복지 확대의 주요 논리이기도 하다.

### 7) 현재가치, 할인율, 재고 사회적 할인율

일반적으로 대부분의 사업들의 편익과 비용은 장기간에 걸쳐 나타난다. 특히 공공부문의 사업들은 더욱 그러하다. 그리고 비용과 편익 가운데서도 편익은 특히 장기간에 걸쳐 나타나는 경향이 있다. 예를 들면, 빈곤아동들을 대상으로 하는 대부분의 사회복지사업들의 편익들은 아동들이 성인이 된 후까지 장기간에 걸쳐서 나타난다.

그런데 비용편익분석은 사업들의 시행 여부와 평가를 현재 결정하는 도구이다. 그래서 비용편익분석에서는 사업들의 미래에 발생하는 비용과 편익을 현재의 가치(present value)로 환산하는 것이 중요하다.

일반적으로 미래에 발생하는 돈의 가치는 현재의 그것보다 작다. 1

년 후의 100만원은 현재의 100만원보다 그 가치가 작다. 이것은 인플레이션이 없는 상태에서도 그러하다. 그래서 적어도 1년 동안의 이자율만큼 줄여야(할인해야) 한다. 만일 이자율이 5%라면, 1년 후의 100만원의 현재가치는 $\frac{100\text{만원}}{(1+0.05)}$으로 대략 95만원이 된다. 이때의 이자율을 흔히 할인율(discount rate)이라 한다.

일반적으로 이자율을 $i$라 했을 때, $T$년에 발생하는 돈 $R$의 현재가치는 $\frac{R}{(1+i)^T}$이다. 그래서 만일 이자율이 5%이면, 10년 후에 발생하는 100만원의 현재가치는 $\frac{100\text{만원}}{(1+0.05)^{10}}$이 된다. 그래서 어떤 사업에서 미래에 발생하는 모든 편익들의 합의 현재가치는 다음과 같다.

$$\text{현재가치} = R_0 + \frac{R_1}{(1+i)} + \frac{R_2}{(1+i)^2} + \cdots\cdots + \frac{R_T}{(1+i)^T}$$

여기에서 $R_0$는 현재 발생하는 편익이고, $R_1$은 1년 후에 발생하는 편익이고, $R_T$는 $T$년 후에 발생하는 편익이다.

### (1) 공공부문에서의 할인율

지금까지는 할인율에 대한 일반적인 개념에 관하여 논의하였다. 그런데 비용과 편익이 장기간에 걸쳐서 나타나는 사업들에 대한 비용편익분석에서는 할인율을 어떻게 정하느냐가 그 사업의 선택 여부에 결정적인 역할을 할 수 있을 정도로 중요하다. 그래서 어떤 할인율을 정하느냐를 놓고 논란도 많다. 특히 공공부문의 사업들에 적용하는 할인율을 어떻게 정하느냐에 대한 논란은 더욱 그러하다.

일반적으로 민간부문의 사업들에서 선택하는 할인율은 개념적으로 다른 사업에 투자를 했을 때의 최대의 수익률, 즉 기회비용을 말한다(비록 정확히 그것이 얼마인지는 논란이 있을 수 있겠지만). 반면에 공공부문에서의 사업에 적용할 할인율은 단순히 수익률을 적용하기 어렵다.

원론적으로 볼 때 정부사업들은 대부분 세금으로 이루어지고 이 때의 세금은 기본적으로 민간부문에서의 수익으로 나온다고 할 수 있다. 따라서 정부사업의 할인율을 정할 때 민간부문의 수익률을 무시할 수 없다. 그래서 만일 민간부문의 투자의 수익률이 10%라고 하고, 정부사업이 민간부문에서 투자에 쓰일 돈을 세금으로 거두어들여 이루어진다면, 정부사업의 민간부문에서의 기회비용은 10%의 수익률이라고 할 수 있으므로, 정부사업을 평가할 때도 할인율을 10%로 적용해야 한다고 주장할 수 있다.

그러나 정부사업에 사용되는 돈이 모두 민간부문에서의 투자에 사용될 돈에서 나오는 것이 아니라. 정부사업에 필요한 많은 세금은 민간부문의 투자가 아닌 소비로부터도 나올 수 있다. 그래서 이 경우의 할인율은 세후수익률(after-tax rate of return)로 보아야 한다. 왜냐하면, 세후수익률은 사람들이 세금으로 인하여 소비가 줄어 발생하는 손실을 측정하는 것이기 때문에, 사람들이 소비가 희생되어 발생하는 기회비용인 것이기 때문이다.

그래서 세전수익률이 10%이고 세율이 50%라면, 사람들이 소비할 때 잃는 것은 세전수익률 10%가 아니라, 세후수익률 5%인 것이다. 간단히 말하여 정부사업 때문에 민간부문에서 사람들이 소비를 못해서 발생하는 손실인 세후수익률을 할인율로 삼아야 한다.

실제로 정부사업을 위한 재원은 민간부문의 투자와 소비 모두에서 나오기 때문에, 정부사업의 정확한 할인율을 계산하기 위하여는 그 재원을 구성하는 민간부문의 투자와 소비의 비율을 알고, 가중치 평균을 계산해야 한다.

예를 들면, 정부사업의 재원의 반이 민간부문에서 투자할 돈에서 나오고 나머지 반이 소비에서 나온다면, 민간투자의 수익률이 10%이고 세율이 50%라고 했을 때, 정부사업의 할인율은 $10\% \times \frac{1}{2} + 5\% \times \frac{1}{2}$로 7.5%가 된다.

### (2) 사회적 할인율

공공부문에서의 사업들의 할인율을 결정할 때 고려해야 할 또 하나의 중요한 개념은 이른바 사회적 할인율(social discount rate)이다. 이것은 간단히 말하면 공공부문에서의 할인율은 민간부문의 시장에서의 수익률을 적용해서는 안되고 사회 전체가 공공부문의 사업 때문에 다른 용도로 사용할 수 없어 발생하는 기회비용 가치이다.

사회적 할인율은 민간부문의 수익률을 적용해서는 안된다는 논리는 다음의 세 가지로 설명할 수 있다. 첫째, 대부분의 정부사업들은 민간부문의 사업들에 비해서 먼 미래에 발생하는 편익들을 위해서 시행한다는 점이다. 일반적으로 민간부문의 개인이나 기업들은 비교적 단기간 내의 자신들만의 이득을 고려하여 투자하는 경향이 높다. 그래서 먼 미래의 불특정 다수에게 발생하는 편익은 무시하는 경향이 크다.

따라서 민간부문에서 먼 미래에 편익이 발생하는 사업에 투자할 경우에는 높은 할인율을 적용할 수밖에 없고, 이렇게 높은 할인율이 적용되면 비용편익분석의 관점에서 보면 이러한 사업의 이득의 현재가치는 낮을 수밖에 없어 결국 민간부문에서는 이러한 사업을 수행할 동기가 약해질 수밖에 없는 것이다. 이렇게 민간부문에서는 먼 미래세대를 위한 사업을 하는 것이 현실적으로 어렵기 때문에, 공공부문에서 이러한 사업을 할 수밖에 없고, 이 경우 자연히 민간부문의 수익률보다 낮은 할인율을 적용할 수밖에 없다.

둘째, 민간부문의 개인이나 기업들은 지식이나 정보의 한계 때문에 미래에 발생하는 여러 가지의 편익들은 제대로 평가하지 못한다는 점이다. 그래서 미래에 주로 편익이 발생하는 사업들에 대하여는 불필요하게 높은 할인율을 적용할 수밖에 없어 결국 이러한 사업들에 대한 투자를 기피한다. 이러한 경우에도 보다 많은 정보를 갖고 있는 국가가 이러한 사업을 하면 낮은 할인율을 적용할 수 있다.

셋째, 민간부문의 사업에서 편익들이 발생할 때, 때로는 이러한 편익이 대가를 지불하지 않는 사람들에게도 혜택이 돌아갈 수 있다. 이렇게 어떤 사업이 긍정적인 외부효과(positive externality)가 발생할 때, 시장기제에서는 이러한 사업에 대한 투자할 동기가 약해질 수밖에 없다(여기에 관하여는 2장을 참고하라). 따라서 이러한 외부효과로 발생하는 '시장의 실패'를 해결하기 위해서도 정부사업이 필요한데 이를 위하여는 시장에서의 수익률과 다른 할인율이 적용될 수밖에 없다.

지금까지 논의했듯이 여러 가지의 이유로 민간부문에서 시행하기가 어려운, 혹은 시행하더라도 비효율적인 사업들은 결국 국가가 사업을 할 수밖에 없는데 이 경우에는 민간부문의 수익률보다는 낮은 사회적 할인율을 적용할 수밖에 없다. 특히 사회복지사업의 경우가 그러한데 대표적인 것이 사회보험이다. 널리 알려졌듯이 사회보험은 사람들이 살아가는 동안에 미래에 발생하는 여러 가지의 위험들(질병, 노령, 실업, 장애 등)을 대비하여 국가가 국민들을 강제로 가입시켜 운영하는 정부사업이다. 이러한 사업은 민간부문에서 하기에는 여러 가지의 이유로(정보의 부족, 역의 선택, 도덕적 해이 등의 시장 실패 때문에) 수익성이 떨어지기 때문에 할인율이 높을 수밖에 없어 시행하기가 어렵다. 그래서 국가가 모든 국민을 강제로 가입시켜 시장의 실패를 해결하여 낮은 할인율을 적용하여 시행하는 것이 더 효율적인 것이다.

### 8) 비용편익분석과 비용효과분석

비용편익분석은 기본적으로 사업의 모든 비용과 편익을 계량화(quantify)할 뿐만 아니라 화폐화(moneytize)하는 것이다. 그래야만 비용과 편익이 단일 단위인 화폐로 계산될 수 있어 비교·평가가 가능한 것이다.

그런데 현실적으로 비용편익분석을 할 때 대부분의 사업들은 그것들의 비용과 편익들을 계량화와 화폐화하기가 어렵다. 이 가운데 계량화는 어느 정도 가능하나, 화폐화하는 것은 현실적으로 많은 어려움이 있다. 비용이나 편익을 화폐화하기 어려운 사업들은 특히 사회복지의 영역에서는 많다. 왜냐하면, 사회복지의 영역에서 추구하는 목표들이 기본적으로 화폐화하기가 적절하지 않거나 어렵기 때문이다. 예를 들면, 사회복지에서 추구하는 기본적인 목표 가운데 하나는 인간의 존엄성의 향상인데 이러한 개념을 화폐화하기가 어려운 것이다. 인간의 존엄성이 100만원 어치 향상되었다고 보는 것 자체가 인간의 존엄성을 훼손하는 것이기 때문이다.

그래서 사업들의 편익을 화폐화할 수 없을 때 사용하는 방법이 비용효과분석(cost-effectiveness analysis)이다. 이것은 주어진 비용에서 계량화된(화폐화는 못했지만) 편익이 얼마인가를 계산하는 것이다. 그리고 계량화된 편익이 많은 사업을 택하는 것이다. 예를 들면, 아동복지정책의 평가를 할 때 주어진 비용으로 이 정책으로 빈곤을 벗어난 아동의 숫자, 고등학교 졸업자의 숫자, 취업자 숫자 등을 계산하는 것이다.

## 2. 비용편익분석의 단계와 방법

지금까지는 비용편익분석을 이해하는 데 중요한 기본적 개념들을 논의하였다. 지금부터는 이러한 논의를 바탕으로 비용편익분석을 실제로 행할 때 어떤 단계들을 통하며 어떤 방법들이 사용되는가를 논의해 보겠다(A. Boardman, et al., 1996; Knapp, 1984).

### 1) 누구의 비용과 편익을 계산하는가?

비용편익분석으로 사업을 평가할 때, 제일 먼저 결정해야 하는 것은 그 사업의 비용과 편익을 계산함에 있어 누구의 비용과 편익을 계산할 것이냐의 문제이다. 일반적으로 공공부문 사업과 관련된 비용과 편익의 범위는 광범위하여 그 범위를 좁게 보느냐 아니면 넓게 보느냐에 따라 비용과 편익의 액수가 크게 달라질 수 있다.

예를 들면, 서울의 한강에 다리 하나를 더 건설하는 사업을 평가한다고 하자. 이때 비용과 편익을 좁게 보면, 서울시 주민들의 편익과 비용만을 생각할 수 있다. 실제로 서울시 주민들이 주로 그 다리를 이용하기 때문이다. 반면에 그 다리는 서울시 주민 이외의 많은 대한민국 사람들이 이용하고 또한 물류비용의 감소로 인한 이득은 궁극적으로 대한민국 국민 모두에게 돌아갈 수 있다고 보면, 그 다리의 비용과 편익은 한국사람 모두의 것으로 계산할 수 있다(심지어는 비록 규모는 작다 하더라도, 외국 방문객들의 비용과 편익도 계산할 수 있다).

이 문제가 중요한 이유는 비용과 편익이 발생하는 범위를 어떻게 보느냐에 따라 비용편익분석의 결과가 달라질 수 있기 때문이다. 위의 다리의 예에서 발생하는 편익을 좁게 보면(서울시 주민들의 편익만) 비용이 편익보다 클 수 있어 사업에 대한 평가가 부정적일 수 있는 반면에, 편익을 넓게 보면 편익이 비용보다 커 긍정적인 결과가 나올 수 있는 것이다.

일반적으로 사업의 비용과 편익의 범위를 결정하는 것에 대한 어떤 객관적이고 과학적인 기준은 없다. 이것은 사업의 성격에 따라 다를 뿐 아니라 무엇보다도 사업에 대한 사람들, 특히 정책결정자들의 이념이나 가치관에 따라 달라질 수 있다.

예를 들면, 서울시에 아동복지관을 설립하는 사업이 있다고 했을 때, 그것을 반대하는 사람들은 비용을 크게 보고(기회비용의 측면에서 아동복지관을 설립할 재원으로 보다 생산적인 사업에 투자했을 때의 수익이 더 크다고 보기 때문), 반면에 편익은 좁게 본 것이다(아동복지관을 이용하는 아동의 복지증진 그 자체만을 계산한다).

반면에 찬성하는 사람들은 비용을 작게 보고, 편익을 넓게 보아 대한민국 국민 모두가 편익을 본다고 계산한다(긍정적 외부효과로 아동의 복지가 향상되면 그들의 생산성이 높아지거나, 건전한 시민으로 행동하거나 사회적 일탈행위가 줄어드는 등의 이유로 일반 국민 모두가 이득을 볼 수 있는 것이다). 결국 비용편익분석에서 첫 번째로 할 일은 사업의 비용과 편익의 범위를 어떤 방식으로든 먼저 결정하는 것이다. 그렇지 않으면 이후의 비용과 편익분석의 과정들이 복잡해지고 혼란스러워진다.

### 2) 평가할 사업들의 대안들의 선택

비용편익분석의 대상이 되는 사업들은 모두 성취하려는 목표들이 있다. 그리고 이러한 목표를 이룰 수 있는 방법(대안)에는 여러 가지가 있을 수 있다. 그래서 원론적으로 볼 때 비용편익분석으로 사업들을 평가할 때, 사업의 목표를 이룰 수 있는 가능한 모든 대안들(alternatives)을 분석해야 한다. 그래야만 가장 효율적인 대안을 찾아낼 수 있기 때문이다.

위의 다리의 예에서 다리를 건설하는 목표(원활한 교통소통 등)를 이루는 방법들에는 여러 가지가 있을 수 있다. 다리를 유료로 할 것인지 아니면 무료로 할 것인지, 다리를 4차선으로 만들 것인지 아니면 6차선으로 할 것인지 등 무수히 많다. 이상적으로는 이러한 각각 대안들의 비용과 편익을 모두 계산하여 가장 효율적인 대안을 찾아내어 이것으로 다리건설의 타당성 여부를 판단해야 하는 것이다.

아동복지관의 예에서도 아동복지의 향상이라는 목표를 이루는 방법(program)은 무수히 많을 수 있다. 여기에서도 각각의 프로그램에 대한 비용과 편익을 모두 분석하여 가장 순편익이 큰 것을 찾아내어 이것으로 아동복지관 설립 여부를 결정해야 한다. 그러나 비용편익분석에서 가능한 모든 대안들을 고려하는 것은 현실적으로 어렵다. 그 이유는 첫째, 사업의 목표를 이루는데 어떤 대안들이 있는지 잘 모른다. 그리고 그러한 대안들이 동일한 목표를 추구하는 것인지 역시 불확실하다. 둘째, 많은 대안들의 결과를 정확히 알 수 없으므로 비용편익분석을 하기 어렵다. 셋째, 가장 중요한 실질적인 이유로 모든 대안들을 분석하기에는 너무나 많은 시간과 돈이 들어 현실적으로 어렵다.

이러한 현실적 어려움으로 현실세계의 대부분의 비용편익분석에서 그 대상은 비교적 소수의 대안으로 제한한다. 어떤 것을 선택하느냐는 지금까지의 연구들이나 전문가들의 판단에 의존할 수밖에 없다.

### 3) 모든 비용과 편익의 열거

비용편익분석의 세 번째 단계는 사업과 관련된 모든 비용과 편익을 찾아내어 열거(list)하는 작업이다. 여기에는 측정하기 어렵거나 혹은 측정은 가능한데 화폐화하기 어려운 물질적, 비물질적인 모든 비용과 편익을 포함시킨다. 왜냐하면 비록 측정이 어렵고 화폐화가 어려운 비용과 편익은 공식적인 비용편익분석에 사용은 못하더라도 사업에 대한 최종 결정과정에서 중요한 정보가 될 수 있기 때문이다.

그런데 이러한 비용과 편익을 모두 찾아내는 작업은 쉽지 않다. 왜냐하면 많은 경우 사업의 결과가 그 사업 때문에 나타난 것인지의 인과관계가 불분명하기 때문이다. 이러한 문제는 특히 비물질적이거나 비가시적인 비용과 편익의 경우 더 심각하게 나타난다.

널리 알려졌듯이, 사회복지 분야의 사업에서는 이러한 비물질적 혹은 비가시적인 편익들이 많다. 이러한 것들은 측정하기도 어렵고, 더구나 화폐화하기는 더욱 어렵다. 예를 들면, 저소득 노인을 위한 사회복지서비스 사업의 경우, 우선 노인 자신의 정신건강(외로움 해소, 즐거움 등)이 좋아지는 편익이 있고, 노인 가족들의 정신적 편익, 그리고 주위에 저소득 노인이 더 나은 생활을 하는 것을 봄으로써 일반 국민들이 느끼는 심리적 유쾌함이 커지는 편익 등이 있을 수 있다. 이러한 편익들은 공식적 비용편익분석에서는 계산이 되지 않으나, 실질적으로 매우 중요한 편익들이다. 그래서 이러한 편익들을 열거함으로써 사업의 결정에 중요한 정보로 활용해야 한다.

지금까지는 비용과 편익을 찾아내는 작업에서의 기본적인 어려움들을 이야기하였다. 그런데 설사 비용과 편익을 찾아냈다 하더라도 이것들을 명확하게 분류하는 데는 다음의 몇 가지 점들을 고려해야 한다.

첫째, 비용과 편익을 구분하는데 일관성이 있어야 한다. 앞에서 언급했듯이 비용편익분석에서 비용은 기회비용으로 잃어버린 편익(forgone benefit)이다. 즉, 어떤 사업에의 비용은 그 비용으로 다른 사업에 사용했을 때 얻을 수 있는 편익을 잃어버린 것과 같다. 따라서 많은 경우 한쪽에서는 비용이 되는 것이 다른 곳에서는 편익이 되기도 한다.

예를 들면, 노인을 위한 사회복지 프로그램 가운데 시설보호와 지역사회보호(community care) 프로그램을 비용편익분석으로 비교, 평가한다고 하자. 이때 지역사회보호 프로그램의 비용 가운데 하나는 지역사회에 사는 노인 주위의 이웃이나 친척들의 물질적·정신적 부담을 들 수 있다. 반면에 시설보호 프로그램에서는 이러한 사람들의 부담이 없어지기 때문에 이것이 편익이 될 수 있다. 이 경우 동일한 효과가 한쪽에서는 비용이 되고, 다른 쪽에서는 편익이 된다. 이러한 분류상의 문제는 사전에 결정하여 일관되게 처리하는 것이 바람직하다. 그래서 그것을 시설보호의 편익으로 처리하든지, 아니면 지역사회보호의 비용으로 처리해야 한다. 그렇지 않으면 비교·평가하는데 많은 혼란이 야기될 수 있다.

둘째, 사업의 어떤 효과들은 사람들에 따라 편익을 볼 수도 있고 비용으로 볼 수도 있다는 점이다. 대표적인 예가 일자리를 창출시키는 사업들이다. 예를 들면, 많은 사람들에게 일자리를 제공하는 정부의 대형 토목사업의 경우를 보자. 이 때 고용된 사람들의 임금을 비용으로 볼 것이냐 아니면 편익으로 볼 것이냐의 문제가 생긴다.

만일 그것을 편익으로 본다면, 대규모의 고용창출 효과가 있는 모든 사업들은 비용편익분석에서 긍정적인 평가를 받을 가능성이 매우 높다. 왜냐하면 그것의 비용(인건비)은 크게 작아지는 반면에 그만큼 편익이 커지게 되기 때문이다. 현실세계에서의 많은 정책결정자(정치가)들도 일자리 창출을 편익으로 보는 경향이 많아 대개 고용창출 효과가 큰 정부사업들을 다른 것들에 비해 선호한다.

위의 지역사회 프로그램의 예에서도 주위의 이웃들이 노인을 보호하는 것을 부담으로 여기지 않고 즐거움으로 생각한다면 이것은 비용이 아니라 편익이 될 수도 있다. 또한 자원봉사자들을 이용하는 프로그램의 경우에 자원봉사자들이 자원봉사를 통하여 자신의 효용이 올라간다면, 이 경우도 비용이라기보다는 편익이 될 수도 있는 것이다.

셋째, 비용과 편익의 이중계산을 피해야 한다. 예를 들면, 경작하지 못하던 땅이 정부의 관개사업으로 경작 가능한 땅으로 변했을 때의 편익은 무엇인가? 어떤 사람들은 땅의 가격이 올라간 것과 그 땅을 경작해서 얻는 소득, 둘 다를 편익으로 보는 경향이 있다. 그러나 완전경쟁 하에서는 올라간 땅의 가격은 그 땅을 앞으로 장기간 동안 경작해서 얻을 수 있는 소득의 총합과 유사하기 때문에, 둘 가운데 하나만을 편익으로 잡아야 한다.

넷째, 이전(transfer)소득이나 지출은 비용이나 편익에서 제외해야 한다. 일반적으로 비용편익분석에서 이야기되는 사회적 비용이나 사회적 편익은 어떤 사업을 통하여 사회 전체에 '새로운' 비용이나 편익이 얼마나 발생했는가를 따지는 것이다. 반면에 이전소득이나 지출은 사회의 한 부문에서 다른 부문으로 단순히 이전만 되는 것이기 때문에 비용도 아니고 편익도 아니다.

예를 들어, 부자에게 100만원의 세금을 부과하여 빈자에게 급여하는 프로그램을 생각해 보자. 이때 부자의 100만원이 단순히 빈자에게 제공된 것은 이전이므로 사회적으로 아무런 손실이 없다. 그러나 만일 부자가 100만원 세금 때문에 일을 적게 하여 생산량이 줄어든다면 사회 전체로 손해가 되고 이것이 비용이 되는 것이다.

이전소득이나 지출의 문제는 비용편익분석에서 사업들의 2차적 효과들을 어떻게 평가할 것인가라는 점에서 중요하다. 많은 사업들은 추구하는 과정에서 일차적 목표(효과)와 함께 많은 부수적인 2차적인 효과들을 갖는다. 이때 문제는 이러한 2차적 효과들을 어떻게 볼 것이냐이다. 예를 들면, 정부가 도로를 건설한다고 하자. 이 사업의 주목표는 물류비용의 감소라고 할 수 있고, 그래서 일차적 편익은 그것이다. 그러나 도로건설 때문에 도로 주변의 식당이나 모텔, 주유소 등의 수입도 증가하게 되는데, 이때 이러한 업소들의 소득증가를 이 사업의 편익으로 보아야 할 것인가?

답은 '아니다'이다. 왜냐하면 이러한 2차적 효과를 통해서 이득을 보는 사람들도 있지만, 손해를 보는 사람들도 있고, 그래서 결국 2차적 효과는 손해를 보는 사람으로부터 이득을 보는 사람들에게의 단순한 이전에 불과한 것이다.

위의 예에서 도로건설로 자동차 이용자가 증가하게 되면, 자동차 연료 값이 오르게 되고 이렇게 되면 연료 수요자가 손해를 보게 되는 것이다. 즉, 도로건설을 통한 2차적 효과에서는 연료 소비자로부터 연료 생산자에게로의 단순한 소득이전만이 발생하는 것이지 사회 전체로 볼 때 편익도 아니고 비용도 아닌 것이다.

### 4) 비용과 편익의 계량화와 화폐화

위의 세 번째 단계에서는 사업과 관련된 비용과 편익들로 어떤 것들이 있는가를 알아보는 작업이다. 네 번째 단계에서는 이러한 비용과 편익들을 계량화하고 화폐화해야 한다. 그래야만 비용과 편익의 구체적인 비교가 가능하기 때문이다. 어떻게 보면, 이 단계가 비용편익분석의 전(全) 단계에서 가장 중요하고 또한 논란이 많을 수 있다.

일반적으로 민간부문의 사적(private) 사업을 비용편익분석으로 평가할 때는 그 사업에 사용된 자원들과 그 사업으로 발생한 편익을 계산할 때의 시장가격(market prices)을 사용하면 된다. 반면에 공공부문 사업의 비용과 편익에서는 사회적 비용과 사회적 편익을 계산해야 하는데, 이러한 비용과 편익들은 시장가격에 반영되지 않는 경우가 많다.

완전경쟁시장의 가정 하에서 재화의 가격은 그 재화를 생산할 때의 한계 사회적 비용(marginal social costs)과 그 재화가 소비자에게 주는 한계가치(marginal value)를 동시에 반영한다고 할 수 있다. 이 경우 공공부문 사업의 비용과 편익을 평가할 때도 시장가격을 사용하면 된다.

그러나 현실세계에서의 시장은 독점, 공공재, 외부효과, 불완전 정보 등의 이유로 불완전하다. 이러한 경우에는 시장가격이 한계 사회적 비용과 편익을 반영하지 못한다. 그래서 공공부문 사업의 비용과 편익을 계산할 때는 다음의 몇 가지 점들을 고려하여 시장가격을 조정해야 한다.

첫째, 공공부문의 사업이 대규모일 경우, 그 사업에 사용되는 재화나 서비스의 시장가격을 변화시킬 수 있다. 이때 그 사업의 비용을 계산할 때 사업 전의 시장가격을 사용하느냐 아니면 변화된 가격을 사용하느냐의 문제가 생긴다. 예를 들면, 정부에 의한 대규모 주택 건설사업의 경우(예를 들면 우리나라에서 있었던 약 10년 전의 대규모 신도시 개발사업), 주택 건설사업에 필요한 재화나 서비스의 가격이 이전보다 오르게 된다. 이때 비용을 계산할 때 오르기 전의 가격으로 할 것이냐 아니면 오른 후의 가격으로 할 것이냐가 문제이다.

한편, 편익의 측면에서 보면, 주택 건설사업으로 주택 값이 내려갈 수 있는데 이 경우에도 편익을 계산할 때, 내리기 전의 가격으로 할 것인지 아니면 내린 후의 가격으로 계산할 것인지의 문제가 생긴다.

사회복지 분야의 예를 들어보자. 정부가 아동복지의 기본 정책을 시설보호에서 위탁가정보호로 변화시키려고 한다. 그래서 시설보호에 있는 아동들은 대규모로 위탁가정에서 키우게 한다. 이렇게 되면 이전까지의 위탁가정에게 지급하는 양육비의 가격이 오르게 된다. 이때 이 정책의 편익분석을 평가할 때, 오르기 전의 가격으로 할 것인지 아니면 오른 후의 가격으로 할 것인지가 문제가 되는 것이다.

둘째, 공공부문의 사업이 독점적으로 생산되는 재화나 서비스를 사용할 때이다. 완전경쟁에서 재화의 가격은 그것의 한계생산비용과 같으나, 독점생산의 가격은 한계비용보다 높다. 이 경우 공공부문 사업의 비용을 계산할 때, 시장에서의 독점가격을 사용할 것이냐 아니면 그 재화를 생산하는 데 이용된 한계비용을 사용하느냐의 문제가 생긴다.

이 문제는 공공부문의 사업에 사용되는 재화로 인하여 시장이 어떠한 영향을 받느냐에 달려 있다. 만일 공공부문 사업에 쓰이는 재화의 양이 증가된 만큼 그 재화의 생산이 증가된다면, 증가된 재화의 가치는 한계생산비용이 된다.

반면에 추가생산 없이 공공부문 사업에 사용되는 재화나 서비스를 일반 소비자들이 사용할 그것들로 사용한다면, 공공부문에서 사용되는 재화나 서비스는 시장가격(소비자 가격)으로 계산해야 한다.

예를 들어, 어떤 지역에서 특정한 사회복지서비스의 공급이 독점적으로 이루어지고 있다고 하자. 이때 공공부문의 사회복지 사업에서 그 서비스를 구입할 때 그 서비스의 가격을 어떻게 결정하느냐의 문제가 생긴다. 만일 공공부문 사업에서 사용되는 만큼 그 서비스의 공급이 증가한다면, 그 서비스의 한계생산비용을 그 서비스의 가격으로 계산하면 된다. 반면이 서비스 공급이 증가하지 않고 일반 소비자들이 사용하는 서비스를 공공부문 사업이 구매한다면, 이때는 소비자 가격(시장가격)으로 계산해야 한다.

셋째, 공공부문 사업에 비자발적 실업자들을 고용할 때 어떤 가격으로 평가하느냐의 문제이다. 비자발적 실업자는 생산활동이 없는 사람들을 말한다. 그래서 공공부문의 사업에 이러한 비자발적 실업자를 고용할 때, 이들이 다른 부문에서 생산을 희생하는 것이 아니기 때문에 이들의 기회비용은 공공부문 사업에서 받는 임금이 아니라 이들이 잃어버린 여가의 가치이다. 그리고 이러한 여가의 가치는 이들이 비자발적 실업자이기 때문에 일반적으로 낮다고 볼 수 있다.

그러나 이 문제는 다음의 두 가지 측면에서 논란이 될 수 있다. 첫째는 정부가 경제안정 정책의 일환으로 일정한 수준의 실업률을 유지하려고 할 때이다(물가안정 등의 이유로). 이러한 경우 공공부문 사업으로 많은 수의 실업자를 고용했을 때, 다른 부문에서의 고용과 생산을 줄여야 할 수밖에 없다. 이 경우는 고용된 실업자의 사회적 비용은 그들이 받는 임금이 될 수 있다.

다른 하나는 공공부문 사업이 시작됐을 때 고용된 실업자가 실업 상태에 있었지만, 그 사람이 공공부문 사업 전체 기간 동안 실업상태에 있을 것이라는 보장이 없다는 것이다. 예를 들어, 어떤 실업자가 공공부문 사업이 시작한 후 1개월 후에 일자리를 잡게 된다면, 위의 단순한 잃어버린 여가의 값(매우 낮게 책정된)을 그 사람의 기회비용으로 계산하는 것은 불합리하다. 따라서 이렇게 사람들의 실업기간에 대한 예측이 어려운 상황에서는 실업자를 고용하는 공공부문 사업에서 실업자의 기회비용은 그들이 받는 임금으로 계산하는 것이 실용적인 측면에서 더 바람직하다.

넷째, 사업에서 발생하는 비용이나 편익이 시장에서 거래되지 않을 때, 즉 시장가격이 존재하지 않을 때 그것을 어떻게 계산하느냐이다. 많은 공공부문 사업의 편익은 비가시적, 비물질적 무형의(intangible) 형태로 나타난다. 예를 들어 다리를 건설하면 사람들의 교통시간이 단축된다든지, 환경 프로그램의 경우 사람들의 건강이 향상된다든지, 사회복지 프로그램의 경우 수급자들의 인간의 존엄성 정도가 높아진다든지 등과 같은 경우이다.

이러한 비물질적이고 무형의 편익이나 비용 등은 화폐화하는 데 많은 논란이 있다. 특히, 사회복지 사업의 영역에는 계산하기 어려운 편익들이 많다. 예를 들면, 클라이언트의 정서적 안정, 국가 전체의 정치·사회적 안정 등이 그것이다. 그래서 편익을 화폐화하기 불가능한 경우는 비용효과분석(cost-effectiveness analysis)을 사용하는 것이 더 바람직할 수 있다.

이러한 한계에도 불구하고 이러한 무형의 편익이나 비용을 계산할 때 흔히 두 가지 방법을 사용한다. 하나는 인적자본이론에 근거하여 그 사업이 소득을 벌어들일 능력(earning capacity)에 어떠한 변화를 가져왔는가를 따지는 것이다. 예를 들면, 위의 다리의 예에서 그 다리 때문에 사람들이 1시간을 절약할 수 있다면 1시간의 임금이 편익이 되고, 건강이 향상되었다면 향상된 건강으로 벌어들일 수 있는 능력이 얼마나 높아졌는가를 편익으로 계산하는 것이다.

다른 하나는 그 사업의 수급자들이 그 사업의 편익에 대하여 얼마나 지불할 의사(willingness-to-pay)가 있는가를 알아보는 것이다. 예를 들면, 절약된 시간의 가치를 알기 위하여 빠르나 요금이 비싼 기차와 느리나 요금이 싼 버스 가운데 사람들이 어떤 것을 택하는지를 보고 사람들이 절약할 시간을 어떻게 값으로 설정하는

지를 유추할 수 있다.

### 5) 비용과 편익의 비교

사업의 모든 비용과 편익의 화폐화가 이루어지면, 이제는 이러한 비용과 편익들을 합하여 총비용과 총편익을 구해야 한다. 이러기 위해서는 먼저 할인율을 결정해야 한다. 이어서 이러한 할인율을 바탕으로 장기간에 걸쳐 발생하는 모든 비용과 편익의 현재가치를 계산해야 한다. 그 이후에 모든 편익의 현재가치에서 비용의 현재가치를 빼서 그 사업의 순현재가치(net present value)를 계산한다.

이러한 순현재가치를 가지고 만일 단일사업의 실시 여부를 결정할 때, 순현재가치가 0보다 크면 이 사업은 실시된다. 두 개의 사업을 비교한다면, 순현재가치가 큰 사업을 선택하는 것이다.

### 6) 불확실성과 민감성 분석(sensitivity analysis)

비용편익분석으로 평가하는 사업들은 대개 장기간에 걸쳐 그 효과가 나타나는데, 이때 많은 경우 정확히 예측하기가 어렵다. 이렇게 결과의 예측이 불확실할 때, 비용편익분석에서는 어떻게 처리해야 되는가?

예를 들어, 사업 A는 확실하게 1억원의 편익을 발생시키는 반면에 사업 B는 2억원의 편익을 1/2의 확률로 보장한다면, 사업 A와 B 가운데 어떤 것을 선택하는가? 그것은 사람들의 위험에 대한 기피도(risk averse)에 달려 있다. 만일 위험기피적이면, 확실하게 1억원의 편익을 발생시키는 사업 A를 선택하게 될 것이다.

그래서 사업의 비용과 편익이 불확실하다면, 이러한 불확실성을 고려하여 비용과 편익을 계산하여야 한다[이른바 확실성 등가치(certainty equivalents)]. 즉, 사람들이 불확실한 결과에 대하여 지불하려고 하는 값을 알아야 하는 것이다. 이것은 그 사업으로 발생하는 편익의 분포와 관련된 사람들의 위험회피도(risk averseness)의 정도를 통해 알 수 있다. 만일 위험회피도가 높은 사람들에게 집중적으로 편익이 발생되면, 불확실성으로 고려한 그 사업의 편익가치는 크게 낮아지는 것이다.

앞에서 언급했듯이 어떤 할인율을 사용하느냐에 따라 비용편익분석은 크게 달라질 수 있다. 특히 비용과 편익이 장기간에 걸쳐 발생하는 사업과 비교적 단기간의 사업과 비교할 때, 할인율의 크기는 결정적일 수가 있다. 어떤 할인율이 적절한가는 사람들에 따라 다르기 때문에 모든 사람이 합의하는 할인율을 구하기는 현실적으로 어렵다. 이밖에 사업에서 비용과 편익이 발생하는 기간 등에 관해서도 합의를 이루기가 어렵다.

그래서 비용편익분석에서는 할인율이나 사업기간 등에 관한 여러 가지 가정 하에서 비용과 편익을 계산하는 것이 필요하다. 즉, 비용과 편익이 이러한 서로 다른 가정에서 얼마나 민감하게 반응하는가를 알 필요가 있는 것이다. 그래서 만일 매우 적은 할인율의 차이에도 불구하고 비용과 편익의 계산이 크게 달라진다면, 그러한 사업의 시행 여부는 좀더 신중하게 결정할 필요가 있다.

### 7) 분배문제의 고려

앞에서 언급했듯이, 비용편익분석은 기본적으로 효율의 가치를 구현하는 것이다. 그래서 비용과 편익이 수급자들 사이에 어떻게 분포되어 있는가는 주 관심사가 아니다. 그러나 아무리 비용편익분석에서 효율적인 것으로 평가가 난 사업이라도 그것의 분배효과가 지나치게 불평등적이면, 사회에서 현실적으로 채택되기 어렵다. 그래서 빈자에게 가는 편익에는 가중치를 두어 가능한 한 빈자에게 유리한 사업을 채택하는 방안이 있다.

그러나 여기에는 빈자의 범위나 가중치의 정도 등에서 합의를 이루기 어려운 가치판단의 문제가 있다. 그래서 여기에서도 민감성 분석을 통해 빈자의 범위나 가중치에 대해 서로 다른 가정 하에서의 비용과 편익을 계산하는 것이 바람직하다. 그래야만 이 정보를 바탕으로 정책 결정자가 최종적으로 결정하는 데 도움을 줄 수 있는 것이다(Sugden and Williams, 1978).

7
chapter

# 사회복지와 국가경제

오늘날 서구의 복지국가들은 GDP의 30% 가까이를 사회복지에 사용하고 있다. 이러한 정도로 사회복지가 확대되는 과정에는 역사적으로 많은 논란이 있어 왔다. 이러한 논란은 크게 보면 두 가지로 나눌 수 있는데 하나는 규범적, 정치적, 이념적인 측면에서의 논란이다. 여기서는 평등의 가치를 구현하기 위하여는 국가가 시장에 개입하여 사회복지를 확대하여야 된다는 사회주의 혹은 사회민주주의 세력의 입장과 자유와 효율의 가치를 이루기 위하여는 국가가 시장에 개입하여 사회복지를 확대해서는 안 된다는 자유주의(신자유주의)세력의 주장 사이에 많은 논란이 있어왔다.

다른 하나는 사회복지를 확대하면 국가경제에 이로운가 아니면 해로운가를 둘러싼 실증적, 경제적인 측면에서의 논란이다. 사회복지의 확대를 지지하는 사람들은 사회복지가 국가경제에 이롭다고 주장하고, 반대로 사회복지의 확대를 반대하는 사람들의 가장 중요한 논리는 사회복지는 국가경제에 해롭다는 것이다. 오늘 날에는 상기의 이념적인 논란보다는 이러한 경제적인 측면에서의 논란이 더 중요한 것처럼 보인다. 특히 세계적인 지구경제, 신자유주의의 분위기 등의 상황에서, 사회복지가 경제에 이로운가 해로운가의 논란은 최근 더 뜨거워지고 있다. 이 장에서는 이 문제에 관하여 논의하고자 한다.

사회복지를 확대하면 국가경제에 이로운가? 아니면 해로운가? 답은 이로울 수도 있고 해로울 수도 있다. 그렇다면 어떤 점에서 이롭고 어떤 점에서 해로운가?

## 1. 이로운 점들

사회복지를 확대하면 국가경제에 이로운 점들은 세부적으로는 많이 있을 수 있으나 크게 보면 다섯 가지로 나눌 수 있다: ① 인적 자본의 향상, ② 불확실성 혹은 불안전성의 감소, ③ 경제안정에의 기여, ④ 기술변화에 용이하게 대처할 수 있다는 점, ⑤ 사회정치적 안정을 통한 사회통합을 이룰 수 있다는 점.

### 1) 인적 자본(human capital)의 향상

사회복지를 확대할 때 경제에 이로운 점들 가운데 가장 강하게 그리고 거의 모든 사람들이 동의하는 것은 인적 자본의 향상이다. 심지어는 사회복지의 확대를 이념적으로 반대하는 사람들도 이 점만큼은 인정한다.

널리 알려졌듯이 경제성장을 위하여는 다양한 형태의 물적 자본(physical capital)에의 투자가 필요하다. 물적 자본에 투자하면 생산성이 높아지기 때문이다. 예를 들면, 생산성을 높일 수 있는 설비투자나 도로나 철도 등의 사회간접자본에의 투자이다.

인적 자본, 즉 사람에게 투자하는 것도 마찬가지로 생산성을 높일 수 있다. 예를 들면, 1조원을 들여 도로를 건설하는 것이나 그 돈으로 만 명의 아동들의 교육수준을 높이는 것이나 경제성장에 기여하는 것이 같은 것이다. 많은 사회복지 프로그램들은 인적 자본의 향상을 목표로 하고 있다. 국민들의 교육수준을 높이고, 건강이나 영양수준을 높이고, 주거환경을 개선하거나, 다양한 형태의 노동시장정책들을 통하여 노동자들의 기술수준을 높인다.

### (1) 교육

인적 자본을 향상시키는 방법 가운데 가장 중요하고 널리 인정되는 것이 국민들의 교육수준을 높이는 것이다. 교육수준을 높이는 것이 가장 직접적으로 생산성 향상을 이루어 경제성장에 크게 기여하기 때문이다. 이것은 많은 실증적인 연구들에 의하여 뒷받침된다. 예를 들면, 미국에서의 연구에 의하면 2차 세계대전 이후부터 1970년대 중반까지 미국사람들의 교육수준이 높아진 것이 그 기간 동안의 경제성장의 약 11%에 기여한다(Denison, 1979). 이것은 총 인적 자본을 화폐가치로 환산할 때 불변가격으로 볼 때 1950년에는 약 1조 8천억 달러에서 1976년에는 약 7조 달러로 늘어난 것 때문이다(Eisner, 1981).

교육수준이 높아지면 생산성 향상을 가져와 경제성장에 기여하지만, 다른 이유들도 경제성장에 기여할 수 있다. 예를 들면, 국민들의 교육수준이 높아지면 소비자로서 합리적인 선택을 하게 되거나, 건전한 시민으로 행동하여 반사회적 행위들이 줄어드는 것도 경제성장에 기여하는 것이다.

사회복지 제도들은 다양한 방법으로 국민들의 교육수준을 높인다. 가장 대표적인 것이 국가가 교육비용을 부담하는 무상의무 교육제도이다. 거의 모든 OECD 국가들에서는 고등학교까지 무상·

의무교육을 실시하고, 일부 유럽의 국가들에서는 대학교까지 무상 교육을 실시하고 있다.

또한 저소득층 아동들의 교육수준을 높이기 위한 제도들이 있다. 예를 들면, 저소득층 자녀들의 대학입학을 용이하게 한다든지, 장학금 등의 경제적 지원을 하거나, 낮은 이자로 학자금을 대부해주는 등의 방법이다. 또한 저소득층을 위하여 유치원 입학 전까지의 교육(탁아)비용을 국가가 부담하는 방법도 있다(예를 들면, 미국의 Head Start). 그래서 대부분의 OECD국가들은 GDP의 5% 이상을 국가가 교육에 투자하고 있는 것이다.

우리나라는 지난 40여 년 동안에 '경제성장 제일주의'가 우리나라를 지배하는 가장 중요한 가치일 정도로 경제성장을 강조하였고 실제로 지속적이고 높은 경제성장을 이루었다. 이 과정에서 다른 특별한 부존자원이 없는 상황에서 정책결정자들은 자연스럽게 교육에의 투자를 강조하였다. 그래서 다른 어떤 사회복지 제도들을 도입하기 전에 일찍이 초등학교 무상·의무교육을 실시하였고, 오늘날 중학교까지 확대하였다. 또한 최근에 '희망스타트' 프로그램으로 저소득층 아동들의 교육수준을 높이기 위하여 노력하고 있다. 오늘날 우리나라는 약 5% 가까이를 국가가 교육에 투자하고 있는데, 이것은 다른 어떤 사회복지지출보다 많은 것이다. 우리나라에서는 많은 사람들이 다른 사회복지 프로그램들의 확대에는 반대를 해도 교육에의 지출은 받아들이고 있다. 왜냐하면, 교육수준을 높이면 경제성장에 기여한다고 생각하기 때문이다.

### (2) 건강

사람들의 건강수준을 높이는 것도 좋은 인적 자본에의 투자이다. 건강이 좋아야 생산성이 높아져 경제성장에 기여할 수 있는 것이다. 20세기 이전까지만 해도 대부분의 국가들에서 대부분의 사람들은 질병에 걸려도 제대로 치료를 받지 못하여 국민전체의 건강수준이 낮았고 이것은 경제성장에 큰 걸림돌이 되었다. 그래서 국민들이 질병에 걸렸을 때 의료서비스를 제공할 수 있는 제도의 필요성이 높았다. 1883년 독일이 세계에서 최초로 강제가입의 사회보험으로서 질병보험제도를 만든 것도 이러한 배경에서이다. 이후 대부분의 국가들에서 사용자들의 보험이라 할 수 있는 산재보험을 제외하고 사회보험 가운데 가장 먼저 도입한 것이 국민들의 건강 향상을 위한 의료보험제도이다.

우리나라에서도 산재보험을 제외하고 가장 먼저 1977년에 도입한 것이 의료보험이다. 이것의 결정적인 이유는 그 당시에 경제성장에 필요한 건강한 노동력의 지속적인 공급의 필요성이 높아졌기 때문이다. 사실 의료보험이 도입되기 전에는 많은 사람들이 질병에 걸려도 제대로 치료를 못 받아 노동력의 생산성의 저하 문제가 심각했다. 특히 이 당시에는 북한과의 체제경쟁이 치열하였고, 우리보다 발전된 의료서비스 제도를 갖고 있는 북한과 비교되는 상황에서 의료보험의 도입의 필요성이 더욱 높았다. 오늘날 모든 국민들에게 의료서비스에의 접근이 용이해졌고, 이로 인해 국민 전체의 건강수준은 과거에 비해 훨씬 높아졌고, 이것은 경제성장에 크게 기여하였다.

### (3) 영양

좋은 영양 상태는 좋은 건강을 유지하는 데 필수적이다. 특히 유아나 아동들이 충분한 영양을 섭취하면서 성장하는 것은 성인이 된 후의 건강상태를 결정하는 데 중요하다. 오늘날 선진산업국가들에서 대부분의 사람들은 충분한 영양섭취는 하고 있다. 그러나 이러한 국가들에서도 저소득층에게는 적절한 영양섭취가 충분히 이루어지고 있지 않다. 그래서 이 문제를 해결하려는 다양한 사회복지 프로그램들이 있는데, 가장 좋은 방법은 유럽의 복지국가들에서 하고 있듯이, 저소득층들이 적절한 영양섭취를 할 수 있는 최소한의 생계비를 보장하는 것이다. 반면에 저소득층을 위한 최소한의 현금급여의 소득보장제도를 꺼리는 미국에서는 저소득층에게 Food Stamp제도를 통하여 음식을 구입할 수 있는 쿠폰을 제공하거나, WIC(Women, Infant, children)을 통하여 임산부, 유아, 아동들의 영양 상태를 높이기 위하여 음식물을 제공한다.

우리나라에서는 최근의 국민기초생활보장제도의 도입으로 일부 저소득층들에게 최소한의 영양섭취를 이룰 수 있는 최저생계비를 급여하고 있다. 그러나 수급자들의 숫자가 많지 않고 급여액이 충분치 않아 저소득층의 영양상태의 향상이라는 목표를 충분히 이루고 있지 못하고 있는 실정이다. 또한 저소득층 일부에게 음식을제공하거나, 학교급식제도를 확대하여 아동들의 영양섭취 수준을 높이고자 노력하고 있다. 그럼에도 불구하고 아직도 많은 수의 저소득층(특히 아동들)이 충분한 영양섭취를 못하고 있는 것이 현실이다. 모든 국민의 좋은 영양 상태를 유지하는 것이 경제성장에 중요하기 때문에 적어도 이 문제는 하루빨리 확실하게 해결할 필요가 있다.

### (4) 주거환경

적절하지 못한 거주환경에서 살면 질병에 걸릴 가능성이 높아지는 등의 이유로 건강상태가 나빠질 수 있다. 또한 열악한 거주환경에서 살게 되면, 특히 아동들의 경우 범죄행위 등을 비롯한 반사회적 행위들을 배우게 되거나, 진학률이 낮아져 결국 인적 자본이 훼손될 수 있다.

서구의 복지국가들에서는 일찍이 저소득층을 위하여 공공임대주택의 제공, 주택수당급여들의 방법으로 적절한 주거환경에 살 수 있도록 노력하고 있다. 우리나라에서도 공공임대주택을 건설하여 저소득층들에게 살도록 하게 하는 제도가 있으나, 아직은 그 규모나 수준이 미흡하다. 특히 우리나라에서는 수도권의 집값이 매우 비싸 저소득층을 위한 공공주택의 공급이 충분히 이루어지지 않아 많은 수의 저소득층들이 아직도 '달동네'라 불리는 열악한 거주환경에서 생활하고 있다. 이것은 많은 수의 저소득층들의 건강상태가 나빠지는 것에 기여하는 중요한 요인 중의 하나이다.

#### (5) 고용창출과 기술훈련

사회복지 프로그램들은 공공부문에서의 다양한 일자리들을 창출하여 실업률을 낮출 수 있다. 대표적인 예가, 오늘날 크게 늘어나고 있는 사회적 서비스(아동, 노인, 장애인 서비스 등) 부문에서의 일자리들이다. 또한 다양한 노동시장정책들을 통하여 미취업자들에게 기술훈련을 시키거나, 기술변화에 따른 취업자들의 재훈련 등을 통하여 그들의 생산성을 높일 수 있다. 또한 다양한 정보들을 제공하여 노동시장에서의 수요와 공급에서의 불일치(skill mismatch)의 문제를 해결하여 취업을 촉진시킬 수 있다.

### 2) 사회통합 : 사회정치적 안정

사회복지는 또한 사회구성원들 사이의 사회통합을 높인다. 사회통합이 잘 이루어진 사회는 사회정치적으로 안정이 되고 이것은 경제에 이로운 점으로 작용한다. 국가의 사회복지를 통한 분배가 없이, 시장에서의 치열한 경쟁을 통해서만 사회적 자원이 배분이 되면 사회는 필연적으로 승자인 부자 집단과 패자인 빈자 집단으로 나뉘게 된다.

시장에서의 승자인 부자들은 빈자들의 입장과 상황을 이해하려고 안하고 빈자들을 무시 혹은 멸시한다. 반면에 빈자들은 부자들을 적대시하여 이들을 상대로 범죄행위 혹은 대규모의 폭동을 일으킨다. 이렇게 두 계층은 서로 대립·반목하여 사회적 갈등은 커지게 되어 결과적으로 사회는 불안정해진다.

이렇게 사회가 불안정해지면, 사람들의 경제행위가 왜곡 혹은 위축이 된다. 사람들은 장기적인 안목이 아닌 단기적인 이익만을 추구하는 행위들을 하거나 자신들의 재산을 보존하기 위한 행위들에만 관심을 갖게 된다. 이렇게 되면 사람들은 장기적인 안목에서 다양한 형태의 물적·인적 자본에의 투자를 꺼리게 되거나, 기업가 정신도 약화가 될 수 있어 생산성이 떨어지거나 경기가 침체될 수 있어 결국 경제성장에 해롭게 될 수 있는 것이다.

사회복지는 사회통합을 높인다. 우선 가장 쉽게 그리고 가장 광범위하게 이룰 수 있는 것은 사회복지를 통하여 빈자의 숫자를 줄이거나 사회의 불평등을 줄여 사회계층간의 대립과 반목을 줄인다. 예를 들면, 1960년대에 미국에서 빈자들의 대규모의 폭동에 대응하여 '빈곤과의 전쟁'을 통하여 사회복지를 확대하여 사회통합을 높이려고 시도하였다(Piven and Cloward, 1971).

사회복지는 또한 사회구성원들의 공동체 혹은 연대의식을 높여 궁극적으로 사회권 의식을 고취시켜 사회통합을 높일 수 있다. 오늘날 고도로 발전된 복지국가들에서는 대부분의 국민들이 사회복지의 수급자이기 때문에, 사회복지를 둘러싼 납세자 대 수급자의 대립이 없이, 모두가 복지를 하나의 권리로 인정하는 것이다. 예를 들면, 소득수준에 상관없이 아동이 있으면 어느 가구나 가족수당을 받기 때문에 소득계층별로 복지를 둘러싼 대립이 없어 사회통합을 높일 수 있는 것이다. 반면에 가족수당이 없는 미국 같은 사회에서는, 소득수준이 높은 사람들이 세금을 내어 소득수준이 낮은 아동이 있는 가구에게 급여하기 때문에 소득계층별 복지를 둘러싼 반목이 생겨 사회통합을 저해하는 것이다.

사회적으로 안정된 사회에서는 대부분의 사회구성원들이 그 사회의 주된 규범에 따라 행동한다. 빈곤한 사람들이 늘어나면 그 만큼 주된 사회적 규범에서 벗어나는 행위를 하는 사람들이 늘어날 가능성이 크다. 즉 그만큼 사회통합에 해가 되는 것이다. 사회복지는 사람들로 하여금 사회적 규범에 순응하게 하는 기능을 한다. 예를 들면, 빈곤한 가정에서 자라는 아동들을 대상으로 교육이나 다양한 형태의 개별적 사회서비스를 통하여 건전한(?) 시민으로 성장하게 하는 것이다.

사회통합이 잘 이루어진 사회에서는 사회구성원들 사이에 신뢰감이 높고, 공동체의식이 강하는 등의 이른바 '사회적 자본(social capital)'이 높아져서 경제발전에 기여한다. 또한 이러한 사회에서는 탈세행위가 줄어들어 경제가 왜곡되지 않아 경제에 이롭다.

마지막으로 사회복지를 통하여 빈곤한 사람들이 줄면 정치적 민주주의 발전에 기여한다. 일반적으로 가난한 사람들은 투표율이 낮다. 사회복지를 통하여 빈곤한 사람이 줄면 그 만큼 많은 사람들이 민주주의 정치에 참여하게 되고, 이것은 민주주의 발전에 기여하며 궁극적으로 경제에 이로운 점으로 작용한다.

### 3) 기술변화에의 적응을 용이하게 한다.

경제성장을 위하여는 새로운 기술이 계속 개발되어야 한다. 특히 오늘날과 같이 기술이나 지식의 중요성이 어느 때보다 큰 시기에는 더욱 그러하다. 그런데 여기서 중요한 점은 사회구성원들이 이러한 새로운 기술이 도입되는 과정에 적응을 잘 해야 한다는 점이다.

이 과정에서는 과거의 산업이나 직업이 없어지고, 새로운 산업이나 직업이 만들어지고, 사람들이 농촌에서 도시로 등의 지역 간 이동이 많아지고, 가족의 구조나 역할도 바뀌는 등의 여러 가지 변화가 뒤따른다. 이러한 과정에서는 많은 사람들이 기존에 갖고 있던 사회적 위치, 기대, 역할, 권력 등이 변하기 때문에 자연히 기술변화에 따른 갈등과 저항이 커지게 된다.

이러한 갈등과 저항이 크면 경제성장에 저해가 되기 때문에 이러한 문제들을 해결할 필요가 있는데, 사회복지가 이러한 문제들을 해결할 수 있다. 대표적인 사회복지 프로그램이 실업보험과 노동시장정책이다. 일반적으로 새로운 기술이 도입되면 기존의 노동자들은 일자리를 잃을 수 있기 때문에 새로운 기술도입에 격렬히 저항한다(노동자들이 새로운 기계를 때려 부수는 많은 역사적 사실이 있다). 그래서 이러한 저항을 완화시킬 필요가 있는데 실업보험과 노동시장정책이 이러한 기능을 한다. 실업보험의 실업급여를 통하여 실업기간 동안의생활을 유지시켜 주거나, 노동시장정책을 통하여 새로운 기술을 훈련시키는 것이다(물론, 훈련기간 동안에도 생활비를 급여한다).

기술변화는 전통적인 제조업의 비중보다 서비스산업의 비중을 높인다. 이렇게 서비스 산업의 비중이 커지다 보니 사회서비스 분야의 일자리가 크게 늘어났다. 그런데 이러한 사회서비스 분야의 일자리들은 대개 여성들이 크게 진출하기 때문에 기존에 가족 내에서 여성들이 했던 아동, 노인 복지서비스 등을 대체하는 국가에 의한 사회복지 프로그램의 필요가 커지는 것이다.

### 4) 경제안정

자본주의 경제는 주기적으로 변하는 경향이 있다. 호경기가 있으면 불경기도 있다. 그래서 경제성장도 중요하지만 경제안정도 중요하다. 성장만 추구하다 보면 물가상승이 높아질 수 있고, 이렇게 되면 국민들의 실질소득은 늘어나지 않아 생활수준의 향상은 크게 이루어지지 않는다.

경제안정을 위한 전통적인 케인즈식 처방은 불경기일 때는 경기부양을 위하여 정부재정은 적자를 해서라도 정부지출을 늘리고, 세금을 줄이고, 반대로 호경기일 때는 물가상승을 막기 위하여 정부지출을 줄이고, 세금을 늘려야 한다.

사회복지 프로그램은 이러한 역주기적 정책(countercyclical policy)의 기능을 자동적(?)으로 수행한다. 실업보험이 대표적이다. 경제가 불경기일 때는 실업자의 숫자가 늘어나게 되는데 이때 실업보험을 통하여 이들에게 급여를 하게 되면 이들의 구매력이 높아져 경기가 살아날 수 있다. 반면에 호경기일 때는 실업자의 숫자가 적고 취업자들이 낸 보험료를 거두어들일 수 있어 소비를 줄여 물가상승을 막을 수 있다.

노령연금도 마찬가지이다. 불경기일 때는 노령연금을 지급하여 노인들의 구매력을 높여 경기를 활성화시킬 수 있고, 반대로 호경기일 때는 근로자들이 낸 사회보장세의 수입이 커져 물가상승의 압력을 막을 수 있는 것이다.

### 5) 불확실성과 불안정성의 감소

현대 산업사회를 살아가는 많은 사람들은 미래가 불확실하고 불안정하다. 언제 장애, 실업, 빈곤, 질병 등의 사회적 위험에 부딪힐지를 모른다. 그래서 항상 심리적으로 불안하게 살 수밖에 없고 이러한 상황에서는 일의 효율, 즉 생산성이 낮을 수 있다. 사회복지 프로그램들은 사람들이 이러한 위험에 부딪힐 때 안정적인 생활을 보장해주기 때문에, 사람들이 이러한 사회복지제도에 의해 보호를 받고 있다는 정신적 안정감은, 측정하거나 계량화하지를 못해서 그렇지 생산성을 높이는데 기여하여 경제성장을 높일 수 있다. 예를 들면, 산재보험에 가입한 노동자는 일을 하는 동안에 사고를 당해도 생활안정이나 치료를 받을 수 있다는 심리적 안정감 때문에 생산성이 높아지는 것이다.

## 2. 경제에 해로운 점들

많은 사람들이 사회복지를 확대하면 경제에 해를 준다고 생각한다. 특히 오늘날처럼 전 세계적으로 신자유주의의 이념이 지배하는 상황에서는 더욱 그러하다. 유럽의 복지국가들이 지난 20여 년 간에 걸쳐 경제성장이 둔화되고 실업률이 높은데 기여한 가장 중요한 이유가 이러한 국가들이 사회복지를 지나치게 확대했기 때문이라고 생각한다.

사회복지가 경제에 해를 줄 수 있는 기제들은 여러 가지가 있을 수 있으나 여기서는 가장 자주 거론되는 다음의 5가지를 논의하고자 한다: ① 노동력 공급의 감소, ② 저축과 투자의 감소, ③ 가족구조의 변화, ④ 지하경제의 확대, ⑤ 소비자 선택의 왜곡: 사회적 자원의 비효율적 배분.

### 1) 노동력 공급의 감소

복지가 경제에 해를 주는 이유들 가운데 가장 널리 알려져 있고 또한 가장 중요하게 생각하는 것은 복지 때문에 사람들의 노동행위에 나쁜 영향을 주어 경제성장에 해롭다는 점이다. 예를 들면,

사람들이 적은 시간을 일하거나, 열심히 일을 안 하거나, 더 좋은 일자리를 찾을 동기를 약화시키거나, 훈련이나 교육에의 투자동기를 약화시키는 것 등이다.

복지와 사람들의 노동행위와의 관계를 이해하기 위하여는 먼저 근로동기에 관한 기본적인 경제이론에 대한 이해가 필요하다. 경제학 이론에서는 사람들의 노동력 공급에 관한 결정은 일과 여가 가운데 어떤 것이 자신들의 효용을 극대화할 수 있느냐에 관한 선택에 의하여 이루어진다고 본다.

경제 이론에서는 이것을 흔히 소득효과(income effect)와 대체효과(substitution effect)라는 개념으로 설명한다. 여기서 소득효과란 사람들의 소득이 올라가면 여가의 값이 싸져서 일을 적게 하거나 혹은 소득이 줄어들면 여가의 값이 비싸져서 일을 더 하려는 것을 말한다(대표적인 예로, 많은 사람들이 복권에 당첨되어 갑자기 소득이 크게 늘게 되면 일을 안 하거나 적게 하려는 경우다).

반면에 대체효과란 사람들의 임금률이 높아지면 여가의 값이 비싸져 일을 더 하거나 혹은 임금률이 낮아지면 여가의 값이 싸져 일을 적게 하려는 것을 말한다. 예를 들면, 의사의 시간당 임금은 매우 높기 때문에 의사들의 여가의 값은 매우 비싸다. 따라서 대체효과만으로 볼 때는 의사들은 여가보다는 일을 선택한다.

사람들의 근로소득이 변하면 이러한 소득효과와 대체효과는 동시에 나타나고 이 효과들 가운데 어느 것이 지배적이냐에 따라 사람들의 노동력공급이 결정된다. 예를 들어 갑이란 사람의 월급이 300만원에서 500만원으로 올랐다면 이 사람은 일을 더 할 것인가 덜 할 것인가? 만일 소득효과가 지배한다면 소득이 올라서 여가의 값이 싸져서 일을 덜 할 것이고, 반면에 대체효과가 지배한다면 임금률이 높아졌기 때문에 그 만큼 여가의 값이 비싸져서 일을 더 할 것이다. 즉 사람들의 근로소득이 변할 때 노동력 공급이 어떻게 변화할지는 이론적으로는 알 수 없고 실증적인 조사를 해서 어느 효과가 지배적인가를 알아내야 한다.

이러한 노동력 공급에 관한 기본적인 이론을 배경으로, 지금부터는 복지와 노동력 공급과의 관계를 논의하고자 한다. 사회복지를 확대하면 사람들의 노동력공급에 두 가지 측면에서 영향을 줄 수 있다. 하나는 사회복지가 확대되어 세금이 늘어 소득(가처분소득)이 줄어드는 납세자의 측면이고, 다른 하나는 일을 안 해도 급여를 받을 수 있는 사회복지 수급자의 측면이다(사실 유럽의 복지국가들에서는 많은 경우에 납세자이면서 수급자이기 때문에 이러한 구분이 명확하지 않으나 분석 상 필요하다).

먼저 납세자의 측면을 보자. 사회복지가 확대되면 세금이 늘어나는 것은 필연적이다. 이러한 세금에는 일반조세에 내는 개인 소득세 뿐만 아니라 각종의 사회보장성 조세(사회보험을 위한 보험료)가 포함되어 있기 때문에 고도로 발전된 복지국가들에서는 총소득의 대략 50% 가까이를 세금으로 낸다.

이렇게 엄청난(?) 세금으로 자신들의 가처분소득이 크게 줄어들면 사람들의 근로행위는 어떻게 될 것인가? 우선 실질소득이 줄었다는 것은 그만큼 임금률이 낮아졌다는 것과 같기 때문에 그 만큼 여가의 값이 싸졌기 때문에 대체효과에 의하면 사람들은 일을 덜 할 것이다. 그러나 소득효과에 의하면 실질소득이 줄면 그 만큼 여가의 값이 비싸지기 때문에 일을 더 하려고 한다. 이것을 다른 말로 표현하면, 세금이 늘어나기 전의 생활수준을 유지하기 위하여는 그 만큼 더 일을 해서 소득을 높여야 하는 것이다.

따라서 세금이 늘어났을 때 납세자들이 일을 더 할 것인지 덜 할 것인지는 소득효과와 대체효과 가운데 어느 것이 지배하느냐에 달려 있다. 만일 대체효과가 지배하면 일을 덜 할 것이고, 소득효과가 지배하면 일을 더 할 것이다. 따라서 이론적으로는 알 수 없고, 실증적인 조사가 필요하다.

실증적인 조사가 필요한 또 하나의 중요한 이유는 많은 사람들의 근로동기가 상기와 같은 소득효과와 대체효과로 설명되는 경제적인 동기만으로 결정되는 것은 아니기 때문이다. 많은 사람들은 성취감, 명예, 사람들과의 관계들의 다양한 사회심리적인 이유 때문에 일을 한다. 또한 어떤 사람들은 일 자체가 좋아서 일을 한다. 또한 현실세계에서의 대부분의 근로자들은 자신들의 근로시간은 자신들이 결정하는 것이 아니다. 대개의 경우 노사간의 단체협상들에 의하여 대부분의 근로시간이 결정되기 때문에 세금이 늘었다 하여 납세자들이 쉽게 근로시간을 늘리거나 줄이거나 할 수 없다.

어찌되었던 이러한 이유들로 납세자들의 노동력 공급에 관한 많은 실증적인 조사들이 이루어졌는데 이러한 조사들의 결과를 종합적으로 정리하면 다음과 같다. 우선, 전체적으로 볼 때 사회복지의 확대로 인한 조세의 증가가 납세자들의 근로동기에 주는 효과는 미미하다는 점이다. 특히 가장 근로활동이 활발한 시기인 25세~55세 사이의 근로자들이나 가구 내의 주 소득자(primary earner)들의 경우에는 세금의 증가가 이들의 노동력 공급에 미치는 효과는 거의 없다고 볼 수 있다.

다만 세 가지의 노동계층들에게는 조세의 증가가 노동력 공급에 어느 정도 부정적인 영향을 주는 것으로 나타난다. 첫째는, 가구 내의 2차 소득자들(secondary earner)－예를 들면, 남자가 주 소득자인 경우 여성(주부), 청소년, 노인－이다. 이들은 대개 주 소득자들의 소득을 보충하기 위하여 가사노동이나 학업시간을 줄이고 일을 하는 경향이 있어 일을 해야만 하는 필요성이 상대적으로 적다. 그래서 이들은 조세의 증가로 가처분소득이 줄면, 쉽게 일을 안 하거나 일하는 시간을 줄여 가사노동이나 학업에 더 많은 시간을 사용하는 경향이 있는데 이것은 이렇게 하는 것이 가구전체의 효용을 더 높일 수 있기 때문이다. 특히 양육할 아동이 있는 가구에서는 낮아진 실질임금에서 일하느니 가사노동을 하는 것이 가구 전체의 효용을 높이는 합리적인 선택인 것이다.

둘째는, 개인소득세의 누진세율이 매우 높은 국가들에서는 아주 적은 숫자의 매우 높은 소득자들도 세금이 증가하면 근로동기가 어느 정도 감소하는 것으로 나타난다. 이들은 대개 자신의 근로시간을 결정할 수 있는 전문직 종사자들인데, 세율이 매우 높게 되면, 즉 소득의 반 이상을 세금으로 납부하게 되면 아무래도 일을 적게 할 동기가 발생할 수 있는 것이다. 그러나 어느 나라나 이러한 사람들의 숫자는 극히 적기 때문에 국가전체로 볼 때 이들의 노동력 공급의 감소의 문제는 미미하다.

셋째는, 아주 소득이 낮은 계층도 세금이 증가하면 근로동기가 약화될 수 있다(여기서의 세금이란 각종의 사회보험에 강제로 부과되는 보험료, 즉 사회보장성 조세를 말한다. 이들은 대개 개인소득세는 면제가 된다). 이것의 이유는 세금의 증가로 이들이 일을 했을 때 얻을 수 있는 실질적인 소득보다 손실이 더 클 수 있기 때문이다. 이러한 소득이 낮은 사람들은 대개 일을 하면서도 어떤 형태의 사회복지제도로부터 급여를 받는 경향이 있는데(예를 들면, 의료나 교육서비스 등), 일을 더 하게 되면 세금이 늘어 가처분소득이 줄 뿐만 아니라 사회복지급여도 못 받기 때문이다. 이렇게 이른바 '빈곤의 덫(poverty trap)'에 빠져 있는 사람들도 일을 할 때 세금이 증가되면 쉽게 일을 안 하거나 일하는 시간을 줄이려는 동기가 생기는 것이다. 이렇게 소득이 낮은 사람들에게 사회보장세를 부과하게 되면 이들의 근로동기가 약화될 수 있기 때문에 미국을 비롯한 몇 나라들에서는(우리나라도 곧 시행할 예정임) 이른바 '근로소득보전세제(Earned Income Tax Credit)'를 통하여 사회보장세의 부담을 줄여주기 위하여 조세제도를 통하여 일정한 액수의 급여를 하여 근로동기의 약화를 막으려고 노력한다.

지금까지의 논의들을 정리하면 사회복지 때문에 세금이 증가할 때 납세자들의 경우에는 2차 소득자, 아주 높은 소득자, 그리고 아주 낮은 소득자 등의 세 가지의 근로계층에서만 근로동기가 어느 정도 약화될 뿐, 대부분의 근로소득자들의 경우에는 영향을 거의 주지 않는다.

그렇다면 사회복지의 수급자들의 근로동기는 어떠한가? 사실 대부분의 사람들은 사회복지와 근로동기와의 관계를 이야기할 때 납세자들의 근로동기보다는 사회복지의 수급자들의 근로동기에 더 관심이 많다. 즉 많은 사람들은 사회복지 때문에 수급자들이 일을 안 한다고 생각하는 경향이 있고, 실제로 이 문제가 사회적으로 큰 쟁점이 된다. 사회복지의 급여를 받으면 사람들은 일을 안 하는가? 사회복지 수급자들의 노동력 공급에 관한 연구들은 훨씬 복잡하고 따라서 논란도 많다. 왜냐하면, 사회복지의 내용 혹은 사회복지제도에 따라 큰 차이가 있기 때문이다. 예를 들면, 유럽의 복지국가들에서 시행중인 가족수당(아동수당)처럼 소득수준에 상관없이 아동이 있는 모든 가구에게 급여하는 사회복지제도는 수급자들의 근로동기에 영향을 별로 주지 않는다. 반면에 일정한 소득 이하의 가구들에게 급여하는 공공부조 유형의 제도에서는 수급자들의 근로동기가 약화될 수 있다.

일반적으로 사회복지의 수급자들의 근로동기에 영향을 줄 수 있는 사회복지제도들이 갖고 있는 두 가지의 기본적이고 중요한 요소는 기본급여액의 수준과 급여감소율이다. 기본급여액이란 일정한 소득 이하의 사람들에게 주어지는 최소한의 급여액을 말한다. 예를 들면, 우리나라의 국민기초생활보장제도는 2007년의 경우 4인 가구에게 소득이 없을 경우 대략 월 120만원을 급여한다. 또한 많은 국가들에서 국민연금의 경우 최저급여액이 정해져 있거나 아니면 일정한 액수의 기초연금을 모든 노인에게 급여한다.

급여감소율이란 사회복지의 수급자가 소득(특히 근로소득)이 있을 경우 급여액이 기본급여액에서 삭감되는 비율을 말한다. 예를 들면, 급여감소율이 50%이라면, 수급자가 월 40만원의 소득을 벌었다면, 수급자는 기본급여액에서 월 20만원을 삭감한 급여를 받는다.

따라서 사회복지 수급자들의 근로동기는 사회복지제도의 내용, 즉 기본급여액과 급여감소율이 어떻게 정해지느냐에 달려 있는 것이다. 만일 사회복지제도의 기본급여액이 높고 급여감소율도 높다면(예를 들면, 100%), 수급자들의 근로동기는 적어도 경제적인 이론으로 볼 때는 약화될 가능성이 크다. 왜냐하면, 기본급여액이 높기 때문에 소득효과의 측면에서 근로동기가 약화될 수 있고, 또한 급여감소율이 높으면 실질임금률이 낮아져 여가의 값이 싸지기 때문에 대체효과의 측면에서도 근로동기가 약화될 수 있기 때문이다.

반대로 기본급여액이 낮고, 급여감소율도 낮다면 수급자들의 근로동기는 강화될 수 있다. 왜냐하면, 기본급여액이 낮기 때문에 소득효과의 측면에서 더 많이 일을 해야 할 필요성이 높아지고, 급여감소율이 낮기 때문에 더 많이 일을 해서 소득이 발생해도 급여액이 크게 줄지 않아 대체효과의 측면에서도 근로동기가 강화될 수 있기 때문이다.

이렇게 볼 때 사회복지의 수급자들의 근로동기의 약화를 막기 위하여는 기본급여액과 급여감소율을 적절히 조정할 필요성이 있는데, 이 작업이 쉽지 않다. 왜냐하면 근로동기의 약화를 막기 위한 방법은 사회복지가 추구하는 다른 가치들과 대립 혹은 상충되기 때문이다.

예를 들면, 사회복지의 수급자들의 근로동기의 약화를 막기 위하여는 기본급여액이나 급여감소율은 아주 낮게 정해야 되는데 이렇게 되면 사회복지의 주요 목표(가치)인 모든 국민들의 최소한의 기본적인 생활을 보장하기가 어렵게 된다. 왜냐하면, 사회에는 최소한의 기본적인 생활을 할 수 있는 소득을 벌 수 없는 많은 사람들이 존재하기 때문이다.

반면에 상기의 문제를 해결하기 위하여 기본급여액은 어느 정도 높은 수준으로 정하고, 급여감소율만 아주 낮추면 적어도 대체효과의 측면에서는 수급자들의 근로동기를 강화시킬 수 있다. 그러나 이 방법은 사회복지의 비용을 크게 높이고 또한 목표효율성이 낮아지는 또 다른 문제를 야기시킨다. 왜냐하면, 기본급여액이 어느 정도 높은 수준에서, 급여감소율만 맞추면 소득수준이 어느 정도 높은 사람들(사회복지의 급여를 받아야 할 필요성이 상대적으로 적은 사람들)도 이 제도로부터 급여를 받을 수 있기 때문이다.

따라서 주어진 제한된 사회복지의 비용 내에서, 목표효율성을 높이고, 최소한의 기본적인 생활을 보장하기 위하여는 기본급여액의 수준을 어느 정도 높이고 급여감소율도 높여야 되는데 이렇게 되면 수급자들의 근로동기는 적어도 이론적으로는 어느 정도 약화될 수밖에 없다.

그러나 사회복지 수급자들의 근로동기는 위에서 논의한 경제적인 동기 이외의 다른 다양한 요인들에 의하여 영향을 받기 때문에 실제로 수급자들의 근로동기가 사회복지 때문에 얼마나 약화되는가를 알기 위하여는 실증적인 조사가 필요하다. 또한 실증적인 조사가 필요한 또 하나의 이유는 앞에서 언급했듯이 사회복지제도의 내용에 따라 수급자들의 근로동기는 차이가 있기 때문이다. 그래서 다양한 사회복지제도들과 수급자들의 근로동기와의 관계를 실증적으로 알아볼 필요가 있다.

사회복지제도를 크게 보면 세 가지 유형으로 분류할 수 있다. 첫째는, 인구학적 조건만 갖추면 소득수준에 상관없이 누구에게나 급여하는 보편적 프로그램 유형이다(가족수당, 보편적 연금, 국민건강서비스, 무료탁아서비스 등). 둘째는, 보험료납부를 조건으로 급여하는 사회보험이고, 셋째는 일정한 소득이나 자산 이하의 사람들에게 급여하는 공공부조이다.

이 세 가지 사회복지제도 가운데 수급자들의 근로동기에 가장 적은 영향을 주는 것은 보편적 프로그램이다. 이유는 이것은 수급자들의 소득수준에 상관없이 누구에게나 주어지기 때문이다.

반면에 사회보험(국민연금, 질병보험, 실업보험, 산재보험)은 수급자들의 근로동기에 어느 정도 영향을 준다. 사회보험 가운데 특히 국민연금이 수급자들의 근로동기의 감소에 가장 큰 영향을 주는 것으로 나타난다. 이것은 대부분의 국가들의 국민연금이 갖고 있는 두 가지 제도 때문에 그러하다.

하나는 '은퇴 후 소득조사제도(retirement test)'인데, 이 제도 하에서는 65세가 지나 일을 할 경우 일정한 소득 이상으로 벌면 일정한 급여감소율에 의하여 연금급여액이 줄어든다. 따라서 이 제도 하에서는 65세가 지난 연금수급자들이 일을 더 이상 안 하거나 일하는 시간을 줄이려는 경향이 있다. 사실 이 경우에도 연금급여액의 수준에 따라 다를 수 있는데 연금급여액의 수준이 낮으면 소득효과에 의하여 수급자들은 더 일을 할 수밖에 없다. 따라서 국가들마다 차이가 있을 수 있어 실증적인 조사가 필요하다.

다른 하나는 '조기퇴직제도(early retirement)'인데 이것은 완전연금을 받을 수 있는 65세가 안되어도 그 이전에 일정한 급여액을 삭감된 채 연금을 받을 수 있는 제도이다. 이 제도도 대부분의 국가들에서 갖고 있는데 국가들마다 다소 차이가 있지만 일부 사람들은 이 제도를 이용하여 조기 퇴직하여 노동시장을 떠나는 경향이 있다.

이 두 가지 제도로 인한 국민연금의 수급자들의 노동력 공급의 감소는 실증적인 조사에 의해서도 나타나는데, 미국에서의 조사들을 종합한 연구에 의하면 미국에서의 주요 사회복지제도들로 인한 미국 국민들의 노동력 감소가 대략 5%인데 이 가운데 국민연금으로 인한 감소가 가장 커서 전체의 4/5에 이르는 것으로 나타났다(Danziger, et al., 1981).

사회보험 가운데 질병보험(질병수당)도 수급자들의 근로동기를 약화시킨다는 비판을 받는다. 실제로 최근에서 서구복지 국가들의 사회복지제도들의 개편과정에서 질병수당의 급여액을 줄이거나 수급자격조건을 까다롭게 하였는데 가장 중요한 이유가 질병수당 때문에 수급자들의 근로동기가 약화된다는 비판들이 커졌기 때문이다.

질병수당은 근로자가 질병에 걸렸을 때 일정한 기간 동안 국가로부터 급여를 받을 수 있는 제도인데, 만일 질병수당의 소득대체율이 높거나(예를 들면, 복지선진국들에서는 90% 가까이 되어 평소의 소득과 거의 비슷하게 급여를 받는다), 수급자격조건이 까다롭지 않으면 수급자들의 근로동기의 약화를 초래할 가능성이 있다. 예를 들면, 질병수당을 오랫동안 받기 위하여 질병기간을 연장(?)하거나, '꾀병'으로 질병수당을 받으려고 하는 등의 행위로 노동력 공급이 감소될 수 있는 것이다.

그러나 이러한 '도덕적 해이(moral hazard)'의 문제는 실질적으로 그렇게 크지 않고 또한 제도적으로 막을 수 있다. 왜냐하면, 질병에는 고통이 동반하고 질병여부는 전문가의 엄격한 판단이 있기 때문이다. 또한 질병수당의 남용을 막기 위하여 질병수당을 받기 위하여는 일정한 대기기간을 두기 때문에, 가벼운 질병에는 실질적인 급여가 이루어지지 않는 것이다. 이러한 이유로 실증적인 조사들에 의하면 질병수당은 수급자들의 근로동기에 큰 영향을 주지 않는 것으로 나타난다.

실업보험(고용보험)도 이론적으로 볼 때 수급자들의 노동력 감소를 야기시킬 수 있다. 실업보험의 급여를 받기 위하여는 원칙적으로는 비자발적 실업(즉 자신이 원하지 않는 실업)이어야 하나 현실적으로 자발적 실업과 비자발적 실업의 명확한 구분이 어렵기 때문에 어떤 사람들은 실업급여를 받기 위하여 '자발적'으로 실업자가 될 수 있다. 또한 실업급여의 급여액이 높아 실업 전의 임금과 거의 비슷할 경우에 수급자들의 실업기간이 불필요하게 길어질 수 있어 노동력 감소가 발생할 수 있다.

그러나 많은 실증적인 연구들에 의하면 실업보험은 수급자들의 노동력감소에 별 영향을 주지 않는 것으로 나타났다(Atkinson and Micklewright, 1991). 그 이유는 다음과 같다. 우선 대부분의 국가들에서의 실업보험은 제도적으로 수급자들의 근로동기의 약화를 막는 장치를 갖고 있다. 예를 들면, 실업급여를 받을 수 있는 자격조건을 까다롭게 하여, 비자발적 실업, 실업기간 중 고용사무소에 등록하여 적극적으로 일자리를 찾아야 하고, 고용사무소에서 제안하는 일자리를 특별한 이유 없이 거부를 못하고, 과거에 일정한 기간 동안 일을 한 경력이 있어야 한다는 등의 조건들을 충족해야 한다. 또한 대부분의 국가들에서의 실업급여의 급여기간을 단기간(예를 들면 6개월~2년)으로 제한한다. 이러한 장치들로 인하여 대부분의 국가들에서 실업급여를 받는 실업자들은 전체 실업자의 半이 안 된다(예를 들면, 미국은 30%, 영국 26%, 독일 40% 등이다).

실업보험의 수급자의 근로동기의 감소는 실업급여액이 많을수록, 즉 소득대체율이 높을수록 크게 나타날 수 있다. 그런데 대부분의 국가들에서의 실업급여의 소득대체율은 실질적으로 그렇게 높지 않다. 물론 어떤 국가들에서의 명목적인 임금만으로 볼 때 실업급여의 소득대체율이 높다(일부 서구의 복지국가들에서 대략 60~90%). 그러나 오늘날의 노동자들은 임금 이외의 다양한 보상

－대표적인 예로 다양한 형태의 부가급여(fringe benefits)－을 받기 때문에 노동에 대한 총 보상(total compensation)의 측면에서 볼 때는 실질적인 실업급여의 소득대체율은 높지 않다고 볼 수 있다. 실업은 또한 직업경력(job career)에도 흠이 가게 되고, 실업기간이 길어지면 그 만큼 기술의 퇴보를 초래한다. 이러한 이유들로 실업급여를 받기 위하여 스스로 실업자가 되려고 하는 행위를 할 사람은 많지가 않은 것이다.

마지막으로 실업보험은 오히려 근로동기를 강화시킬 수 있다. 실업급여를 받기 위한 조건 가운데 하나는 과거의 일정기간 동안의 취업활동이 있어야 한다. 따라서 실업급여를 받기 위하여는 일을 해야만 하는 이른바 '자격효과(entitlement effect)' 때문에 사람들의 근로동기를 강화시킬 수 있는 것이다. 그래서 평소에 경제활동을 안 하던 사람들도 적극적으로 노동시장에 참여하여 취업하려고 노력하여 노동력 공급이 늘어날 수 있는 것이다.

마지막으로 공공부조제도이다. 공공부조는 전술한 보편적 프로그램이나 사회보험에 비하여 적어도 이론적으로 볼 때 수급자들의 근로동기를 더 직접적으로 약화시킬 수 있다. 이유는 단순한데 공공부조는 일정한 소득 이하인 사람들에게만 급여하기 때문이다. 즉 일을 많이 해서 일정한 소득 이상을 벌면 급여를 받을 수 없기 때문이다.

그러나 현실세계에서의 많은 실증적인 연구들에 비하면 공공부조는 사회보험보다 사회 전체적으로 볼 때 노동력 감소의 문제가 덜 심각하다. 그 이유는 공공부조의 수급자의 숫자가 사회보험보다 훨씬 적고, 또한 공공부조의 실질적인 수급자들은 대부분 근로능력이 없는 사람들이기 때문이다.

문제는 근로능력이 있는 수급자들인데, 대부분의 국가들에서 이러한 사람들의 숫자는 적고 또한 근로능력이 있는 수급자들은 다양한 형태의 '근로연계복지(workfare)'를 통하여 급여의 조건으로 일을 시키기 때문에 근로동기의 약화를 원천적으로 막는다(예를 들면, 우리나라의 국민기초생활보장제도에서는 근로능력이 있는 수급자들은 조건부 수급자라 하여 일을 하거나 훈련을 받는 조건으로 급여를 받는다). 이러한 이유로 미국에서의 조사에 의하면, 공공부조에 의한 노동력 공급의 감소는 주요 사회복지제도로 인한 전체 노동력 공급 감소의 대략 1/5을 차지할 정도이다(Danziger, et al., 1981).

지금까지의 논의를 정리하면, 사회복지로 인한 노동력감소는 양적으로도 크지 않고, 질적으로 볼 때 이러한 노동력 감소는 대부분 노인들이나 아동을 키우는 여성세대주 등의 한계노동자들에서 나타나지, 근로활동이 왕성한 연령층(25세-55세)에서는 거의 나타나지 않는다는 점이다.

### 2) 저축과 투자의 감소

복지가 경제에 해를 줄 수 있는 두 번째 이유는 사회복지가 확대되면 개인들의 저축이 줄어 투자가 줄게 되고 이렇게 되면 생산성이 낮아져 결국 경제성장이 둔화된다는 점이다. 그래서 어떤 사람들은 서구복지국가들이 1970년대 중반 이후 오늘날까지 경제성장이 낮은 상태에 머무는 데 기여한 중요한 원인 중의 하나로 사회복지의 확대로 인한 저축과 투자의 감소로 생산성 향상을 이루지 못했기 때문이라고 주장한다(Abramovitz, 1981).

이론적으로 볼 때 사회복지는 몇 가지 측면에서 사람들의 저축과 투자를 줄일 수 있다. 우선 가장 단순하게 보면, 사회복지가 확대되면 세금이 늘어나기 때문에 사람들의 가처분소득이 줄어 저축할 수 있는 능력 자체가 줄어 저축이 줄어들 수 있다. 또한 세금이 늘면, 특히 자본소득에 대한 세금이 늘면 그 만큼 자본투자에 대한 순 이득률(rate of return)이 그 만큼 줄기 때문에 사람들은 미래보다는 현재의 소비를 더 선호하게 하여 저축이 줄 수 있다.

그러나 어떤 사람들은 살아가는 동안에 일정한 액수의 저축양이나 연간 자산소득을 목표로 정할 수 있어 이러한 사람들은 세금의 증가로 가처분소득이 줄어들 경우 소비를 줄여서라도 저축을 하려고 한다.

따라서 세금이 증가하면 사람들의 저축액이 감소된다는 주장은 이론적으로는 불명확하다. 그래서 실증적인 연구가 필요한데, 이러한 연구들을 종합해 보면 세금의증가가 사람들의 저축액을 감소시킨다는 주장은 실증적으로 뒷받침이 되지 못하고 있다(Daziger, et al., 1981).

다음으로는 사회복지의 수급자(대상자)들의 저축행위에 대하여 알아보자. 일반적으로 사람들이 저축하려는 동기 가운데 하나는 살아가는 데 부딪히는 여러 가지의 재난(노령, 질병, 실업, 장애, 빈곤 등)에 대비하는 것인데, 사회복지가 발전하면 국가의 사회복지제도에 의하여 이러한 문제들이 해결될 수 있기 때문에 사람들은 스스로 이러한 위험들에 대비하여 개인적인 저축을 할 동기가 약해질 수 있다.

그러나 사람들의 저축동기는 다양하여 어떤 사람들은 자식들의 인적 자본에의 투자를 위하여 혹은 자식들에게 재산을 물려주기 위하여 저축을 한다. 또한 어떤 사람들은 저축 그 자체가 좋아서 저축하기도 한다. 따라서 사회복지가 발전된다 하여 사람들의 저축액이 줄 것인지는 이론적으로는 불명확하다.

사회복지가 발전되면 사람들의 저축액이 줄 것인가를 알기 위하여는 개별 사회복지제도와 저축과의 관계에 대한 분석이 필요하다. 먼저 공공부조제도를 보자. 공공부조는 일정한 소득이나 자산 이하의 가난한 사람들에게만 급여하기 때문에 이론적으로 보면 사람들의 저축동기를 약화시킬 수 있다. 저축을 많이 하여 자산이 늘어나면 공공부조급여를 못 받기 때문이다. 그러나 현실세계에서의 공공부조제도의 수급자들의 생활에 관한 많은 조사들에 의하면, 공공부조의 대상이 될 수 있는 소득계층(빈곤계층보다 더 광범위한 중하위계층을 포함한 계층)들은 자신들이 살고 있는 집 이외의 자산(금융자산 등)은 거의 없는 것으로 나타난다. 따라서 이러한 사람들이 공공부조의 급여를 받기 위하여 저축을 안 한다는 주장은 실증적으로 뒷받침이 안 된다. 공공부조의 대상자들은 하루하루를 살아가기 위한 소득 자체가 낮은 사람들이기 때문에 이들이 저축할 가능성은 처음부터 매우 낮은 것이다.

사회보험의 경우는 어떠한가? 사회보험 가운데 특히 사람들의 저축행위에 크게 영향을 줄 수 있는 제도는 국민연금이다. 왜냐하면, 많은 사람들의 저축동기 가운데 하나가 은퇴 후의 생활보장인데 국민연금이 이것을 상당부분 보장해 주기 때문이다. 이것은 흔히 국민연금의 '생애 부 축적 효과(lifetime wealth effect)'라 불리는데, 사람들은 먼 미래에 받을 수 있는 연금을 현재 시점에서 부의 축적으로 생각하여 현재의 개인적인 저축을 덜 한다는 것이다. 이렇게 개인저축이 줄면, 오늘날 대부분의 복지국가들에서 하고 있는 부과방식(pay-as-you-go) — 현재 일하는 사람들이 낸 보험료로 적립을 하지 않고 현재 은퇴하는 노인들에게 급여하는 방식 — 에서는 국가전체의 저축량이 줄 수 있어, 국가 전체의 투자가 줄어 경제성장에 해를 줄 수 있다(반면에 우리나라처럼 부분적립방식의 제도에서는 개인저축이 준다 하더라도 국가 전체의 저축량은 줄지 않는다).

그러나 상기의 주장은 몇 가지 점에서 비판을 받는다. 우선 사람들의 저축동기는, 앞에서도 언급했듯이, 은퇴 후의 생활보장을 대비하는 것 이외의 여러 가지 동기들이 있다는 점이다. 예를 들면, 우리나라처럼 가족결속이 강한 문화를 갖고 있는 나라들에서는 자식들에게 재산을 물려주기 위한 저축동기가 강하기 때문에 아무리 국민연금제도가 발전되었다 하더라도 많은 사람들은 여전히 저축을 하는 경향이 있다.

둘째는, 상기의 '생애 부 축적 효과'가 나타나기 위하여는, 이론적으로 볼 때, 은퇴 후에 받을 수 있는 연금액의 총합이 현재 일하면서 내는 연금보험료의 총합보다 커야 되는데, 국민연금제도가 성숙되면 현재 일하는 사람들이 내는 보험료는 미래에 받을 수 있는 연금급여액과 비슷해지기 때문에 '생애 부 축적 효과'가 나타날 가능성은 적다. 이러한 상황에서는 현재 내는 연금보험료만큼 개인저축을 줄이면, 미래에 소비를 줄여야 하기 때문에 생애전체의 관점에서 보면 저축액의 변화가 없는 것이다.

셋째는, 많은 국가들에서 국민연금제도가 도입된 이후에 은퇴가 거의 강제화되었다. 그래서 많은 사람들은 과거와 달리 더 길어진 은퇴 후의 생활에 대비해야 할 필요성을 더 인식하게 되는, 이른바 국민연금의 '전시효과(demonstration effect)' 혹은 '유도된 은퇴효과(induced retirement effect)'에 의하여 저축을 더 할 수 있다(Lampman, 1984).

마지막으로, 국민연금이 발전되면 연금수급자들의 생활은 부양가족(자식들)으로부터의 가족 간 이전(inter-family transfer)에 덜 의존할 수 있기 때문에 부양가족들의 저축액이 늘어날 수 있다. 또한 연금액이 늘어나면 수급자들은 소비를 늘리기보다는 자식들에게 증여하는 등의 이유로 저축액이 늘어날 수 있다.

지금까지의 논의로 볼 때, 국민연금이 사람들의 개인적인 저축액을 줄이는지는 이론적으로는 불확실하다. 그래서 이 문제에 관한 많은 실증적인 연구들이 있었는데, 이러한 것을 종합해보면 국민연금 때문에 사람들이 저축액이 줄어드는 정도는 통계적으로 무의미한 수준이라는 것이다(Barro, 1978; Lesnoy and Leimer, 1985).

설사 개인 저축량이 어느 정도 줄어든다 하더라도 이것이 낮은 투자로 이어서 경제성장에 해를 직접적으로 크게 주는 것은 아니다. 왜냐하면, 경제성장을 위해서는 국가전체의 총 투자량이 중요한데 개인저축으로 인한 투자량은 비교적 적기 때문이다(서구의 복지국가의 경우 대략 10% 정도)(Lampman, 1984).

따라서 경제성장을 위한 투자를 늘리기 위하여는 국가의 총 투자량을 늘려야 하는데 이것은 정부의 다양한 재정·금융정책을 통해서, 혹은 정책적으로 적립이 되는 개인연금이나 기업연금을 확대하면 되는 것이다. 특히 오늘날과 같은 세계화의 시대에서는 외국자본을 유치하거나 외국기업들의 직접투자를 장려하는 정책들을 사용하면 된다.

### 3) 가족구조의 변화

서구복지국가들에서는 지난 50여년 전에 비하여 노인 단독가구나 아동을 키우는 여성세대주 가구의 숫자가 배 이상 늘어났다. 오늘날 이러한 국가들에서 65세 이상의 노인들 가운데 80-90%가 노인 단독가구에서 살고 있고, 여성세대주 가구도 전체가구의 20% 가까이 이른다. 문제는 이러한 가구들이 성격상 생산 활동에 참여할 가능성은 적은 반면에 빈곤할 가능성이 크기 때문에 사회복지 수급자가 될 가능성이 크다는 점이다. 그래서 이러한 가구들이 늘어날수록 경제에는 해가 될 수 있는 것이다.

그런데 서구복지국가들에서는 또한 이 시기에 사회복지는 크게 확대되었다. 그래서 많은 사람들은 사회복지가 확대되었기 때문에 가족구조의 변화를 가져와 결국 경제에 해를 준다고 비판하는 것이다.

과연 사회복지를 확대하면 가족구조는 변화하는가? 가족구조의 변화에 영향을 줄 수 있는 요인들은 많은데 크게 보면 경제적인 요인과 사회·문화적인 요인으로 나눌 수 있다. 가족구조의 변화에 대한 경제적인 측면에서의 설명의 핵심 논리는 가족구성원들의 경제적인 상황의 변화가 발생할 때 구성원들의 효용을 극대화할 수 있는 행위가 변한다는 점이다(Becker, 1981). 사회복지의 수급자가 되면 경제적 상황이 변하기 때문에 경제적인 설명이 중요하다.

경제학적인 설명에서는 가족구조의 변화를 이른바 소득효과(income effect)와 독립효과(independent effect)로 설명한다. 여기서 소득효과란 가족구성원들 가운데 어떤 사람에게 새로이 소득이 발생하거나 소득이 늘어날 때 전체가족소득이 늘어나게 되어 가족 전체의 생활수준(소비수준)의 향상으로 가족구성원들의 효용(만족)이 증가하여 가족결속이 강해질 수 있는 효과를 말한다.

예를 들어, '맞벌이 부부'의 경우, 남편(부인)이 혼자 벌었을 경우 소득이 낮으면 생활하는 데 많은 경제적인 어려움이 발생하여 부부간의 갈등이 커져 이혼할 가능성이 커지는데, 만일 부인(남편)도 일을 해서 소득이 발생하여 가족의 소득이 높아지면 생활수준이 높아져 경제적인 문제에서 비롯되는 부부간의 갈등이 줄어 같이 살 가능성이 커지는 것이다.

반면에 독립효과란 소득이 없던 가족구성원이 소득이 발생하면 이제는 더 이상 기존의 가구원의 소득에 의존하지 않고 독립적으로 살 수 있어 그 가구를 떠날 가능성을 높이는 효과를 말한다. 상기의 '맞벌이 부부'의 예에서, 지금까지 전업주부였던 부인이 일을 하여 소득이 발생할 경우 이제는 남편의 소득에 의존하지 않고도 살 수 있기 때문에 독립하여 살 가능성이 높아지는 효과를 말한다.

상기의 예처럼, 가족구성원 가운데 어떤 사람의 소득이 새롭게 발생할 때는 소득효과와 독립효과는 동시에 나타난다. 따라서 이 사람이 가구를 떠나 독립할지는 소득효과와 독립효과 가운데 어느 것이 더 크냐에 달려 있어, 소득효과가 강하면 같이 사는 것이고, 독립효과가 강하면 이 사람은 가구를 떠나는 것이다. 따라서 이 경우 이러한 사람들이 가구를 떠날 것인지는 이론만으로는 알 수 없고 실증적인 조사가 필요하다.

사회복지는 수급자들의 경제적 상황의 변화를 가져온다. 즉 가족 구성원들의 소득에 영향을 준다. 그래서 위에서 논의한 소득효과와 독립효과를 나타나게 한다. 그런데 이러한 효과들이 어떻게 나타날지는 사회복지제도에 따라 다르다. 일반적인 사회보험 프로그램들의 수급자들에게는 소득효과와 독립효과가 동시에 나타날 수 있다. 이러한 프로그램들은 가족구조의 형태와 상관없이 급여가 이루어지기 때문이다.

예를 들면, 국민연금은 자식들과 같이 사는 노인들에게도 급여하는 데 이 경우 소득효과와 독립효과가 동시에 나타난다. 한편으로는 노인이 받는 연금급여로 가족의 소득의 증가로 생활수준이 향상되어 가족결속이 강해지는 소득효과가 나타나고, 다른 한편으로는 노인들이 이제는 자식들에 의존하지 않고도 살 수 있기 때문에 독립해서 살려고 하는 독립효과도 나타난다. 따라서 국민연금 때문에 수급자인 노인들이 얼마나 독립가구를 이룰 것인지는 실증적인 조사에 의해서만 알 수 있다.

반면에 특정한 가족(가구)형태에만 급여를 하는 사회복지제도에서는 수급자들에게 독립효과만 나타날 가능성이 높다. 대표적인 제도가 이른바 범주적 공공부조(categorical public assistance)로 특정한 인구학적인 범주에 속하여만 급여를 한다. 예를 들면, 아동을 키우는 여성세대주 가구나 노인 단독가구에게만 급여를 하는 것이다.

따라서 이러한 제도들은 속성상 수급자들이 급여를 받는다 해도 소득효과는 나타날 수 없고 오로지 독립효과만 나타난다. 그래서 아이를 키우는 여성세대주 가구에게만 급여를 할 경우, 합법적인 결혼을 안 한 상태에서 아이를 낳는다든지, 이혼이 증가한다든지, 부모와 같이 살던 미혼모들이 독립가구를 형성한다든지 하여 아동을 키우는 여성세대주가구가 늘어날 수 있는 것이다.

그러나 가족구조의 변화에는 지금까지 설명한 경제적인 이유 이외에도 다양한 사회문화적인 이유들도 영향을 줄 수 있다. 특히 산업사회 혹은 후기산업사회의 일반적인 특성들인 생활양식(life-style)의 변화, 남녀평등의 분위기에서의 여권의 신장, 결혼, 이혼, 부모부양 등에 관한 가치관의 변화 등도 중요하게 영향을 준다. 예를 들면, 생활양식의 변화나 부모부양의 가치관의 변화로 대가족제도에서 핵가족제도로 변한다거나, 여성의 사회참여가 높아져 여성들이 독립해서 살 수 있는 사회·경제적인 환경이 좋아지는 점 등이다.

가족구조의 변화에 사회문화적인 요인들이 중요할 수 있다는 것은 복지국가들 사이에서도 가족구조의 변화가 큰 차이가 있는 데서 알 수 있다. 예를 들면, 문화·종교적으로 가족결속을 강조하는 가톨릭전통이 강한 프랑스나 이탈리아 등의 국가들에서는 노인 단독가구의 비율이 다른 국가들, 특히 영·미 국가들에 비하여 크게 낮은 것이다.

지금까지의 논의를 통해 볼 때, 사회복지가 가족구조의 변화에 영향을 얼마나 주는지는 불명확하다. 이것은 사회복지제도에 따라 다르고, 또한 다른 다양한 사회문화적인 요인들에 의하여도 영향을 받기 때문이다.

### 4) 지하경제의 확대

사회복지는 또한 지하경제를 확대시켜 경제에 해를 줄 수 있다. 원론적으로 볼 때 사회복지를 확대하기 위하여는 일반조세나 사회보장성조세(사회보험을 위한 보험료)를 늘려야 한다. 실제로 고도로 발전된 복지국가들에서의 총 조세부담률은 국내총생산의 50%가 넘는다.

이렇게 조세부담이 늘면 사람들은 조세를 회피하려는 동기가 커진다. 그래서 소득을 실제보다 과소보고 하거나, 아예 소득신고를 안 해도 되는 지하경제에서 일하려는 동기가 커져 그 만큼 지하경제의 규모는 커질 수 있다. 특히 사용자의 경우 이러한 문제가 심각할 수 있다. 사회복지가 확대되면 사용자들은 임금 이외에 피고용자들을 위하여 각종의 사회보장성 조세(국민연금, 건강보험, 고용보험, 산재보험에 내는 보험료)도 부담해야 하기 때문에 총 노동비용이 커진다. 그래서 사용자들은 소득을 낮게 신고하거나, 임금명부에 없는 근로자들을 고용하여 현금으로 급여하는 방식 등으로 조세를 회피하려고 한다.

지하경제가 커지면 무엇이 문제인가? 우선 지하경제가 커지면 크게 보면 사회적 지원은 탈세가 용이하거나 사회보장세의 부담이 없는 부문으로 집중될 수 있어 결국 사회전체의 자원의 배분이 비효율적으로 이루어져 결과적으로 국가경제에 해줄 수 있다.

또한 지하경제가 커지게 되면, 즉 많은 사람들이 세금을 제대로 안내게 되면, 공식부문에서 일하면서 세금을 내는 사람들의 조세부담은 늘어나게 되는데 이렇게 되면 이러한 사람들의 과중한 조세부담에 대한 조세저항이 커지게 되어 조세수입을 늘리는데 큰 어려움에 부딪히게 된다. 경제성장을 위하여는 국가가 조세수입으로 기간산업 등에 투자를 해야 하는데, 조세수입이 적정한 수준 이하에서 이루어지면 이러한 투자를 못해 국가경제에 해가 되는 것이다.

사회복지의 확대로 조세부담이 늘어나면 사람들의 탈세동기가 커지는 것은 사실이다. 그러나 한 나라의 지하경제의 규모를 결정하는데 사회복지가 직접적이고 가장 중요한 요인은 아니다. 지하경제의 규모는 조세체계, 소득파악의 정도, 국민들 사이의 신뢰감이나 연대감의 정도, 조세에 대한 사회문화적인 가치관 등의 여러 요인들에 의하여 복합적으로 결정되기 때문이다. 예를 들면, 조세부담이 늘어 탈세할 동기는 커질지라도 소득파악이 잘 되어 있고 조세체계가 합리적으로 잘 이루어진 나라에서는 사람들이 실제로 탈세행위를 하기가 어려운 것이다.

이것은 국가들 사이의 지하경제의 규모를 비교한 연구들에서 볼 수 있다. 예를 들면, 조세부담률이 가장 높은 국가들 중 하나인 스웨덴의 지하경제의 규모는 비교적 낮아 GDP의 5% 이내의 수준인 반면에, 이러한 국가들보다 사회복지가 발전이 안된 이탈리아나 스페인의 지하경제의 규모는 GDP의 10~20% 정도로 높다(Esping-Andersen, 1996).

무엇보다도, 사회복지를 위한 조세부담이 매우 낮은 우리나라의 지하경제의 규모가 GDP의 15% 이상으로 나타나는 사실이, 사회복지와 지하경제의 관계가 크지 않다는 것을 단적으로 말해준다.

### 5) 소비자선택의 왜곡: 사회적 자원의 비효율적 배분

사회복지의 급여는 상당부분은 현물이나 서비스의 형태로 이루어진다. 대표적인 예가 음식이나 공공주택 등의 현물과, 교육이나 의료와 같은 서비스이다. 오늘날 국가들에 따라 다소 차이가 있지만 대부분의 서구의 복지국가들에서 현물이나 서비스의 형태로 제공되는 사회복지급여가 전체 사회복지지출의 대략 50% 정도를 차지한다.

이렇게 현물이나 서비스로 급여하는 것이 경제에 왜 해로운가? 이유는 간단하다. 현금이 아닌 현물이나 서비스로 급여를 하게 되면 수급자들의 재화나 서비스의 선택의 여지가 없기 때문에 자신들의 효용을 극대화할 수 있는 선택을 할 수 없게 되어 자신들이 원하지 않는 현물이나 서비스를 불필요하게 많이 사용하게 되어 결국 사회전체로 볼 때 사회적 자원이 비효율적으로 배분되는 즉 자원의 낭비가 발생하기 때문이다.

현금으로 급여를 하면 이러한 문제가 발생하지 않는다. 왜냐하면, 수급자는 현금으로 자신들의 효용을 극대화할 수 있는 현물이나 서비스를 선택할 수 있고, 이러한 현물이나 서비스의 공급자는 수급자들의 수요에 맞추어 적정한 가격과 양으로 공급하게 되어 사회적자원은 낭비 없이 효율적으로 배분될 수 있기 때문이다.

예를 들어, 정부가 100만원의 예산으로 어떤 가난한 사람에게 의료서비스를 제공했을 때, 이 사람이 이 서비스로부터 얻는 효용(만족)이 50만원밖에 안되면(즉 만일 이 사람에게 100만원 현금을 주면 이 사람은 자신의 효용을 극대화할 수 있는 의료서비스의 지출이 50만원이라면) 사회전체로 볼 때 50만원의 사회적 자원이 낭비가 되는 것이다.

그렇다면 이렇게 사회적 자원의 비효율적 배분이라는 문제에도 불구하고 왜 현물이나 서비스의 형태로 사회복지의 급여가 이루어지는가? 여러 가지의 이유가 있지만 가장 중요한 이유는 수급자들에게 현금으로 급여를 하면 수급자들이 합리적으로 재화나 서비스를 선택할 수 없기 때문이다. 위에서 언급했듯이, 현금급여를 해야만 수급자들의 효용을 극대화할 수 있다는 주장은 수급자들이 합리적인 선택을 할 때만 성립한다. 만일 수급자들이 합리적 선택을 못하면 현물이나 서비스의 형태로 급여를 하는 것이 오히려 더 바람직할 수 있는 것이다.

예를 들어, 대표적인 사회복지의 급여가운데 하나인 의료서비스는 수급자들에게 현금을 주어 자유롭게 선택하도록 할 경우 대개의 경우 의료서비스에 대한 정보의 부족 등의 이유로 합리적인 선택이 이루어지기가 어려운 것이다.

또한 현물이나 서비스로 제공되는 사회복지의 급여는 대부분 교육, 의료, 영양, 주택 등의 재화나 서비스인데 이러한 것들은 국민들의 생활에 가장 기본적 일뿐만 아니라 수급자들의 인적 자본을 높일 수 있는 것들이다. 따라서 어느 정도의 사회적 자원의 비효율적인 배분이라는 문제가 있지만, 이러한 형태의 현물이나 서비스의 사회복지의 급여는 장기적으로 보면 국가경제에 이득이 될 수 있는 것이다.

## 3. 적정한 사회복지의 규모는?

지금까지 사회복지를 확대했을 때 얻을 수 있는 이득과 잃을 수 있는 손실에 대하여 논의하였다. 그렇다면 어느 정도로 사회복지를 확대해야 하는가? 그림으로 설명하면 우선 *W*지점까지 확대할 수 있다. 이 지점까지는 사회복지를 통한 이득이 손실보다 크기 때문이다.

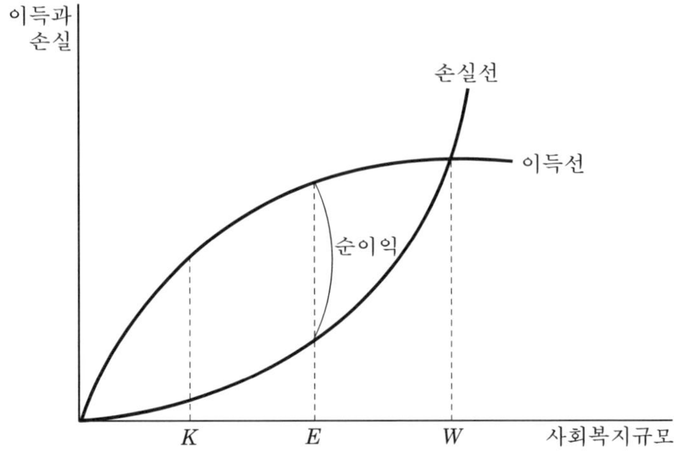


〈그림 7-1〉 사회복지 확대의 이득과 손실

즉 W지점 이상으로 사회복지를 확대하면 손실이 이득보다 크기 때문에 W지점 이상으로 사회복지를 확대하는 것은 적어도 비합리적이다.

그렇다면 현실세계에서 W지점의 사회복지의 규모는 어느 정도인가? 이것은 국가들마다 다를 수밖에 없는데 그 이유는 국가들마다 이득선과 손실선의 형태(기울기)가 다르기 때문이다. 사회복지를 확대할 때 발생하는 이득은 줄지 않는 반면에, 손실은 늘어나지 않는 국가는 사회복지를 큰 규모로 유지할 수 있다. 반대로 사회복지를 확대했을 때 얻을 수 있는 이득은 급격히 줄어드는 반면에 손실은 급격히 늘어나는 국가에서는 사회복지를 큰 규모로 확대하기가 어려운 것이다.

그렇다면 국가들의 이득선과 손실선의 형태를 결정하는 요인들은 무엇인가? 여기에는 무수히 많은 요인들이 있을 수 있는데 여기서는 한 가지 요인만 예를 들어 설명하자. 앞에서 설명했듯이 사회복지를 확대했을 때 발생할 수 있는 대표적인 해로운 점은 사람들의 근로동기를 감소시켜 노동력감소로 경제성장에 해를 주는 것이다. 그런데 연구들에 의하면 사회복지의 확대와 노동력감소의 관계는 국가들 사이에 차이가 있는 것으로 알려졌다.

예를 들면, 사회문화적으로 동질적이어 사회적 연대의식이나 국민들 사이에 신뢰감이 큰 스웨덴 같은 나라에서는 사회복지를 확대해도 사람들의 근로동기가 별로 약화되지 않는 것으로 알려졌다(Freeman, et al., 1997). 따라서 스웨덴에서 사회복지를 확대했을 때의 손실선은 기울기가 완만한 형태를 가질 수 있어 큰 규모의 사회복지에서도 여전히 이득이 손실보다 클 수 있는 것이다.

반면에 사회문화적으로 이질적이고 사회적 연대의식이 약해 많은 사람들이 사회복지를 '재분배게임의 먹이'로 생각하는 미국과 같은 사회에서는 사회복지를 확대했을 때 사람들의 근로동기는 쉽게 약화된다. 이러한 국가에서의 사회복지의 손실선은 기울기가 급격한 형태를 가질 수 있어 사회복지를 크게 확대하지 않았는데도 불구하고 손실이 이득보다 커지게 되기 때문에 사회복지의 규모는 작을 수밖에 없는 것이다.

지금까지는 사회복지를 통하여 얻을 수 있는 이득이 손실보다 큰 $W$지점까지 사회복지를 확대하는 것이 바람직한 것처럼 논의하였다. 그러나 어떤 사람들은 $W$점이 아닌 $E$지점까지 사회복지를 확대하는 것이 더 바람직하다고 주장한다. 이러한 사람들은 대개 효율의 가치를 중시 여기는 사람들인데 $E$지점에서 이득과 손실의 차이인 순 이득이 극대화되기 때문이다. 즉 $E$지점 이상의 사회복지의 확대에서는 이득은 점차 체감되는 반면에 손실은 급격히 늘기 때문이다.

그렇다면 E점과 $W$점의 사회복지의 규모가운데 어느 것이 바람직한가? 이것은 국가들마다 차이가 있는데, 특히 국가들이 처한 정치적 혹은 이념적인 환경에 따라 다르다. 예를 들면, 정치적으로 사회민주적 세력이 강하고 이념적으로 평등이나 국민연대감의 가치를 강조하는 스웨덴 같은 국가들에서는 $W$지점까지 사회복지의 규모를 늘릴 수 있는 반면에, 정치적으로 사회민주적 세력이 약하고 시장의 효율의 가치가 지배하는 미국 같은 나라에서는 $E$점까지의 사회복지의 확대에 그칠 것이다.

우리나라는 어떠한가? 널리 알려졌듯이 우리나라는 사회복지에 GDP의 6~7%를 사용하여 OECD 회원국들 가운데 사회복지의 규모가 가장 작은 나라 가운데 하나다. 즉 그림에서 우리나라는 $K$지점의 사회복지의 규모에 있다고 할 수 있어 사회복지를 확대했을 때 얻을 수 있는 순 이득이 극대화되는 $E$지점에도 못 미치는 규모인 것이다. 그래서 우리는 적어도 $E$지점까지 사회복지를 확대할 필요성이 있다.

우리나라도 $W$지점까지 사회복지를 확대할 수 있을까? 이것은 앞에서 언급했듯이 우리나라의 사회복지의 이득선과 손실선의 형태에 달려 있다. 그래서 사회복지를 확대했을 때 발생하는 여러 가지의 이득들이 지속적으로 유지되는 반면에, 여러 가지의 해로운 점들이 급격하게 나타나지 않아야 된다.

# 8 chapter

# 성장과 분배

성장이냐 분배이냐? 성장과 분배를 둘러싼 논쟁은 오랫동안 사회과학의 대표적인 논쟁 중의 하나이다. 특히 우리나라처럼 사회복지를 확대하는 과정에 있는 국가들에서는 이러한 논쟁은 치열하고 정치적으로도 중요하다. 예를 들면, 우리나라에서 최근에 정권이 교체된 중요한 이유 가운데 하나는 과거의 정권이 분배를 지나치게(?) 강조하여 성장에 해를 주었다는 주장이 다수의 국민들에 의하여 받아들여졌기 때문이다. 그래서 성장을 강조하는 정권이 등장한 것이다.

그런데 우리나라에서의 성장과 분배를 둘러싼 논쟁은 지나치게 이념적이고 도식화되어 있는 경향이 있다. 그래서 보수주의자들은 성장주의자이고, 진보주의자들은 분배주의자로 치부하는 경향이 있다. 성장과 분배의 관계에 대한 객관적이고 과학적인 관점이 부족한 것이다. 이것은 우리나라에서 오랫동안 '경제성장 제일주의'의 가치가 지배한 점도 일조한다.

성장과 분배를 둘러싼 논쟁은 크게 보면 두 가지이다. 하나는 경제성장만으로도 분배문제를 해결할 수 있느냐의 문제이다. 사실 경제성장만으로 분배문제가 저절로 해결된다면 가장 바람직하다. 분배문제를 해결하기 위한 별도의 분배정책은 많은 사회적 비용이 들기 때문이다. 그런데 현실세계에서는 경제성장만으로 분배문제가 해결되기에는 한계가 있다.

다른 하나는 분배정책을 확대하면 경제성장에 얼마나 해를 주느냐의 문제이다. 사실 이 문제가 분배주의자와 성장주의자 간의 대립의 핵심이라 할 수 있다. 성장주의자들은 분배정책은 경제성장을 크게 저해한다고 보는 것이다. 반대로 분배주의자들은 분배정책은 오히려 경제성장에 이롭다고 주장한다. 어느 쪽이 옳은가?

이 글에서는 이러한 두 가지 측면에서의 논쟁을 소개하고, 마지막으로 성장과 분배의 측면에서 바람직한 분배정책이 무엇인가를 논의하고자 한다.

## 1. 경제성장만으로 분배문제가 해결될 수 있는가?

많은 사람들이 경제성장 그 자체가 빈곤이나 소득불평등을 줄이는 가장 효과적인 방법이라고 생각하는 경향이 있다. 경제성장이 높으면 빈곤이나 소득불평등이 줄고, 경제성장이 낮으면 빈곤이나 소득불평등이 커진다는 것이다. 국가들 사이의 경제발전 수준이나 시대에 따라 다르지만 실제로 과거에는 이러한 경우가 많았다.

예를 들면, 우리나라에서는 1960년대 중반부터 1990년대 후반의 이른바 'IMF 외환위기' 시기 이전까지 연평균 약 8%의 높은 경제성장을 이루었는데 이 시기에 빈곤(적어도 절대빈곤)이나 소득불평등이 줄었다. 가장 극적인 예를 보면, 1980년의 중위소득(물가상승을 고려한 불변가격으로 환산한 액수)의 50%의 소득수준을 절대적 빈곤선이라 했을 때, 1966년에는 우리나라 사람들의 약 50%가 이러한 빈곤선 이하에서 살았는데, 1992년에는 약 1%의 사람들만이 빈곤선 이하에서 살았다(김태성, 1995). 그런데 이 시기에 우리나라에서는 사회복지정책을 비롯한 분배정책들이 매우 미미하였기 때문에 경제성장 그 자체 때문에 빈곤이나 소득불평등이 줄었다고 보는 것이 무리가 없다고 하겠다. 사실 이러한 경험으로 우리나라에서는 '성장제일주의' 가치가 지배하게 되었고, 그래서 유달리 많은 사람들이 '성장주의자'가 되었다고 볼 수 있다.

한편 우리나라보다 경제발전 수준이 높은 미국의 경우에도, 1960년대의 높은 경제성장의 시기에는 공식적인 빈곤율이 10퍼센티즈 포인트나 준 반면에(여기에는 이 시기에 이른바 '빈곤과의 전쟁(war on poverty)'을 통한 분배정책을 확대한 것도 부분적으로 기여한다), 1980년대 초에 경제성장이 둔화되자 빈곤율이 크게 높아졌다(Cutler and Katz, 1991).

그래서 이른바 '공급측면의 경제학(supply-side economics)'을 강조하는 사람들은 경제성장 그 자체가 가장 효과적인 분배정책이라고 주장한다. 이러한 사람들은 재화나 서비스를 공급하는 사람들에게 세금을 줄여주는 방법 등으로 그들의 생산 활동을 촉진시키면 분배할 사회적 자원이 늘게 되는데 이것이 이른바 'trickle-down'되어 저소득층의 소득을 올려 결국 빈곤이나 소득불평등이 준다고 생각하는 것이다.

이러한 주장에 따르면 전통적으로 수요 측면을 강조하는 직접적인 분배정책들은 오히려 궁극적으로 빈곤이나 소득불평등을 늘린다고 본다. 왜냐하면, 분배정책을 위하여 세금을 올리거나, 분배정책에 의존하여 사는 사람들이 많아지면 사람들의 생산 활동이 둔화되어 결국 분배할 자원 자체가 줄어들어 궁극적으로 저소득층들에 돌아갈 몫 자체가 오히려 줄기 때문이라는 것이다(Murray,

1984).

이러한 주장이 모든 국가에서나 모든 시기에서나 유효한가? 그렇지 않다. 특히 오늘날의 경제발전 수준이 어느 정도 이상이 되는 국가들에서는 이러한 주장이 맞지 않는다. 예를 들면, 우리나라의 경우 외환위기 이후인 2000년대에 들어와서 경제성장이 어느 정도 이루어졌는데도 불구하고 소득불평등은 오히려 늘어나는 현상이 나타난다. 미국의 경우도 1980년대 중반의 호경기인데도 불구하고 과거와는 달리 빈곤이나 소득불평등이 늘었다. 사실 이러한 현상은 오늘날 대부분의 선진산업국가들에서 비슷하게 나타나고 있다. 즉 이제는 과거와 달리 '떠오르는 파도가 모든 배를 끌어올리는(rising tides raise all boats)' 'trickle-down' 효과가 안 나타나거나 크게 둔화된 것이다.

왜 이러한가? 왜 어떤 경우에는 경제성장만으로도 빈곤이나 소득불평등이 주는데 어떤 경우에는 그렇지 못한가? 여기에는 이론적으로나 실증적인 측면에서 많은 논란이 있다. 지금부터는 이러한 논란에 대하여 논의하기로 한다. 먼저 이론적인 측면을 보자.

### ① 경제성장으로 빈곤이나 소득불평등이 줄 수 있는 논리

경제성장으로 빈곤이나 소득불평등이 줄 수 있는 이유들은 여러 가지가 있을 수 있으나, 크게 보면 다음의 네 가지로 요약할 수 있다. 첫째, '공급측 경제학'의 핵심 논리로 경제성장이 지속되면 생산 활동이 커져서 일자리들이 늘어나 노동에 대한 수요가 많아져서 실업자들을 비롯한 저숙련 근로자들이 일자리를 잡을 기회가 높아져 결국 이러한 사람들의 소득이 향상된다는 점이다. 사실 경제발전 수준이 일정한 단계 이전의 산업구조에서 기술의 중요성이 그렇게 크지 않은 상태에서는 이러한 논리가 설득력이 있다. 실제로 과거에는 많은 국가들에서 이러한 주장이 실증적으로 입증되었다.

둘째, 단순히 일자리가 늘어나는 것이 아니라 고임금 일자리가 많이 생겨 기존의 저임금 근로자들이 이러한 일자리들을 차지할 수 있어 그들의 소득이 향상될 수 있다는 점이다. 경제성장이 낮은 시기에는 저숙련(저임금) 근로자들이 아무런 일자리(임금이 낮은)라도 잡으려고 하지만, 고성장의 시기에는 이러한 사람들이 고임금 일자리들을 차지할 가능성이 커지는 것이다.

이것의 이유는 다음의 세 가지로 설명할 수 있는데, 하나는 일반적으로 경제성장이 빠르게 이루어지는 시기에는 숙련 근로자들의 임금이 저숙련 근로자들의 임금보다 더 빠르게 상승하는 경향이 있다. 이 때 기업들은 숙련 근로자들의 높은 임금을 감당하기 힘들어 저숙련 근로자들로 대체하려는 경향이 있는데 이렇게 되면 저숙련 근로자들의 임금도 자연스럽게 상승될 수 있는 것이다.

다른 하나는, 이른바 내부노동시장 이론(internal labor market theory)에 의하면 어떤 기업들은 근로자들의 이직을 막거나 이들의 근로의욕을 고취하기 위하여 생산성이 높은 양질의 근로자들에게 높은 임금을 주는 경향이 있다. 그런데 경제성장이 빠르게 이루어지는 시기에는 이러한 기업들이 양질의 근로자들을 구하기가 어려워 저임금 근로자들도 채용하는 경향이 있어 저임금 근로자들도 높은 임금을 받을 수 있다는 것이다(Okun, 1973).

마지막으로, 경제성장이 오랫동안 지속되면 사회에 전반적인 기술 향상이 이루어지는데 이 때 이른바 '기술 전파(skill diffusion)' 현상으로 저숙련 근로자들의 기술도 향상되어 이로 인해 이들의 임금이 상승할 수 있는 것이다.

셋째, 지금까지는 노동에 대한 수요의 측면만 논의했는데 노동공급의 측면도 중요할 수 있다. 경제성장이 지속되어 일자리들이 늘어났을 때 학력, 숙련 정도, 연령, 성 등에 따른 근로자 집단들의 노동공급의 차이에 따라 집단별 임금 차이가 나타날 수 있다. 예를 들면, 숙련의 정도가 높거나, 학력이 높거나, 연령이 장년층이거나, 남성이거나 한, 일반적으로 고임금 근로자들의 노동 공급이, 숙련의 정도가 낮거나, 학력이 낮거나, 연령이 어리거나, 여성인 저임금 근로자들의 노동 공급보다 많으면 후자의 근로자 집단들의 임금이 상대적으로 높아질 수 있어 임금불평등이 줄 수 있는 것이다. 이것은 미국에서의 실증적인 자료에 의하여 뒷받침되는데, 미국에서는 1970년대에 학력별 소득불평등이 줄었는데 그 이유는 고학력 근로자들의 노동 공급양이 저학력 근로자들의 그것보다 훨씬 커서 전자의 임금이 후자의 임금에 비하여 상대적으로 줄었기 때문이다(Cutler and Katz, 1991).

넷째, 경제성장이 지속되면 전반적인 소득 향상으로 국민들의 세금부담능력이 커질 수 있어 국가재정이 확대되는 경향이 있다. 이때 두 가지의 이유로 저소득층의 소득이 높아질 수 있다. 하나는, 널리 알려진 '산업화 이론'에서 주장하듯이 경제성장이 지속되면 국가의 재정능력도 커지고 국민들의 국가의 분배정책에 대한 필요(needs)도 커져 직접적인 분배정책이 확대되어 저소득층의 소득이 향상될 수 있다.

다른 하나는 정부 지출을 통한 서비스들은, 특히 오늘날 크게 늘어나고 있는 사회 서비스들, 대개 비숙련 근로자들(특히, 여성 근로자)에 대한 수요를 높이게 되어 이들이 일자리를 잡거나 임금이 올라갈 수 있다는 점이다. 예를 들면, 스웨덴의 소득불평등이 낮은 이유 가운데 하나는 이 나라의 대규모의 정부에 의한 사회서비스 분야에 많은 수의 여성 근로자들이 취업하고 있기 때문이다.

#### ② 경제성장으로 빈곤이나 소득불평등이 늘어날 수 있는 논리

위와는 반대로 경제성장은 빈곤이나 소득불평등을 오히려 늘릴 수 있는데 이유는 다음과 같다. 첫째, 경제성장이 지속되어 경제발전이 일정한 수준을 넘어서면 요소소득(factor income)의 측면에서 국민총소득 가운데 노동에 주어지는 소득보다 자본에 돌아가는 소득의 비중이 커질 수 있다. 이 때 저소득층은 주로 노동소득에 의존하기 때문에 고소득층의 소득이 상대적으로 높아질 수 있어 소득불평등은 커질 수 있는 것이다.

최근에 선진산업국가에서 기업들의 생산성은 높아지는데 근로자들의 실질임금은 오르지 않는 현상들이 나타나는데 이것의 이유 가운데 하나는 기업의 소득이 주로 자본에게 돌아가기 때문이다. 이러한 현상은 특히 자본집중적인 산업이 노동집중적인 산업보다 중요해지는 오늘날의 선진산업사회에서는 많이 나타날 수 있다.

둘째, 위에서 언급했듯이 경제성장으로 소득불평등이나 빈곤이 줄 수 있는 핵심적인 기제는 경제성장으로 저숙련 근로자들이나 실업자들을 위한 일자리들이 많이 만들어지는 것인데 오늘날에는 경제성장으로 일자리가 늘어나지 않는 이른바 '고용 없는 성장(jobless growth)' 현상이 많이 나타나고 있다는 점이다. 특히 이러한 현상은 기술집약적인 산업의 비중이 커질수록 더 많이 나타난다.

셋째, '고용 없는 성장'의 세부적인 이유는 기술발전과 이로 인한 산업이나 직업구조의 변화 때문이다. 기술이 발전하여 기술의 중요성이 커지게 되면 그 자체로 고학력 혹은 고숙련 근로자들에 대한 수요가 증가하는 반면에, 저학력 혹은 저숙련 근로자들에 대한 수요는 줄어든다. 이 때 고학력 혹은 고숙련 근로자들의 공급이 적절히 이루어지지 않으면, 즉 일자리와 기술이 적절히 부합되지 않으면-이것을 흔히 '일자리와 기술 부적합론(job-skill mismatch thesis)'라 부른다-고학력 혹은 고숙련 근로자들의 임금이 크게 상승하여 소득불평등이 커지는 것이다.

기술발전은 또한 산업구조와 직업구조의 변화를 가져와 소득불평등을 크게 할 수 있다. 일반적으로 1960~70년대까지만 해도 선진산업국가들에서도 제조업에서 일하는 근로자들이 다수이었다. 그런데 제조업은 전통적으로 임금 수준이 높고, 기술이나 학력의 측면에서 비교적 동질적인 사람들이 일을 하여 임금격차가 작아 경제성장으로 제조업의 일자리들이 늘어나면 자연스럽게 소득불평등이 줄 수 있었다.

그러던 것이 1980년대부터는 서비스 산업에서 일하는 사람들의 숫자가 더 많아지는데, 서비스 산업은 속성 상 기술 차이가 커 임금 격차가 크기 때문에 서비스 산업의 비중이 커지면 경제성장으로 일자리가 늘어난다 하더라도 임금불평등은 커지는 것이다.

이것은 세부적으로 두 가지로 설명할 수 있다. 하나는 기술발전이 되면 일반적으로 고숙련 근로자들의 생산성이 저숙련 근로자들의 생산성보다 높아지기 때문에 발전된 기술을 필요로 하는 서비스 산업(예를 들면, IT 산업)에서는 고숙련 근로자들에 대한 수요만 있고, 저숙련 근로자들에 대한 수요는 기술이 중요하지 않은 산업(예를 들면, 사회 서비스 산업)에서만 있다는 점이다.

다른 하나는 점차로 커지는 시장의 세계화와 이로 인한 치열한 국제경쟁 때문에 저숙련 근로자들을 필요로 하는 산업은 해외로 나가게 되어(outsourcing), 국내에는 상대적으로 적은 숫자의 고숙련 근로자들을 필요로 하는 고기술 산업만 남게 되는 경향이 있다. 이러한 상황에서 제조업에서 밀려난 많은 수의 저숙련 혹은 반숙련 근로자들이 서비스 산업으로 진입하게 되는데, 이렇게 되면 서비스 산업에서의 임금 격차는 더욱 커지게 되는 셈이다.

이러한 이른바 '탈산업화(deindustrialization)' 혹은 '일자리의 양극화(job polarization)' 현상 때문에, 전통적인 제조업에서의 임금 격차가 작은 이른바 '중간층 일자리(middle class job)'의 숫자는 줄고 대신 '고임금 일자리'와 '저임금 일자리'의 숫자가 늘어나 결국 소득불평등이나 빈곤이 커지게 되는 것이다.

이것은 상기의 미국의 사례에서 볼 수 있는데, 미국에서 1960년대에는 임금불평등이 줄고 1980년대에는 임금불평등이 느는데 그 이유는 1960년대에는 제조업에서의 저학력 근로자들의 고용이 크게 늘어난 반면에, 1980년대에는 이러한 근로자들이 약 25% 줄었기 때문이다(Cutler and Katz, 1991).

넷째, 지속적인 경제성장으로 경제발전이 일정한 수준 이상이 되면 노인 가구와 단일 부모가구(특히 여성세대주 가구)의 숫자가 크게 늘어날 수 있다. 실제로 오늘날 선진산업국가들에서는 이러한 가구들의 숫자가 과거에 비하여 크게 늘어났다. 그런데 문제는 이러한 가구들은 속성 상 노동시장에서 불리하기 때문에 소득이 낮거나 빈곤할 가능성이 크다. 따라서 성장이 되어 전반적인 국민들의 실질적인 소득이 늘어나도 이러한 가구가 늘어나면 빈곤이나 소득불평등은 줄지 않고 오히려 늘 수 있다.

또한 경제수준이 어느 정도 되면 여성들의 경제활동 참가율이 높아지는데 이 때 가구소득불평등에 두 가지의 서로 상반된 영향을 줄 수 있다. 한편으로는, 가구 내의 주 소득자(primary earner)의 소득이 낮은 경우 가구 내의 2차 소득자(secondary earner)로서 여성들이 일을 해서 주 소득자의 소득을 보충하면 가구소득이 높아질 수 있어 가구소득불평등이 낮아질 수 있다.

다른 한편으로는, 소득이 높은 사람들이 소득이 높은 배우자와 같이 사는 현상－이것을 흔히 'positive assortive mating'이라 한다－이 있으면 여성들의 경제활동 참가율이 높으면 가구소득불평등은 커진다. 실제로 미국에서의 어떤 연구에 의하면 1980년대에 남편과 부인의 소득의 상관관계가 과거보다 높은 것으로 나타났다. 즉 남편의 소득이 높을수록 부인의 소득도 높거나, 아니면 남편의 소득이 낮을수록 부인의 소득도 낮은 것이다. 이렇게 되면 가구소득불평등이 가구 내의 주 소득자의 소득불평등보다 크게 되는 것이다.

지금까지 경제성장으로 빈곤이나 소득불평등이 줄어드는가 아니면 느는가에 대한 이론적인 논의를 하였다. 어떤 경우에는 경제성장으로 빈곤이나 소득불평등이 줄고, 반대로 어떤 경우에는 빈곤이나 소득불평등이 늘어 이론적인 논의만으로는 불명확하다. 그래서 실증적인 조사가 필요한데 지금부터는 경제성장과 빈곤이나 소득불평등의 관계에 대한 실증적인 연구들을 보기로 한다.

### ③ 실증적인 연구들

경제성장과 빈곤 혹은 소득불평등과의 관계를 실증적으로 분석하는 연구들은 크게 보면 두 가지로 나눌 수 있다. 하나는 국가들을 분석 단위로 하여 각 국가들의 경제발전 수준과 소득불평등의 관계를 비교·분석하는 것이고, 다른 하나는 국가 내에서 연도별로 경제성장과 빈곤이나 소득불평등의 관계가 어떻게 변하는가를 분석하는 것이다.

먼저 전자의 연구들을 검토하자. 사실 이러한 연구들은 경제발전 수준과 소득불평등의 관계를 분석하는 것이기 때문에 엄밀히 말한다면 경제성장과 소득불평등의 관계를 분석하는 것은 아니다. 그럼에도 불구하고, 이러한 연구들을 검토할 필요가 있는데 그 이유는 한 나라의 경제발전 수준은 오랜 기간에 걸친 경제성장에 달려 있기 때문에 이러한 연구들을 통하여 경제성장이 소득불평등에 미치는 장기적인 효과에 대한 이해를 높일 수 있다.

이러한 국가들 간의 비교 연구는 Kuznets(1963) 이래 많이 있어 왔는데, 아직도 많은 논란이 있는데 크게 보면 세 가지의 연구결과로 요약할 수 있다. 첫째는, 경제성장이 지속될수록 저소득층의 소득은 지속적으로 높아져서 소득불평등이 감소한다는 것이다(Hewitt, 1976). 이러한 결과는 대개 경제발전 수준이 높은 국가들의 소득불평등이 경제발전 수준이 낮은 국가들(특히 저개발 국가들)의 소득불평등보다 낮은 것을 보여준다고 볼 수 있다. 다시 말하여, 경제발전 수준이 매우 높은 국가들과 경제수준이 매우 낮은 국가들과 비교하면 이러한 결과가 당연히 나올 수 있는 것이다.

둘째, 경제발전의 초기단계에서는 소득의 불평등이 커지지만, 후기 단계에서는 저소득층의 소득이 높아져 소득불평등이 줄어든다(Kuznets, 1963; Ahluwalia, 1976). 경제발전의 초기단계에서 소득불평등이 커지는 것은 이른바 불균형 발전 때문이다. 이것은 남미국가들에서 흔히 나타났는데, 경제의 핵심부문(core sector) 중심으로 발전되어 주변부문(periphery sector)과의 차이가 커져서 소득불평등이 커지는 것이다. 이후에 경제발전 수준이 어느 단계를 넘어서면 불균형 발전의 모습은 사라지고, 앞의 이론적인 논의에서 언급했듯이, 이 단계가 되면 저숙련 근로자들은 '기술 전파'의 현상으로 기술 발전이 이루어지거나 고임금 일자리들이 주어질 수 있어 저소득 근로자들의 소득이 올라가서 소득불평등이 줄 수 있는 것이다.

셋째, 두 번째와 반대로 경제발전의 초기단계에서는 소득불평등이 줄어드나, 후기단계에서는 오히려 소득불평등이 커진다(Jackman, 1995). 이러한 결과는 오늘날의 선진산업국가들의 경제발전단계와 소득불평등의 관계를 잘 보여준다고 할 수 있다. 즉 오늘날의 선진산업국가들은 1960년대까지만 해도 제조업 중심으로 고임금의 일자리들이 많아 저숙련 근로자들이 이러한 일자리들을 차지하여 그들의 소득이 높아졌으나, 1980년대 이후 산업구조의 변화나 기술의 양극화 등의 이유로 이러한 국가들에서 소득불평등이 커진다.

다음으로 국가 내의 경제성장과 빈곤이나 소득불평등과의 관계를 시계열 자료를 통하여 직접적으로 분석하는 연구들을 보자. 이러한 연구들은 국가들의 경제발전 수준 혹은 시기에 따라 서로 다른 결과들을 보여준다. 앞에서 언급했듯이, 우리나라의 경우는 2인 이상의 도시 근로자 가구만을 분석했을 때 1966~1992년 사이에 경제성장으로 실질 중위소득이 5배 이상 높아졌고 절대빈곤도 크게 줄고, 1979~1992년 사이에는 소득불평등도 준다. 예를 들면, 5분위 계층의 소득점유율로 볼 때 1979년에는 가장 못사는 20%의 가구가 전체 소득의 7.9%를, 가장 잘 사는 20% 가구가 전체소득의 39.3%를 차지하였는데, 1992년에는 이 수치가 각기 9.5%, 35.8%로 소득불평등이 줄었다는 것을 보여준다. 이것은 지니계수로 볼 때도 뒷받침이 되는데 1979년의 지니계수는 0.339이었는데 이것이 1992년에는 0.285로 준다(김태성, 1995).

그러나 2000년 이후에는 경제성장이 빈곤이나 소득불평등을 줄이는 효과가 크게 약화되어 이후에는 경제성장에도 불구하고 소득불평등이 늘어난다. 예를 들어 구인회(2006)에 따르면, 1980년대 후반부터 외환위기 발생 시점인 1997년까지는 소득불평등이 꾸준히 완화되어 1997년의 지니계수는 0.284였으나, 외환위기 이후 다시 소득분배가 악화되어 2002년의 지니계수는 0.314로 나타났다.

그렇다면 경제발전 수준이 우리보다 높은 미국의 경우는 어떠한가? 미국에서의 연구들도 시기별로 다르게 나타나는데, 우선 Blank and Blinder(1986)에 의하면 1950년대부터 1970년대 사이에 경제성장으로 실업률이 1% 포인트 줄어들면 빈곤율도 1% 포인트 줄어든다고 보고한다. 또한 Cutler and Katz(1991)에 의하면 1959~1982년까지는 경제성장으로 중위소득이 올라가거나 실업률이 낮아져 빈곤율이 줄거나 소득불평등이 준다.

반면에 Blank and Card(1993)은 1967~1991년 사이의 자료를 분석한 결과 경제성장으로 인한 실업률의 감소나 중위소득의 증가가 소득불평등을 줄이는데 기여를 못한다고 보고한다. 또한 Cutler and Katz(1991)에 의하면 1983년 이후부터는 경제성장으로 빈곤이나 소득불평등이 줄지 않고 오히려 늘어난다고 밝힌다. 이것의 주요 이유는 주 소득자(primary earner)들 사이의 임금불평등이 커졌기 때문이다.

또한 Freeman(2001)에 의하면 1960년대에는 경제성장이 빈곤율을 크게 줄였으나 그 이후에는 경제성장이 빈곤에 미치는 영향은 크게 둔화되었거나 오히려 빈곤율을 높였다. 구체적으로 보면, 1959년부터 1969년까지는 일인당 국민소득의 성장률이 34.6%이었고 이 기간 동안 빈곤율은 18.5%에서 9.7%로 낮아졌다. 이 기간 동안에는 경제성장의 'trickle down' 효과가 뚜렷이 나타났다.

그러나 이 이후부터는 이러한 효과가 크게 둔화되는데, 1969~1979년 기간에는 1인당 국민소득 성장률이 23.8%이었는데 빈곤율은 9.7%에서 9.2%로 낮아진 것에 불과하다. 특히 1979-1989년 기간에는 일인당 국민소득 성장률이 22.9%인데도 불구하고 빈곤율은 9.2%에서 10.3%로 오히려 늘었다. 이후 1989-1999년 기간에는 성장률이 22.2%인데 빈곤율은 10.3%에서 9.3%로 약간 낮아졌다. 지난 30년간 전체로 볼 때, 일인당 국민소득 성장률은 73%인 반면에 이 기간 동안의 빈곤율은 1969년의 9.7%에서 1999년의 9.3%로 0.4%포인트 낮아진 것에 불과한 것이다.

지금까지 소개한 연구들은 모두 시장소득, 즉 과세 전 소득(pre-tax income)이 아닌 과세 후 소득에다 이전소득까지 합한 가구 총소득을 분석하였다. 그런데 이러한 소득을 사용하면 경제성장이 빈곤이나 소득불평등에 미치는 영향을 정확히 알아내기가 어렵다. 왜냐하면 빈곤이나 소득불평등의 정도는 세금이나 이전소득에 따라 달라질 수 있기 때문이다. 따라서 경제성장의 효과를 좀더 명확히 알기 위하여는 시장소득을 사용하여 경제성장이 시장소득의 변화에 어떠한 영향을 주었는지를 분석해야 한다.

시장소득(market income)만을 분석한 Danziger and Plotnick(1977)에 의하면 미국에서 1965~1974년 사이 경제성장이 지속된 결과로 가구의 실질소득이 높아졌는데, 시장소득의 불평등은 커졌다. 지니계수를 볼 때 0.4406에서 0.4765로 증가했다.

또한 좀더 긴 기간을 분석한 Blinder(1980)에 의하면 미국에서 1947~1977년 사이의 30년 동안 그 동안의 경제성장으로 미국인들의 실질소득이 약 2배 이상 높아졌으나, 소득불평등의 정도는 거의 변화가 없거나 오히려 약간 늘었다.

한편 빈곤에 초점을 맞출 경우 빈곤한 사람들의 시장소득만으로 볼 때 '빈곤갭(poverty gap)'—빈곤선 이하의 사람들을 빈곤선 소득으로 끌어올리는데 드는 총 비용—은 지난 1963~1983년 사이에 경제성장에도 불구하고 지속적으로 증가하였다. 예를 들면, 1982년의 불변가격으로 1965년의 '빈곤갭'은 676억 불이었는데, 그동안의 경제성장에도 불구하고 1983년의 '빈곤갭'은 1,162억 불에 이른다(Danziger and Weinberg, 1986).

그런데 지금까지 언급한 연구들은 그 동안의 가족구조의 변화로 인해 빈곤할 가능성이 큰 가구(노인 가구, 여성세대주 가구 등)들이 대폭 증가한 점을 고려하지 않았다. 사실 경제성장으로 빈곤이나 소득불평등이 줄었는데 이러한 가구들이 대폭 늘어 경제성장의 효과(?)가 희석될 수 있다. 따라서 가족구조의 변화를 통제한 후의 경제성장과 소득불평등의 관계를 분석할 필요가 있다.

Cutler and Katz(1991)에 의하면 가족구조의 변화는 빈곤이나 소득불평등의 정도에 어느 정도 영향을 준다. 예를 들면, 가족구조가 변화하지 않았다면 1989년의 빈곤율은 공식적인 빈곤율보다 1% 포인트 낮아질 수 있었다는 것이다. 그런데 이러한 가족구조의 변화로 인하여 빈곤이나 소득불평등이 커지는 것은 1970년대까지는 어느 정도 나타나는데 1980년대 이후에는 가족구조의 변화가 큰 설명력을 갖지 못하고 있다. 앞에서 언급했듯이, 1980년대 이후에는 가구주의 임금불평등이 커지는 것이 더 중요하다.

유사하게 Blank and Card(1993)도 가족구조가 변화하지 않았다면, 1967~1991년 사이에 가장 잘 사는 가구들 20%의 소득은 줄고, 나머지 80%의 가구들의 소득은 올라갔을 것으로 분석한다. 즉 가족구조의 변화가 소득불평등을 늘리는 효과를 나타낸다. 그러나 더 중요한 것은 노동시장에서의 임금불평등이고, 가족구조의 변화가 이러한 임금불평등이 가구소득의 불평등에 미치는 영향을 약화시키지는 못한다고 결론을 짓는다.

지금까지 경제성장이 빈곤이나 소득불평등에 미치는 영향에 관하여 이론적인 측면과 실증적인 측면에서 검토하였다. 위에서 논의했듯이 어떤 경우(국가나 시기)에는 성장은 빈곤이나 소득불평등을 줄이고, 어떤 경우에는 빈곤이나 소득불평등을 오히려 늘린다. 그렇다면 결론은 무엇인가? 지금까지의 논의를 종합해 보면 다음과 같은 결론을 내릴 수 있다.

첫째, 경제성장을 통하여 빈곤이나 소득불평등을 줄이기 위하여는 산업과 직업구조가 저소득층의 소득을 높일 수 있는 방향으로 이루어져야 한다. 선진산업국가들의 경우 1960~1970년대까지는 제조업의 비중이 커서 경제성장이 되면 비숙련 혹은 반숙련 근로자들의 임금이 상승하여 소득불평등이 줄 수 있었다. 그러던 것이 1980년 이후부터는, 기술의 중요성이 커지고 기술 차이가 큰 서비스 산업의 비중이 커지면서 경제성장은 고숙련 근로자와 비숙련 근로자 사이의 임금 격차를 크게 하여 결국 소득불평등을 크게 하였다. 한 마디로 말하여 경제발전 수준이 어느 정도 이상이 되면 산업과 직업구조가 저소득층에게 불리한 방향으로 바뀌게 되어, 이러한 상황에서 경제성장은 소득불평등을 높이는 것이다.

둘째, 경제성장이 소득불평등을 줄일 수 있는 것은 노동이 가능한 인구들 사이의 임금불평등의 완화를 통해서이다. 그런데 경제성장이 지속되어 경제발전이 어느 수준 이상이 되면 비노동인구

(노인, 여성세대주 등)도 크게 늘어나기 때문에 노동인구의 임금불평등의 감소에도 불구하고 사회 전체의 소득불평등은 줄어들기 어렵다.

다만 경제성장으로 사회 전반적인 소득의 증가로 이러한 비노동인구에 대한 분배정책을 실시하는데 상대적으로 좋은 여건을 갖추게 될 수는 있으나, 이렇다고 하여 반드시 비노동인구들에 대한 분배정책이 채택되는 것은 아니다. 이것은 국가들의 정치적, 사회적, 문화적 등의 차이에 따른 지배 가치의 차이에 따라 다를 수 있다. 예를 들면, 우리나라는 오랫동안 높은 경제성장을 이루었지만 분배정책은 등한시하였다. 반면에 스웨덴은 이른바 '스웨덴 모델'을 통하여 경제성장을 이루면서 동시에 분배정책도 확대하였다.

다시 말하여 경제성장 그 자체가 사회의 비노동인구를 비롯한 취약계층을 위한 분배정책의 확대를 보장하는 것은 아니다. 경제성장은 소득불평등의 감소의 필요조건은 되나 충분조건은 아닌 것이다.

셋째, 경제성장을 통하여 빈곤이나 소득불평등을 감소시킬 수 있다는 이른바 'trickle-down' 효과는 경제성장을 통하여 일자리들(특히 고임금)이 많이 생겨 결국 이러한 일자리들이 저소득층 사람들에게도 돌아간다는 것이다. 그러나 이 과정은 일정한 시간이 필요하고, 또한 저소득층 사람들이 이러한 일자리들을 차지할 수 있는지도 불확실하다. 반면에 적극적인 분배정책(예를 들면, 소득보장정책)은 빠른 시간 내에 확실하게 저소득층의 소득을 높일 수 있는 것이다.

결론적으로 말하면, 경제성장만으로 빈곤이나 소득불평등이 줄어들 수 있다면 더 이상 좋은 것이 없다. 왜냐하면, 적극적인 분배정책들은 어떤 경우에 자본주의 경제에 어느 정도 해를 줄 수가 있기 때문이다. 그러나 지금까지 논의했듯이, 경제성장만으로 빈곤이나 소득불평등이 줄어들 수 있을지는 불확실하고, 기껏해야 경제성장은 적극적인 분배정책을 위한 필요조건에 지나지 않는다.

## 2. 분배정책을 확대하면 경제성장에 해로운가?

성장과 분배의 관계를 둘러싼 또 하나의 논쟁은 분배를 확대하면 성장에 해를 주느냐의 문제이다. 일반적으로 분배정책의 확대를 반대하는 사람들의 가장 중요한 논리는 분배를 강조하다 보면 성장에 해를 준다는 점이다. 실제로 많은 사람들은 오늘날의 서구복지국가들이 지난 20~30년 동안에 저성장과 고실업을 유지하는 것이 이러한 국가들의 과대한 분배정책 때문이라고 생각한다.

과연 그러한가? 먼저 이론적인 측면에서 보면, 6장에서 자세히 논의했듯이, 분배정책은 인적자본을 향상시키는 등의 이유로 경제성장에 이로울 수도 있고, 다른 한편으로는 근로동기나 저축동기를 약화시키는 등의 이유로 경제성장에 해로울 수도 있다. 즉 이론적으로는 알 수 없다. 그래서 실증적인 측면에 중요한데, 불행히도 그 동안의 성장과 분배에 관한 많은 실증적인 연구들도 서로 상반된 결과를 보여준다. 어떤 연구들은 분배정책이 성장에 해롭다는 결론을 내리는 반면에 어떤 연구들은 성장에 이롭다는 주장을 한다(Atkinson, 1995; Slemrod, 1995). 한 마디로 말하여, 분배가 성장에 이로운지 아니면 해로운지는 이론적으로나 실증적으로나 모두 불명확하다.

왜 이러한가? 가장 중요한 이유는 오늘날까지 성장과 분배에 관한 실증적인 연구들이 갖고 있는 한계 때문이다. 지금부터는 이러한 실증적 연구들을 둘러싼 쟁점들에 관하여 논의하고자 한다. 그래야만 성장과 분배의 관계에 대한 이해를 좀더 높일 수 있기 때문이다.

성장과 분배의 관계에 관한 실증적인 연구들은 크게 보면 두 가지 형태로 나눌 수 있다. 하나는 이른바 '미시적 접근(bottom-up)'으로 개별 분배정책들이나, 다양한 형태의 조세들이 경제성장에 어떤 영향을 주는가를 분석하는 것이다. 예를 들면, 국민연금이 저축이나 투자를 감소시켜 경제성장에 어떤 영향을 주는가를 분석하든지, 개인소득세의 세율의 변화에 따라 경제성장에 어떤 영향을 주는가를 분석하는 것 등이다. 그런데 이러한 연구들은 개별 정책들마다 다르기 때문에, 분배정책이 성장에 총체적으로 어떤 영향을 주는지는 알 수 없는 한계가 있다.

다른 하나는 이른바 '거시적 접근(top-down)'의 형태로, 집합적인 자료인 GDP 대비 분배정책지출과 1인당 GDP 혹은 성장률을 사용하면서 국가 간 비교(cross-sectional)나 국가 내의 시계열 분석(time-series)을 하는 것이다. 그래서 GDP 대비 분배정책지출의 비율이 높을수록 1인당 GDP나 성장률이 늘어나느냐 줄어드느냐를 분석하는 것이다. 이러한 '거시적 접근'의 방식이 성장과 분배의 관계를 총체적으로 보여줄 수 있고 오늘날 특히 이러한 연구들이 논란이 많이 되기 때문에 여기서는 '거시적 접근'의 연구들에 관하여 논의를 하고자 한다.

오늘날 전 세계 국가들을 분석하면, 일반적으로 1인당 GDP가 높은 부자 국가일수록 가난한 국가들에 비해서 GDP 대비 분배정책지출의 비율이 높다. 또한 오늘날 선진산업국가들, 예를 들면, 미국의 경우를 보면 1929~92년 사이를 보면 GDP 대비 분배정책의 지출이 많을수록 1인당 GDP도 높아진다(Slemrod, 1995).

이상의 두 가지의 사실로 볼 때 단순히 보면 분배정책을 확대하면 경제성장에 이롭다고 해석할 수 있다. 그러나 이런 식의 해석은 다음의 몇 가지의 이유로 주의를 필요로 한다.

① 분배정책과 경제수준이나 경제성장과의 인과관계를 명확히 밝히기 어렵다는 점이다. 먼저 위에서처럼 1인당 소득수준과 분배정책의 수준이 正의 상관관계를 갖고 있다 하여 이것으로 분배정책이 확대되어 1인당 소득수준이 높아졌다고 해석할 수 없다. 왜냐하면, 와그너의 법칙이 말하듯이, 소득수준이 높아지면 사람들의 분배정책에 대한 요구도 늘어나고 또한 세금부담능력도 커지기 때문에 분배정책의 규모가 커질 수 있기 때문이다. 만일 후자라면 분배정책이 확대되어 1인당 소득수준이 높아졌다고 말할 수 없다. 즉 반대의 인과관계인 것이다.

한편 분배정책과 경제성장과의 관계가 否의 상관관계를 보일 때, 즉 분배정책이 커지면 경제성장이 낮아질 때 이것으로 분배정책 때문에 경제성장이 낮아졌다고 해석할 수 있다. 그러나 이러한 해석도 위험하다. 왜냐하면 경제성장이 둔화되어 분배정책을 확대할 수밖에 없는 경우도 있기 때문이다. 예를 들면, 경제성장이 둔화되면 실업률이 높아지는 등의 이유로 빈곤층이 늘어나서 분배정책에의 필요(needs)가 높아져서 국가는 분배정책을 확대할 수밖에 없는 것이다. 이것은 최근의 우리나라에서 'IMF 외환위기'의 시기에 경제성장이 크게 둔화되어 실업자들이 크게 늘어나자 분배정책을 일시적이나마 확대한 예에서도 볼 수 있다. 만일 이렇다면 인과관계는 반대로 분배정책이 경제성장을 둔화시킨 것이 아니라, 경제성장이 둔화되어 분배정책이 확대된 것이다.

② 분배정책에의 지출의 성격이 국가들마다 다르다는 점이다. 분배정책과 경제성장과의 관계를 국가들 사이를 횡단적으로 분석하는 연구들은 대부분 독립변수로서 GDP 대비 분배정책지출의 비율을 사용한다. 따라서 이 변수가 중요한데 문제는 분배정책지출의

성격이 국가들마다 다르다는 점이다. 어떤 국가들은 분배정책지출이 많은 것이 단순히 분배정책에의 필요(needs)가 많아서 그러하다. 예를 들면, 노인 인구, 실업자, 빈곤자, 여성세대주 가구 등 분배정책을 필요로 하는 사람들이 많아서 GDP 대비 분배정책지출 비율이 높은 것이다.

반면에 어떤 국가들은 분배정책지출이 많은 것이 분배정책의 내용 때문에 그러하다. 예를 들면, 분배정책들의 급여 수준이 높다든지(소득대체율이 높다), 수급자격조건이 까다롭지 않아 많은 사람들이(특히 근로능력이 있는 사람들을 포함하여) 급여를 받는 것이다.

이 두 가지 경우는 분배정책이 경제성장에 영향을 주는 점에서 차이가 있다. 분배정책이 경제성장에 해를 줄 수 있는 것은 논리적으로 볼 때 전자보다는 주로 후자의 경우 때문이라 할 수 있다. 예를 들면, 급여액과 소득대체율이 높으면 사람들의 근로동기가 약해질 가능성이 크다든지, 급여자격이 관대하면 근로능력 있는 사람들도 일을 안하고 급여를 받으려고 하기 때문이다.

그런데 거의 모든 실증적인연구들은 단순히 GDP 대비 분배정책지출의 비율만을 사용하지 이 비율이 분배정책에의 필요가 많아서인지 아니면 분배정책의 내용 때문에 그러한지 구분을 못하고 있는 것이다.

③ 분배정책의 규모를 측정하는 데서 문제가 있다는 점이다. 국가들마다 분배정책의 형태는 차이가 있다. 예를 들면, 오늘날 유럽의 복지국가들을 포함한 많은 국가들에서는 아동이 있는 가구들에게 가족수당을 지급한다. 반면에 우리나라나 미국을 비롯한 많은 국가들에서는 가족수당 대신에 아동이 있는 가구들에게 조세지출(tax expenditure)의 형태로 세금을 감면해 준다.

이 두 가지 제도는 아동이 있는 가구들에게 국가에 의하여 혜택이 주어진다는 점에서 기능적으로 동일한 역할을 한다고 볼 수 있다. 그런데 문제는 가족수당은 분배정책지출에 포함되는 반면에, 아동을 위한 조세지출은 포함되지 않는다는 점이다. 이렇게 되면 분배정책지출이 높은 것이 경제성장에 미치는 영향에서 과대평가될 수 있는 것이다.

④ 분배정책이 경제성장에 이로운 점들을 측정하기가 어렵다는 점이다. 5장에서 논의했듯이 분배정책은 경제성장에 여러 가지 측면에서 도움을 줄 수 있다. 그런데 문제는 이러한 이로운 점들은 측정하기가 어려운 것이다. 예를 들면, 오늘날 가장 규모가 큰 분배정책인 사회보험들은 사람들이 살아가는 동안에 부딪히는 다양한 위험들을 해결해 주는데 이것은 여러 가지 측면에서 경제성장에 도움을 준다. 무엇보다도 사람들의 노동력을 유지시켜 준다는 점이다. 예를 들면, 질병에 걸렸을 때 의료 서비스를 받을 수 있고 치료 기간 동안 생활비를 받을 수 있어 노동력의 재생산이 가능해지는 것이다.

또한 미래에 부딪힐 수 있는 위험을 해결하기 때문에 불확실성의 감소라는 정신적·심리적인 이득을 주어 이것도 경제성장에 기여할 수 있다. 분배정책은 또한 사회·정치적 안정이라는 이득을 주는데 이것도 경제성장에 다양한 이유로 기여할 수 있다.

문제는 이러한 분배정책의 편익들은 계량화하기가 어렵기 때문에 측정하는 것이 힘들다. 그래서 실증적인 연구들에서 분배정책이 경제성장에 주는 긍정적인 효과가 과소평가될 수 있는 것이다.

⑤ 분배정책이 경제성장에 미치는 영향은 또한 임금, 고용, 근로시간 등의 근로조건을 결정하는 방식에 따라 다를 수 있다는 점이다. 어떤 국가들에서는—이른바 '조합주의적(corporatist)' 국가—임금, 고용, 노동시간 등의 근로조건이 국가, 노동을 대표하는 조직, 자본을 대표하는 조직의 3자의 협상으로 중앙집권적으로 집합적으

로 결정된다. 반면에 어떤 국가들에서는 근로조건이 개별 노동자들과 개별 기업 혹은 산업들 사이에서 분권적으로 개별적으로 결정된다.

이러한 두 가지 형태의 국가들에서 일반적으로 조합주의적 국가들에서는 분배정책이 확대되어도 경제성장에 주는 부정적인 효과가 후자의 국가들에 비하여 적다. 왜냐하면, 조합주의적 국가들에서는 노동조건이 집합적으로 결정되기 때문에 분배정책의 확대로 세금이 올라간다 해도 개인 노동자들의 입장에서의 행위의 변화의 여지가 적기 때문이다. 예를 들면, 조합주의 국가들에서는 높은 세금으로 인한 노동공급의 감소가 비조합주의적인 국가들에 비하여 적게 나타나는 것이다(Freeman, 1997).

⑥ 국가들 사이의 사회문화적인 차이도 분배정책과 경제성장의 관계에 영향을 줄 수 있다. 예를 들면, 동질적이고, 국민들 사이에 신뢰감이 크고 연대의식이 강한 국가와 이질적이고, 국민들 사이에 신뢰감이 약하고 연대의식이 약한 국가들 사이에는 분배정책이 경제성장에 미치는 영향에 차이가 있다. 전자의 국가에서는 높은 세금에도 불구하고 탈세행위가 적거나, 근로동기가 약화되지 않는 반면에 후자의 경우에는 납세자와 분배정책의 수급자 사이의 반목이 커서 세금이 높아지면 쉽게 탈세할 동기가 커지거나, 분배정책이 확대되면 쉽게 일을 안 하고 분배정책의 수급자가 되려고 하는 경향이 크다. 그래서 전자의 국가들에서는 분배정책이 확대되어도 경제성장에 미치는 부정적인 효과가 후자의 국가들에 비하여 적게 나타나는 것이다.

⑦ 국가들이 갖고 있는 분배정책들의 세부적인 형태의 차이도 중요하다. 예를 들면, 보편적인 사회 서비스를 강조하는 국가와 일정한 자산이나 소득 이하의 사람들에게만 급여하는 공공부조를 강조하는 국가의 경우 전자의 경우가 분배정책이 경제성장에 미치는

부정적인 효과가 후자의 경우보다 적다. 또한 스웨덴처럼 적극적 노동시장정책을 통하여 일을 하는 경우 많은 서비스가 급여되기 때문에 아무리 분배정책이 후해도 경제성장에 미치는 부정적인 효과는 적을 것이다.

⑧ 정부지출을 요하는 분배정책들 이외의 분배를 위한 정부의 여러 제도들도 경제성장에 중요한 영향을 줄 수 있다는 점이다. 예를 들면, 최저임금제도, 누진적인 소득세제 등을 비롯한 정부의 각종의 규제정책들도 경제성장에 큰 영향을 줄 수 있다. 만일 이러한 제도들이 경제성장에 해를 준다면 실증적인 연구들에서 정부지출의 분배정책들의 부정적인 효과가 과대평가될 수 있다.

⑨ 민간부문의 분배정책도 경제성장에 영향을 줄 수 있기 때문에 공공부문의 분배정책이 경제성장에 미치는 영향을 과대평가할 수 있다. 예를 들면, 미국에서의 대학교육은 대부분 민간재원에 의존하고 반면에 유럽 국가들에서의 대학교육은 대부분 정부재원에 의존한다. 그런데 미국에서는 많은 학생들이 소득/자산조사를 근거로 장학금을 받을 수 있는데 이 때 이 학생들의 부모들에게는 소득이 늘어나면 장학금을 못 받기 때문에 실질적으로 이들에게 묵시적인(implicit) 세금이 부과되는 효과를 갖게 된다. 이러한 효과는 노동력 공급의 감소를 가져올 수 있어 경제성장에 해를 줄 수 있다. 이렇게 볼 때 대학교육을 정부재정에 의존하는 유럽 국가들의 경제성장에 미치는 부정적인 효과는 미국과 비교해 볼 때 과대평가될 수 있는 것이다(Slemrod, 1995).

지금까지 분배가 성장에 해로운가에 대하여 이론적인 측면과 실증적인 측면에서의 쟁점들을 논의하였다. 그렇다면 결론은 무엇인가? 분배정책을 확대하면 경제성장에 해로운가? 답은 모른다이다. 이론적이나 실증적인 측면 모두에서 불명확하다.

따라서 분배와 성장의 관계의 문제는 결국 이념적인 문제로 귀

착된다. 그래서 이념적으로 분배정책을 확대하기를 원하는 사람들은 분배정책이 경제성장에 이롭다고 믿는 것이고, 반대로 이념적으로 분배정책을 축소하기를 원하는 사람들은 분배정책은 경제성장에 해롭다고 믿는 것이다.

## 3. 이상적인 분배정책들을 찾아서

전술했듯이 분배정책이 경제성장에 해로운지 아니면 이로운지는 이론적으로나 실증적으로나 불명확하다. 그럼에도 불구하고 세부적으로 보면 분배정책의 형태에 따라 경제성장에 미치는 영향은 다르다. 어떤 분배정책들은 경제성장에 이로운 것이다. 그러나 경제성장에 이로운 분배정책이라 하여 반드시 바람직한 것은 아니다. 분배정책은 또 하나의 중요한 목표인 분배효과가 커야 한다. 이상적인 분배정책은 분배효과가 크면서도 경제성장에 해를 주지 않는 정책인 것이다 여기서는 이상적인 분배정책들을 찾기 위하여 다양한 분배정책들을 유형화하여 각 분배정책들이 분배와 성장의 측면에서 갖고 있는 장점과 단점들을 논의하고자 한다.

한 나라의 국민들의 소득분배 형태에 영향을 줄 수 있는 정책들은 무수히 많다. 어찌 보면 국가의 모든 정책들이 직접적이든 간접적이든 분배 형태에 영향을 줄 수 있다. 여기서는 저소득층을 대상으로 직접적으로 영향을 주는 분배정책들만을 다루고자 한다. 실제로 대부분의 사람들이 생각하는 분배정책은 이러한 정책들이다.

분배정책은 크게 보면 일차분배정책과 이차분배정책으로 나눌 수 있다. 일차분배정책은 자본주의 사회에서 가장 중요한 소득원이라 할 수 있는 시장소득(market income)−근로소득, 자본소득

등—그 자체에서 변화를 추구하는 정책이다. 이러한 정책들은 사회의 저소득층(취약계층)을 대상으로 하여 시장에서의 그들의 소득능력(earnings capacity)을 높여 궁극적으로 그들의 소득을 높이는 것이 목표이다.

일차분배정책은 크게 두 가지로 나눌 수 있는데, 하나는 사람들이 시장에 참여하기 이전에 개입하는 정책이고, 다른 하나는 사람들이 시장에 참여한 후에 제공되는 정책이다. 전자는 흔히 '기회평등정책(equal opportunity policy)'이라 불리는 것으로 저소득층(취약계층)의 사람들이 시장에 참여하기 이전에 시장에서의 경쟁에서 불이익이 없도록 미리 예방적인 차원에서 제공되는 정책이라 할 수 있다. 반면에 후자는 시장에 참여한 사람들을 대상으로 하여 그들의 소득능력을 높여서 소득을 높이려는 정책으로, 대표적인 것이 노동시장정책이다.

이차분배정책은 시장에서 일차적으로 결정된 분배형태를 다시 재분배하는 정책들을 말한다. 그래서 이러한 정책들은 재분배정책이라 불린다. 그리고 많은 사람들이 분배정책으로 생각하는 것은 이러한 재분배정책이다. 대표적인 것이 조세정책과 소득보장정책이다. 일반적으로 일차분배정책만으로 사회의 빈곤이나 소득불평등이 상당히 줄어들 수 있다면 이차분배정책의 필요성은 약하다. 특히 이차분배정책은 일반적으로 일차분배정책에 비하여 경제성장에 해를 더 줄 수 있는 속성을 갖고 있기 때문에 가능한 한 일차분배정책에 의하여 빈곤이나 소득불평등이 크게 줄어들어 이차분배정책의 역할이 줄어드는 것이 바람직할 수 있다.

그러나 현실 세계에서 대부분의 국가들의 분배정책은 이차분배정책에 비중을 크게 두고 규모에 있어 압도적으로 크다. 그 이유는 우선 대부분의 국가들에서 시장에서 결정된 소득의 불평등이 너무 크고, 또한 일차분배정책에 의한 소득분배효과가 미약하기 때문이다. 그래서 빈곤이나 소득불평등을 줄이기 위하여는 결국 이차분배 정책에 의존할 수밖에 없는 것이다. 여기서는 지금까지 거론한 네 가지의 분배정책들이 분배와 성장의 측면에서 어떠한 장점과 단점들을 갖고 있는지를 논의하고자 한다.

### 1) 기회평등정책

자본주의 사회에서는 시장에서의 경쟁을 통하여 사람들의 경제적 지위가 결정된다. 따라서 시장에서의 공정한 경쟁이 중요한데 어떤 사람들은 시장에서의 경쟁에 참여하기 이전부터 불리한 조건들을 갖고 있어 공정한 경쟁을 하지 못하여 경제적 지위가 낮아진다.

기회평등정책은 사회의 취약계층 혹은 저소득층을 대상으로 하여 시기적으로 이들이 노동시장에 참여하기 이전에 개입하여 이들의 시장에서의 소득능력을 높여 시장소득에서의 불평등을 줄이는데 목표가 있다. 기회평등정책은 현재의 분배문제보다는 미래의 분배문제를 해결하는 것을 목표로 하는 장기적으로 '예방적'인 정책이며, '결과의 평등'보다는 시장에서의 공정한 경쟁에의 기회의 평등을 강조하는 정책이라 할 수 있다.

기회평등정책은 기본적으로 저소득층 사람들의 인적자본(human capital)을 높이는 정책이다. 이것은 저소득의 원인을 인적자본에의 투자가 적어 생산성이 낮은데서 기인한다고 보고 소득을 높이기 위해서는 각종의 인적자본에의 투자가 필요하다는 인적자본이론에 바탕을 두고 있다. 그래서 세부적인 기회평등정책은 다양한 형태의 인적자본의 향상을 위한 프로그램들로 구성되어 있다. 예를 들면, 저소득층 사람들의 건강상태를 좋게 한다든지, 이들이 살고 있는 주거환경을 개선한다든지, 저소득층 자녀들의 인지능력을 향상시키는 것, 저소득층 자녀들의 교육성취기회를 제공하는 것, 기술훈련을 시키는 것 등이다.

기회평등정책은 성장과 분배라는 측면에서 어떠한 장점과 단점을 갖고 있는가? 기회평등정책은 후술할 재분배정책들에 비하여 경제성장에 기여하는 바가 크다. 왜냐하면, 이것은 저소득층 사람들의 인적자본을 향상시켜 생산성을 높일 수 있고, 또한 시장에서의 경쟁의 결과를 그대로 받아들이기 때문에 시장경제를 왜곡시킬 가능성이 적기 때문이다. 실제로 많은 실증적인 연구들에 의하면 저소득층들에 대한 인적자본 투자로 경제성장이 높아졌다. 이러한 이유로 기회평등정책은 정치적으로 인기가 있어 심지어는 분배정책의 확대를 반대하는 사람들도 선호한다. 예를 들면, 분배정책의 확대를 꺼리는 우리나라에서도 일찍이 초등학교 의무교육을 실시하거나, 저소득층을 위한 의료보호를 하거나, 최근에 '희망스타트'라 하여 저소득층 아동들의 인지능력 향상을 위한 프로그램을 확대하고 있다.

그렇다면 이러한 기회평등정책의 분배효과는 어떠한가? 기회평등정책에 의하여 저소득층의 소득이 향상되어 빈곤이나 소득불평등이 얼마나 주는가? 불행히도 기회평등정책의 분배효과는 약한 것으로 알려졌다(Levin, 1977; Glazer, 1986). 이것의 이유는 다음과 같다.

첫째, 사람들의 시장에서의 경쟁에서 성공할 수 있는 능력은 상당 부분 유전적으로 결정될 수 있기 때문이다. 사람들의 능력이 유전과 환경(nature vs nurture) 가운데 어떤 것에 의하여 주로 결정되는가는 여전히 명확하지 않다. 따라서 저소득층 사람들에게 여러 가지의 환경적인 측면에서 '기회의 평등'을 추구해도, '유전인자의 평등'이 이루어지지 않는 한 기회의 평등정책을 통한 분배효과는 제한적일 수밖에 없다.

둘째, 사람들의 능력이 환경에 의하여 주로 결정된다 하더라도, 환경적인 측면에서 모든 '기회의 평등'을 이루는 것도 현실적으로 불가능하다. 사람들은 태어나는 순간부터 무수히 많은 '환경'에 접하게 되는데 모든 '환경'에서의 평등을 이루는 것은 어렵다. 이것은 서로 다른 가족환경에서 성장한 사람들이 인지능력이나 교육수준은 비슷한데도 불구하고 시장에서의 소득의 차이는 크다는 많은 실증적인 연구들에 의하여 뒷받침된다(Taubman, 1976).

셋째, 저소득층의 사람들에 대한 인적자본 향상을 위한 투자를 하여 그들의 생산성이 높아져도 그들의 소득이 반드시 높아지는 것은 아니기 때문이다. 이것은 그들의 노동시장에서의 상대적 위치가 여전히 낮을 수 있거나, 그들의 학력이 대다수 사람들의 학력보다 높아지지 않거나, 분절된 노동시장의 구조에서 그들이 이차노동시장에서 일자리를 차지하게 되면 그들의 소득이 크게 높아지기는 어렵기 때문이다(Thurow, 1975; Stiglitz, 1975; Doeringer and Piore, 1971).

지금까지 논의했듯이 기회평등정책은 경제성장에는 기여하나, 빈곤이나 소득불평등을 줄이는 효과는 크지 않다.

### 2) 노동시장정책

상기의 기회평등정책은 사람들이 노동시장에 참여하기 전에 제공하는 것이라면, 노동시장정책은 현재 노동시장에 참여하고 있는 사람들을 대상으로 그들의 시장에서의 소득을 높이는 것을 목표로 한다.

노동시장정책에 속하는 프로그램들은 다양한데 크게 나누면 두 가지 형태가 있다. 하나는 노동공급 측면의 프로그램이고, 다른 하나는 노동수요 측면의 프로그램이다. 노동공급 측면의 프로그램들은 기본적으로 노동시장에 참여하고 있는 사람들의 생산능력을 높이는 것이 목표이다. 특히 오늘날처럼 산업구조가 바뀌면서 숙련노동력의 필요성이 높아지고, 기술이 급격히 변화하는 시기에는 이러한 프로그램들의 역할이 더욱 중요하다.

이러한 프로그램들에는 대표적으로 각종의 기술훈련 혹은 재훈련 프로그램이 있고 이 밖에 취업정보를 제공하는 프로그램, 기술을 배울 수 있는 환경을 제공하기 위한 이동수당(moving allowance), 훈련수당(training allowance), 그리고 동기강화와 적응서비스 프로그램 등이 있다.

그런데 이러한 노동공급 측면의 프로그램들의 실질적인 효과는 불확실할 수 있다. 왜냐하면, 노동시장에 참여한 사람들이 기술훈련을 받았다 하더라도 그들이 실제로 취업하느냐 혹은 취업을 했다 하더라도 저소득을 벗어날 수 있는 적절한 임금을 받을 수 있느냐가 불확실하기 때문이다. 특히 오늘날처럼 이른바 '고용 없는 성장(jobless growth)'의 시대, 즉 경제성장은 이루어지는데 일자리는 많이 창출되지 않는 상황에서는 더욱 그러하다. 그래서 필요한 것이 노동수요 측면을 강조하는 프로그램이다.

노동수요 측면의 프로그램은 기본적으로 저소득층들에게 적절한 임금을 주는 일자리를 제공하는 것이 목표이다. 여기에는 크게 보면 세 가지 형태가 있다. 첫째는, 공공부문의 일자리 창출 프로그램으로 정상적인 노동시장에서 적절한 임금을 주는 일자리를 찾지 못하는 저소득층의 사람들에게 직접적으로 공공부문의 일자리를 제공하는 것이다. 둘째는, 민간부문 고용 프로그램으로 민간부문의 사용자들에게 여러 가지의 방법의 보조(subsidy)를 해주어 저소득층의 사람들을 고용하게 하는 것이다. 셋째는, 임금보조 프로그램(wage subsidies)으로, 상기의 두 가지 프로그램이 고용이라는 측면을 강조하는 것과 달리 저소득층의 임금을 높이는 것은 강조한다. 임금보조 프로그램은 여러 가지 형태를 취할 수 있으나 기본 골격은 사회적으로 바람직하다고 인정되는 목표 임금을 설정한 후 이 임금보다 적게 받는 근로자들에게 임금의 일정률을 보조하여 저임금 근로자들이 일을 많이 할수록 유리하게 만든 제도이다.

노동시장정책은 성장과 분배의 측면에서 어떠한가? 노동시장정책은 전술한 기회평등정책보다 더 직접적으로 경제성장에 기여할 수 있고, 후술할 이차분배정책들보다 시장경제를 왜곡할 가능성이 적다. 노동시장정책은 특히 오늘날처럼 기술의 중요성이 커지고, 새로운 기술이 빠르게 도입되는 상황에서는 경제성장을 위해서 그 필요성이 더욱 커지고 있다. 실제로 오늘날처럼 근로복지(workfare)를 강조하는 상황에서 많은 국가들에서 노동시장정책을 확대하고 있는 실정이다.

노동시장정책은 전술한 기회평등정책보다 분배효과가 높다고 볼 수 있다. 왜냐하면 이것은 현재 노동시장에 참여하고 있는 사람들을 대상으로 그들의 생산 능력을 높이거나 일자리를 제공하기 때문이다. 특히 임금보조 프로그램은 저임금 근로자들에게 직접적으로 임금을 보조해 주기 때문에 분배효과가 뚜렷하게 나타날 수 있다.

그러나 노동시장정책의 분배효과는 후술할 이차분배정책들보다 불확실하거나 낮다고 볼 수 있다. 왜냐하면, 기술훈련 등의 노동공급 측면의 프로그램들을 제공해도 저임금 근로자들이 저소득을 벗어날 정도의 임금을 받을 수 있는 일자리를 차지할 수 있는지는 불확실하기 때문이다. 또한 노동수요측면의 프로그램들도 시장경제를 왜곡시키지 않는 상태에서 적절한 임금을 주는 공공부문의 일자리 창출은 한계가 있고, 민간부문의 고용 프로그램도 실질적으로 저임금 근로자들의 취업이 매우 제한적이기 때문이다.

### 3) 조세 정책

지금까지는 시장소득(일차소득) 그 자체에서의 소득불평등이나 빈곤을 줄일 수 있는 정책들을 설명하였다. 지금부터는 시장에서 결정된 일차소득을 재분배하여 이차소득에서 소득불평등을 줄일 수 있는 이차분배정책들을 설명하는데 여기에는 조세정책과 소득보장정책이 있는데 먼저 조세정책을 보자.

조세정책은 단순히 정부재원을 마련하는데 관련될 뿐만 아니라 중요한 분배정책이기도 하다. 그래서 한 나라의 소득분배 형태는 조세정책에 의하여 크게 영향을 받는다. 조세정책을 통하여 소득분배 형태에 영향을 줄 수 있는 방법이나 기제는 다양한데 크게 보면 다음의 4가지로 설명할 수 있다.

첫째, 조세정책에 의하여 적극적인 분배정책에 사용할 수 있는 재원이 결정된다는 점이다. 소득불평등을 줄이기 위해서는 적극적인 분배정책이 필요하고 이를 위해서는 재원이 필요한데 이 때 조세정책에 따라 조세수입의 규모가 결정되고 이것에 의하여 분배정책의 규모가 결정된다. 이것은 소득불평등이 비교적 작은 고도로 발전된 복지국가들은 대부분 조세수입이 많고, 반대로 소득불평등이 높은 나라들의 조세수입이 적다는 사실에서 뒷받침된다.

둘째, 소득계층별 조세부담의 차이를 어떻게 하느냐는 측면이다. 조세수입이 늘면 일반적으로 분배정책에 사용할 재원이 늘어나서 소득불평등이 줄어들 가능성이 커지는 것은 사실이다. 그러나 더 중요한 것은 이러한 조세수입이 어떤 조세에 의존하고 또한 실질적인 조세부담을 누가 하느냐에 따라 소득분배형태가 크게 달라질 수 있다는 점이다. 그래서 소득이 높은 사람들의 조세부담률을 높게 하는 누진적인 조세에 주로 의존하면 소득불평등은 줄고, 반대로 소득이 낮은 사람들의 조세부담률이 높은 역진적인 조세에 의존하면 소득불평등은 늘어나는 것이다.

셋째, 조세지출(tax expenditure)을 통해서이다. 대부분의 나라들에서의 조세정책에는 조세지출 제도를 갖고 있다. 조세지출은 여러 가지 이유로 납세자들에 조세를 감면해 주는 제도이다. 이 가운데는 이른바 복지성 조세지출이 있어 노인, 장애인, 아동이 있는 가구들에게 혹은 의료비, 교육비, 주택비 등의 지출에 대하여 조세를 감면해 준다. 그런데 문제는 이러한 조세지출을 통하여 고소득층이 저소득층에 비하여 더 많은 혜택을 받는다는 점이다. 즉 조세지출을 통하여 소득불평등은 더 커질 수 있다는 점이다. 따라서 소득불평등을 줄이기 위하여는 조세지출의 규모를 줄여 과세대상을 넓혀 조세수입을 늘려 적극적인 분배정책을 확대하는 것이 더 바람직하다.

넷째, 조세정책을 통하여 저소득층의 소득을 직접적으로 높일 수 있다. 대표적으로 우리나라에서도 곧 시행될 근로장려세제(Earned Income Tax Credit)이다. 이것은 근로빈곤자(working poor)들을 대상으로 일정한 근로소득 이하의 사람들에게 일정한 비율에 따라 급여액을 정하여 조세제도를 통해 급여하는 제도이다. 이것은 저소득 근로자들의 소득을 직접적으로 높이기 때문에 후술할 소득보장정책의 성격을 갖고 있다. 근로장려세제는 전통적인 소득보장정책들이 수급자들의 근로동기의 약화를 어느 정도 초래하는 것과는 달리 근로빈곤자들의 근로동기의 강화를 목표로 하고 있다.

이른바 '공급측 경제학(supply-side economics)'의 주장에 따르면 조세부담이 너무 높으면 노동공급과 투자가 줄어 경제성장에 해가 된다고 한다. 실제로 최근에 조세부담이 지나치게 높은 서구의 복지국가들에서 조세율을 어느 정도 낮추었다. 그러나 5장에서 논의했듯이 많은 실증적인 연구들에 의하면 조세부담이 노동공급이나 저축과 투자에 미치는 영향은 미미하여 경제성장을 둔화시킬 정도는 아니다. 실제로 오늘날 서구복지국가들의 조세부담률은 상당히 높은 수준을 유지하면서(GDP의 50% 이상) 일정한 수준의 경제성장은 이루고 있다. 그럼에도 불구하고 조세정책은 앞에서 언급한 일차분배정책들에 비해서 성장에 미치는 부정적인 효과는 크다고 할 수 있다.

반면에 조세정책은 기회평등정책이나 노동시장정책들에 비하여 분배효과는 크다. 모든 복지국가들에서 조세정책은 소득불평등을 줄이는 강력한 도구이다. 과세전의 시장소득에서의 커다란 불평등을 조세정책을 통하여 많이 줄이는 것이다. 특히 조세부담률이 높거나, 조세의 누진성이 크거나, 역진적인 성격의 조세지출이 크지 않은 국가들에서 더욱 그러하다.

### 4) 소득보장정책

지금까지 세 가지의 분배정책들을 설명하였는데, 이러한 세 가지의 분배정책들로 분배문제를 해결하는 것은 한계가 있어 마지막으로 의존하는 것이 소득보장정책이다. 소득보장정책은 다른 분배정책들보다 분배효과가 가장 큰 반면에, 다른 한편으로는 경제성장에 미치는 부정적인 효과도 가장 크다. 그래서 성장과 분배의 측면에서 가장 논란이 많은 것이 소득보장정책이기도 하다.

그런데 소득보장정책들은 세부적으로는 무수히 많은 프로그램들이 있고 이러한 것들은 성장과 분배의 측면에서 서로 다른 장점과 단점들을 갖고 있다. 소득보장정책들은 크게 보면 세 가지 형태로 분류할 수 있다. 첫째는 비기여 그리고 비소득/자산조사 프로그램이고, 둘째는 기여 그리고 비소득/자산조사 프로그램이고, 셋째는 비기여 그리고 소득/자산조사 프로그램이다.

### (1) 비기여 그리고 비소득/자산조사 프로그램

이것은 한나라 국민이면 일정한 인구학적인 조건(예를 들면, 노인, 아동, 장애인 등)만 갖추면 보험료 납부에 상관없이, 그리고 수급자의 소득이나 자산조사를 하지 않고 급여하는 프로그램이다. 그래서 흔히들 디모그란트(demogrant) 혹은 보편적인 프로그램(universal program)이라 불린다. 대표적인 것들로, 가족수당(아동수당), 보편적 연금, 장애수당 프로그램들이 있다.

보편적 프로그램은 소득보장정책의 역사적 발전과정을 통해 볼 때 일반적으로 가장 늦게 도입되었으나 가장 발전된 형태라 할 수 있다. 왜냐하면, 이것은 일반 국민들이 인간답게 살 수 있는 최소한의 소득을 보장받을 권리–사회권(social right)–을 갖고 있다는 이념을 반영하기 때문이다.

보편적 프로그램은 일반적으로 다른 소득보장정책들에 비하여 경제에 미치는 부정적인 효과가 적다. 왜냐하면, 이러한 프로그램들은 사람들의 소득이나 자산 수준에 상관없이 급여를 하기 때문에 근로동기나 저축, 투자 동기를 약화시킬 가능성이 적기 때문이다. 또한 급여를 결정하는데 있어 단순히 인구학적인 조건만 따지기 때문에 프로그램의 운영비가 적게 들고, 프로그램의 오용과 남용이 적고 그래서 지하경제가 커지지 않는다(소득신고를 안 하거나 과소보고할 동기를 유발하지 않는다). 마지막으로, 이 프로그램은 가구의 세대주가 누구이냐에 상관없이 급여가 이루어지기 때문에 가족 해체를 유발시킬 가능성이 적어, 가족결속을 유지할 수 있어 사회복지 수급자의 숫자를 불필요하게 늘리지 않고 오히려 경제활동 참가율을 높일 수 있다.

반면에 보편적 프로그램은 소득이나 자산 수준에 상관없이 급여하기 때문에 경제적 욕구가 많은 사람들에 집중적으로 급여가 이루어지는 대상효율성이 약하여 결과적으로 소득재분배 효과가 약하다. 또한 이것은 성격 상 수급자의 숫자가 많기 때문에 주어진 제한된 자원 내에서 급여액수를 높일 수 없어 이것의 급여만으로 최저생활을 보장하기에는 한계가 있다는 측면에서도 분배 효과가 제한적일 수밖에 없다.

### (2) 기여 그리고 비소득/자산조사 프로그램

서구복지국가들에서 수급자의 숫자나 지출액의 측면에서 가장 규모가 큰 것이 이 프로그램이다. 대표적으로 널리 알려진 국민연금, 질병보험, 실업보험, 그리고 산업재해보상보험 등 4가지 사회보험이 여기에 속한다.

사회보험은 몇 가지 측면에서 보편적 프로그램에 비하여 경제성장에 해를 줄 수 있다. 첫째는, 근로동기를 약화시켜 노동력 공급이 줄어들 수 있다. 예를 들면, 국민연금의 경우 노인들의 노동력 공급을 줄일 수 있거나 질병수당이나 실업보험의 경우 질병기간이나 실업기간을 불필요하게 연장시킬 수 있다. 둘째는, 미래에 발생할 여러 가지의 위험들을 사회보험이 해결해 주기 때문에 개인적인 저축이 줄어들어 결국 생산성 향상을 위한 투자가 줄게 될 수 있다. 특히 국민연금의 경우 이러한 가능성이 있다(그러나 많은 실증적인 연구들에 의하면 국민연금에 의한 개인저축의 감소는 그다지 크지 않다). 마지막으로, 사회보험으로 사용자들의 부담이 커지게 되면 노동비용이 커져 투자할 여지가 줄어들거나 경쟁력이 떨어질 수 있다.

반면에 사회보험은 소득재분배 효과가 다른 소득보장정책들에 비하여 크다. 사회보험은 민간보험과 달리 급여를 하는데 있어 소득재분배 장치를 갖고 있어 저소득층이 고소득층에 비하여 자신들이 낸 보험료에 비하여 더 많은 급여를 받기 때문에 그러하다. 이것은 소득보장정책으로부터 빈곤을 벗어난 사람들의 70%는 사회보험으로부터의 급여 때문이라는 조사에서 뒷받침된다(Danziger, et al., 1981).

### (3) 비기여 그리고 소득/자산조사 프로그램

이러한 유형에 속하는 프로그램들은 소득보장 프로그램들 가운데 역사적으로 가장 오래되었고, 일반적으로 공공부조(public assistance)라 불린다. 이것은 상기의 두 가지 프로그램으로 소득분배의 문제가 해결이 안 될 때 마지막으로 사용하는 분배정책이라 할 수 있다. 그래서 보편적 프로그램이나 사회보험이 확대되면 이러한 프로그램의 역할은 줄어든다. 오늘날 고도로 발전된 복지국가들에서는 이러한 형태의 프로그램의 규모는 크지 않다.

공공부조의 가장 큰 단점은 상기의 두 가지 소득보장정책들에 비하여 경제성장에 가장 부정적인 영향을 준다는 점이다. 우선 이것은 일정한 소득이나 자산 이하의 사람들에게만 급여하기 때문에 근로나 저축동기를 약화시킬 수 있다. 또한 공공부조는 대개 일정한 인구학적인 조건도 갖추어야(예를 들면, 노인, 아동을 키우는 여성 세대주 등) 급여가 되기 때문에 이 경우 가족해체를 유발시켜 불필요하게 복지에 의존해야 할 가구를 늘린다. 마지막으로, 공공부조는 소득과 자산조사를 해야 되기 때문에 운영비용이 많이 들고, 또한 소득신고를 안하거나 과소보고를 할 동기를 크게 만들어 지하경제를 커지게 할 수 있다.

반면에 공공부조는 사회복지에의 필요가 큰 사람들만을 선별하여 급여하기 때문에 대상효율성이 크고 따라서 주어진 자원 내에서 소득재분배 효과가 크다. 특히 사회복지에 사용할 자원이 적은 상황에서는 분배 문제를 해결하기 위한 가장 효율적인 프로그램이라 할 수 있다. 그런데 사회복지가 어느 정도 발전하게 되면, 특히 사회보험이 충분히 성숙이 되면 사회보험의 소득재분배 효과가 공공부조의 그것보다 크게 된다. 이것은 사회보험의 수급자의 숫자나 급여액이 공공부조의 그것들보다 월등히 많기 때문이다.

지금까지의 논의를 정리하면, 보편적 프로그램은 경제성장에 미치는 부정적인 효과가 가장 적으나, 대신 분배효과가 약하고, 반면에 공공부조는 경제성장에 가장 크게 해를 줄 수 있으나 주어진 제한된 자원으로 소득재분배 효과를 극대화할 수 있다. 사회보험은 경제성장에 어느 정도 부정적인 영향을 주지만, 현실세계에서 소득재분배 효과가 가장 크다. 따라서 성장과 분배라는 차원만 보면 사회보험이 가장 바람직한 소득보장정책이라 할 수 있다. 실제로 대부분의 복지국가들에서 사회보험이 가장 규모가 크고, 정치적으로도 가장 인기가 있는 프로그램이다.

# 참고문헌

구인회(2006), 『한국의 소득불평등과 빈곤: 소득분배 악화와 사회보장정책의 과제』, 서울대학교 출판부.

김태성(1995), "저소득층 소득분배형태의 변화 추세: 1966~1992," 『사회복지연구』, 6: 35~69.

Ambramovitz, M(1981), "Welfare Quandaries and Productivity," *Journal of Economic Literature*: 1~61.

Atkinson, A. B(1995), "The Welfare State and Economic Performance," *National Tax Journal*, Vol. 48 : 171~198.

Atkinson, A. B. and J. Micklewright(1991), "Unemployment Compensation and Labor Market Transition: a Critical Review," *Journal of Economic Review*.

Barro, R(1985), "The Impact of Social Security on Private Savings: Theory and Historical Evidence," *Social Security Bulletin*: 14~30.

Becker, G(1981), *A Treatise on the Family*. Cambridge: Harvard University Press.

Blank, R. M. and A. S. Blinder(1986), "Macroeconomics, Income Distribution, and Poverty," in S. H. Danziger and D. H. Weinberg(eds.), *Fighting Poverty*. Cambridge: Harvard University Press.

Blank, R. and D. Card(1993), "Poverty, Income Distribution, and Growth: Are They Still Connected," *Brookings Papers on Economic Activity*: 285~339.

Blinder, A. S(1980), "The Level and Distribution of Economic Well-being: Introduction and Preview," in M. Feldstein(ed), *The American Economy in Transition*, Chicago: University of Chicago Press.

Boardman, A. D. Greenberg, and D. Weimer(1996), *Cost-Benefit Analysis: Concepts and Practice*, Upper Saddle River, NJ : Prentice Hall.

Cutler, D. M. and L. F. Katz(1991), "Macroeconomic Performance and the Disadvantaged," *Brookings Papers on Economic Activity*: 1~61.

Danziger, S. et al.(1981), "How Income Transfer Programs Affect Work, Savings, and Income Distribution," *Journal of Economic Literature*: 975~1028.

Danziger, S. H. and D. H. Weinberg(1986), *Fighting Poverty*. Cambridge: Harvard University Press.

Denison, E. F(1979), *Accounting for Slower Economic Growth: The U. S. in the 1970's*. Washington, D. C: The Brookings Institution.

Doeringer, P. B. and M. J. Piore(1975), *Internal Labor Markets and Manpower Analysis*. Lexington: Lexington Books.

Esping-Andersen, G(1996), *Welfare States in Transition*, New York: Sage.

Feldstein, M. S(1974), "Social security, Induced Retirement, and Aggregate Capital Accumulation," *Journal of Political Economy*: 630~642.

Freeman, R., B. Swedenberg, and R. Topel(eds.)(1997), *Reforming the Welfare State: the Swedish Model in Transition*. Chicago: Chicago University Press.

Freeman, R(2001), "The Rising Tide Lifts…?" in S. H. Danziger and R. H. Haveman(ed.), *Understanding Poverty*, Cambridge : Harvard University Press.

Friedman, M(1964), *Capitalism and Freedom*. Chicago: University of Chicago Press.

Glazer, N(1986), "Education and Training Programs and Poverty," in S. Danziger and D. H. Weinberg(eds.), *Fighting Poverty*. Cambridge: Harvard University Press.

Hewitt, C(1976), "The Effect of Political Democracy and social Democracy on Equality in Industrial Societies," *American Sociological Review*: 450~64.

Hochman, H. M, and J. D. Rodgers(1969), "Pareto Optimal Redistribution," *American economic Review* 59: 542~57.

Jackman, R. W(1975), *Politics and Social Equality: A Comparative Analysis*. New York: Wiley.

Krapp, M(1984), *The Economics of Social Care*, London : Macmillan.

Kuznets, S(1963), "Quantitative Aspects of the Economic Growth of Nations," *Economic Development and Cultural Change*: 1~80.

Lampman, R. J(1984), *Social Welfare Spending*. New York: Academic Press.

Lesony, S. D and D. R. Leimer(1985), "Social Security and Private saving: Theory and Historical Evidence," *Social Security Bulletin*: 14~30.

Levin, H. M(1977), "A Decade of Development in Improving Education and Training for Low Income Population," in R. H. Haveman(ed.) *A Decade of Federal Antipoverty Program*. New York: Academic Press.

Munnell, A. H(1974), "The Impact of Social Security on Personal saving," *National Tax Journal*: 553~568.

Murray, C(1984), *Losing Ground: American Social Policy*, New York: Basic Books.

Niskanen, W. A(1971), *Bureaucracy and Representive Government*. Chicago: Aldine.

Okun, A. M(1973), "Upward Mobility in a High Pressure Economy," *Brookings Papers on Economic Activity*: 207~52.

Olson, M(1982), *The Rise and Decline of Nations: Economic Growth, Stagflation, and Social Rigidities*. New Haven: Yale University Press.

Page, B(1983), *Who Gets What from Government*. Berkeley: University of California

Press.

Pampel, F. C and J. B. Williamson(1989), *Age, Class, Politics and the Welfare State*. Cambridge: Cambridge University Press.

Piven, F. and R. A. Cloward(1971), *Regulating the Poor*. NY: Vintage.

Rosen, H. S(1989), *Public Finance*. Homewood: Irwin.

Slemrod, J(1995), "What Do Cross-Country Studies Teach about Government Involvement, Prosperity, and Economic Growth," *Brookings Papers on Economic activity*: 373~431.

Stiglitz, J. E(1975), "The theory of screenings, Education, and the Distribution of Income," *American Economic Review*: 283~300.

Sugden, R. and A. Williams(1978), *The Principles of Practical Cost-Benefit Analysis*, Cambridge : Oxford University Press.

Taubman, P(1976), "The Determinants of Earnings: Genetics, Family, and Other Environments: A Study of white Male Twins," *American Economic Review*: 858~70.

Thurow, L. C(1971), "The Income Distribution as a Public Good," *Quarterly Journal of Economics*: 327~36.

Thurow, L. C(1975), *Generating Inequality*. New York: Basic Books.

Tullock, G(1983), *Economics of Income Redistribution*, Boston : Klumer-Nijhoff.

# 찾아보기

[저자 약력]

서울대학교 사회복지학과(문학 학・석사)
미국 Ohio State Univ.(사회복지학 석사)
미국 Washington Univ.(사회복지학 박사)
현 서울대학교 사회복지학과 교수

[주요 저서]
『복지국가론』(공저, 2000, 나남)
『사회복지정책론』(공저, 1995, 나남)
『사회복지조사론』(공저, 2005, 청목출판사)
『사회복지정책입문(개정판)』(2007, 청목출판사)
『사회보장론』(제3판) (공저, 2008, 청목출판사)

**복지와 경제**

2009년 7월 10일 초판인쇄
2009년 7월 20일 초판발행

저 자 김 태 성
발행인 유 성 렬
발행처 **청목출판사**
서울특별시 영등포구 신길동 233-96
전화 (02) 849-6157(代)・2820
FAX (02) 849-0817
등록 제318-1994-000090호

파본은 바꾸어 드립니다. 값 15,000원

http : //www.chongmok.co.kr

이 책의 무단 전재 또는 복제 행위는 저작권법 97조 5에 의거, 5년 이하의 징역 또는 5,000만원 이하의 벌금에 처하게 됩니다.

ISBN 978-89-5565-307-6